基础设施概论

从历史和最新案例中学习未来工程项目的实施方法

[日]中村英夫 编著
[日]长泽光太郎 [日]平石和昭 [日]长谷川专 著
赵胜川 译

人民交通出版社股份有限公司
北京

图书在版编目(CIP)数据

基础设施概论/(日)中村英夫等著;赵胜川译
.— 北京:人民交通出版社股份有限公司,2021.12
ISBN 978-7-114-17753-8

Ⅰ.①基… Ⅱ.①中… ②赵… Ⅲ.①基础设施建设
Ⅳ.①F294

中国版本图书馆CIP数据核字(2021)第255520号
著作权合同登记号:图字01-2021-7162

INFRASTRUCTURE GAIRON by Hideo Nakamura, Kotaro Nagasawa, Kazuaki Hiraishi, Atsushi Hasegawa

Copyright © 2017 by Hideo Nakamura, Kotaro Nagasawa, Kazuaki Hiraishi, Atsushi Hasegawa. All rights reserved.
Originally published in Japan by Nikkei Business Publications, Inc.
Simplified Chinese Translation Rights arranged with Nikkei Business Publications, Inc. through East West Culture & Media Co., Ltd.

书　　名	基础设施概论
著 作 者	[日]中村英夫　[日]长泽光太郎　[日]平石和昭　[日]长谷川专
译　者	赵胜川
责任编辑	李　晴
责任校对	孙国靖　扈　婕
责任印制	刘高彤
出版发行	人民交通出版社股份有限公司
地　　址	(100011)北京市朝阳区安定门外外馆斜街3号
网　　址	http://www.ccpcl.com.cn
销售电话	(010)59757973
总 经 销	人民交通出版社股份有限公司发行部
经　　销	各地新华书店
印　　刷	北京虎彩文化传播有限公司
开　　本	880×1230　1/32
印　　张	13.375
字　　数	393千
版　　次	2021年12月　第1版
印　　次	2022年10月　第2次印刷
书　　号	ISBN 978-7-114-17753-8
定　　价	98.00元

(有印刷、装订质量问题的图书由本公司负责调换)

译 者 序

《基础设施概论——从历史和最新案例中学习未来工程项目的实施方法》是日本中村英夫先生及其研究团队倾注多年心血完成的基础设施教科书。中村先生是世界著名的土木工程专家,曾长期在东京大学执教,历任东京都市大学校长、世界交通学会会长、东亚交通学会会长、日本土木学会会长,以及日本政府咨询机构——国土审议会、交通政策审议会、社会资本审议会的代理会长等重要职务,并获得德国斯图加特大学和法国里昂大学名誉博士学位,以及日本瑞宝中绶章、亚洲土木工程成就奖、世界交通学会 Depuis 奖等。中村先生不仅具有深厚的理论造诣,而且通晓政策立案过程,并具有开阔的国际视野。因此,本书是一部理论与实践相结合、国际化色彩浓厚的系统性基础设施教科书。本书具有以下三大特色。

1. 以基础设施全寿命周期为主线,从项目的构思、立项、融资、规划、设计、建设、运营管理以及拆除,全面总结了基础设施项目的实施方法。党的十九大报告提出,中国特色社会主义进入新时代,我国社会主要矛盾已经转化为人民日益增长的美好生活需要和不平衡不充分的发展之间的矛盾。改革开放以来,我国基础设施建设取得巨大成就,高速公路里程、高速铁路里程等指标均为世界第一,基础设施发展正在实现从追求"数量"向"质量"的转变。本书的内容不仅有助于我们做好基础设施的规划、设计与建设工作,而且对基础设施的升级改造和运营管理,建设交通强国,实现我国经济社会的可持续发展具有重要的参考价值。

2. 本书在总结大量成功案例的同时,也从资金不足、环境影响、征地困难、地区利益冲突、社会经济形势的变化等方面介绍了部分失败案例,如中途夭折的连接成田国际机场与东京市中心的"成田新干线"方案。这些正反案例,可以使我们全面客观地学习日本在基础设施建设领域的经验和教训，从而在进行新基建以及既有基础设施的运营维护与管理方面少走弯路，提质增效。

3. 本书在最后一章介绍了世界各国基础设施市场需求以及日本在发展中国家开展基础设施项目的概况。日本的经验为我国基础设施建设技术走出国门提供了一定的借鉴。在我国相关企业积极参与"一带一路"沿线国家基础设施建设时，我们应注意在输出中国先进技术和现代装备的同时，深入研究适用于当地社会经济制度的运营管理模式，为发展中国家提供面向基础设施全寿命周期的"中国方案"，共同推进"一带一路"建设。

本书的翻译工作历时三年，其间得到大连理工大学外国语学院王冲教授、孙成志副教授的大力支持，王丹凤、孟令楠、杨晓琨、宋子韬、高欢、邸晓茹、于晨同学参加了本书的翻译工作，徐文倩、曹萍同学参与了本书的部分校对工作，最后由赵胜川教授进行了全书翻译和校对工作。受译者水平所限，错误在所难免，恳请读者批评指正。本书的翻译出版得到了人民交通出版社股份有限公司孙玺先生、李晴女士，原著者之一日本三菱综合研究所长谷川专先生的多方面帮助，在此一并致谢。

2021 年 6 月　　大连理工大学　　**赵胜川**

前　言

　　基础设施一词在现代社会被广泛使用,我们的日常生活又完全依赖于基础设施。但据我了解,在日本国内外全面介绍基础设施的书籍并不存在。因此,长期以来我一直在思考撰写一部关于基础设施概要的专著。

　　我长期在大学工作,主要为土木工程或市政工程专业的学生讲授"测量学",以及"土木规划"或"国土规划"等课程。授课内容以制定公路、铁路等交通基础设施规划所必需的需求预测、经济效益评价方法等为主。但我发现这些学生多数在步入社会后从事的工作并不仅仅需要这些知识。他们不仅需要掌握基础设施的深度知识,还需要具备基础设施的广度知识。这些知识包括:基础设施项目的组织形态及功能,项目影响区域和居民的特性、征地、环保以及文化财产的保护,财务分析、资金保障以及签约方式,项目运营以及相关领域的业务开展,甚至海外业务的拓展等。

　　但是,我当时并不具备足够的此类知识,也没有教授这些知识的能力。如今,日本的基础设施建设终于进入成熟期,基础设施的运营管理比以往更加重要。原来以公共部门为主实施的项目,现在民营企业也常常参与,拓展海外业务也十分活跃。针对这些问题,迄今为止,大学能够教授的知识甚少,基础设施项目从业人员的知识储备也十分有限。因此,我想在自己力所能及的范围内就这些问题进行撰写。

　　大约三年前,我辞掉大学工作后终于有了充足的时间,开始考虑系统整理当今社会基础设施项目从业人员应该掌握的基础知识,并开始构思。经过反复凝练大纲后开始执笔。但是,随着年龄的增加,文献收集和调研能力以及执笔精力均在下降,撰写工作进展缓慢。

　　就在这时,我从前在东京大学指导过的研究生、如今担任三菱综合研究所重要职务的长泽光太郎先生、平石和昭先生来看我,我与他们谈到撰写专著的进展。他们表示愿意协助撰写工作,我非常高兴并请求他们支持。此外,同样在东京大学学习过并在三菱综合研究所工作的年轻有为的长谷川专先生也加入了撰写团队。

在组成阵容强大的撰写团队后,我们又对原来的目录进行了重构。为了使本书更系统、更清晰,我与长泽先生商定,从基础设施全寿命周期的角度按照时间顺序重新撰写,此后进度明显加快。更为重要的是,三位合著者具有丰富的基础设施项目从业经验和知识,使得本书的内容得以充实并具有深度。撰写团队根据各自分工分别撰写,并相互交流,对原稿进行了反复修改充实(合著者的分工及其简历见书末)。本书经过长时间反复集体推敲终于完成,因此,可以说是四位合著者的共同之作。为了便于读者兴致勃勃地深入理解本书的内容,书中增加了许多具体案例。

本书就这样终于完成了。在撰写过程中,许多前辈、同事和友人给予协助,提供了大量历史资料、照片以及统计资料,本应逐一致谢,但由于人数实在太多,本书只能省略所有协助者的姓名,在此一并致谢并请大家包涵。

本书不仅阐述了基础设施项目从业人员所必需的知识,同时对这些人员应该具备的担当意识或使命感,以介绍前人所完成的各种项目为例进行了尝试性总结。但由于版面所限,本书只能介绍极少案例,很难全面反映前人在基础设施建设方面的热情和意志。不过已有大量记载前人优秀业绩的书籍出版,希望读者参阅。

本书定有许多错误和不当之处,今后在改版时,我们会根据读者的意见进行修订。

在本书撰写过程中,一般社团法人建设咨询协会提供了优良的办公条件,在此表示深深的谢意。最后,衷心感谢该协会酒井芳一先生在编辑过程中给予的大力协助。

2017 年 3 月　东京千岛渊之畔　中村英夫

目 录

序章
何谓基础设施…7
- 第1节　基础设施的定义…8
- 第2节　基础设施的特点…9
- 第3节　基础设施的种类…11
- 第4节　社会基础设施…13
- 第5节　基础设施工程的寿命…14

第1章
各种基础设施及其发展…17
- 第1节　古代文明与基础设施…18
- 第2节　中世纪/近世纪的国家建设与基础设施…26
- 第3节　近代基础设施…38
- 第4节　支撑现代生活的基础设施…55
- 第5节　基础设施需求的变迁…68

第2章
基础设施项目的设想…79
- 第1节　基础设施项目的最初设想…80
- 第2节　设想的动机…92
- 第3节　设想的推进…108
- 第4节　推进设想付诸实施…117
- 第5节　设想的挫折…128

第3章
基础设施的工程化及工程主体…143
- 第1节　基础设施的工程主体…144
- 第2节　完全公共型…151

第 3 节　公私混合型…161
第 4 节　民营企业型…189
第 5 节　基础设施工程的资金调配…206

第 4 章
基础设施规划与决策…217

第 1 节　基础设施的投资规划…218
第 2 节　投资规划的内容…221
第 3 节　财务评价与经济评价…231
第 4 节　综合评价…258
第 5 节　区域共识的达成…266
第 6 节　工程投资的决策…269

第 5 章
基础设施建设…277

第 1 节　基础设施的设计…278
第 2 节　环境评估…282
第 3 节　征地…286
第 4 节　工程签约…291
第 5 节　施工…303

第 6 章
基础设施的运营管理与运用…307

第 1 节　基础设施的维护管理…308
第 2 节　维护更新投资…322
第 3 节　基础设施工程的运营管理…326
第 4 节　基础设施工程的开展…341
第 5 节　防灾与灾害修复…347
第 6 节　更新与拆除…356

第 7 章
基础设施工程的海外开展…371

第 1 节　对发展中国家的开发援助…372
第 2 节　海外基础设施业务…393

序章

何谓基础设施

尊重自然，造福社会，造福人类。
青山士

曾指导荒川放水路和信浓川分水路建设的土木工程师。这句话是信浓川分水路建设的碑文。

第 1 节

基础设施的定义

"基础设施"(简称"基建")一词很早就被广泛使用。然而,要问基础设施究竟为何物,却很难得到一个明确的答案。要么是举出道路或者桥梁这样具体的例子,要么是给出土木设施这样含糊不清的回答。以上回答都不能说错,但也都不够确切。

"基础设施"一词,据说最初出现在 20 世纪 50 年代初期的"北约"空军建设当中。空军作战除了飞机以外,滑行跑道等地上设施也必不可少。这些设施,相对于飞机而言,被称作"下部构造"。随后,不仅限于空军,"下部构造"更是作为支撑各项社会活动的设施的统称,在世界范围内被广泛使用。

在日语中,如果直译为"下部构造"的话,乍一听可能会误以为是地基或者是桥墩,所以考虑到它最本质的意思,将其译为"社会基础设施"。最近也有直接把两个词结合起来的,称作"社会基建"。

第 2 节
基础设施的特点

　　基础设施就是被固定在土地上的一种建筑物,从这一点来讲,它和居民楼、商店、办公楼、工厂等固定资产没有明显区别。提及的这些设施可以为消费者提供商品或服务,基础设施也有相同的作用。有道路就可以提供交通服务,有供水系统就可以提供自来水。我们将基础设施提供的用品和服务称为基础设施服务,概括起来就是:

　　基础设施及其带来的服务,与其他固定资产相比具有自身显著的特点,即:

　　①基础设施所提供的服务是不可或缺的,无法代替。例如通过供水系统主干水管提供的自来水对家家户户来说都是必需品。(刚性需求)

　　②基础设施若由个人所有并运营,经济负担极大,技术层面也困难重重,因此,只能由社会全体共同所有和共同利用。(共同利用)

　　③不同于其他物品或服务,基础设施提供的服务在遵守秩序的前提下不必靠竞争获得,一人享用的同时,其他人也可以共同使用。(非竞争性)

　　④一般的公路基础设施,很难只向该服务的使用者也就是过往车辆征收过路费。这种做法在实际操作上有一定的困难,所需的直接、间接费用也很高昂,对社会整体来说损失巨大。在这种情况下,无法向个别使用者征收使用费,也无法排除免费使用者。(非排除性)

　　⑤基础设施建设一般需要巨额的资金,对于民营企业来说,在资金的调配上有一定困难。(巨额投资)

　　⑥对于基础设施提供的服务,建设费用等固定费用远高于由使用者的多少而决定的变动费用。因此,使用者人均费用是随着人数的增加而递减的。(平均费用递减)

⑦由于投资和运营费用都很高昂,并且由一定社会区域的人共同使用,所以基础设施服务可以说在地域上具有一定的独占性。然而,由于这种服务对使用者来说又是必需品,因此为避免独占性的弊端,必须制定公共规则。(地域独占)

⑧不仅仅是该设施的直接使用者受益,其间接影响是长期的、广泛的、深入的。例如,新干线的开通不仅使乘客出行更加便捷,也使该地域全体受益并得到了发展。

基础设施都具有上述特征。因此,即便是市场经济体制,如果真的让个人或是企业自由投资、擅自定价的话,就会导致必要的服务无法提供,同时还会因其独占性而衍生出公平问题,进而损害社会全体的利益。正因如此,在推进基础设施建设时,需要多种形式的公共干预。

第 3 节
基础设施的种类

本书的研究对象——基础设施,其实有各种不同的形式,根据功能将其分类如下:

〇生活设施
- 供水系统——水源地、净水厂、配水厂、水管等
- 排水系统——下水道、污水处理厂等
- 废弃物处理设施——垃圾焚烧厂、火葬场等
- 公厕

〇交通设施
- 公路——包括交通安全设施、交通信息设施
- 铁路
- 港口——包括航行安全设施(航线、灯塔等)
- 航空——包括航空安保设施

〇灾害防控设施
- 河道建设——堤防、折流坝、堰堤、蓄水池等
- 海岸设施——海岸堤防、消波堤、避难塔等
- 消防设施——消防栓等

〇产业设施
- 农业设施——灌溉设施、田间道路
- 林业设施——林道、索道、贮木场
- 渔业设施——渔港
- 工业设施——工业区、工业用水

○ 能源设施
- 电力设施——发电厂、变电站、输电线
- 天然气——燃气储罐、燃气管道
- 石油储备设施

○ 通信设施
- 发信设施、通信线路

○ 城市设施
- 地下通道
- 休闲设施——公园、体育场等

○ 公共建筑
- 政府办公楼
- 文化设施——博物馆、音乐厅等
- 社会安全设施——派出所、拘留所等

○ 国防设施

○ 地理和气象观测设施
- 基准点
- 气象局

第4节
社会基础设施

上一节所列举的各项社会基础设施,多少都带有第2节所提到的基础设施的特征,具有公共性。然而,并不是说这些基础设施全部由政府或公共机关所有或运营。从功能方面考虑的话,这些设施毫无疑问承担着提供公共基础服务的角色,但从经营的效率性来讲,由民营企业所有、运营的也并不少见。但这类设施并非可以完全自由经营,一般来说,还是需要遵守一定的公共规则,比如使用费用的制定等。除此之外,根据不同设施提供的服务特质的差异,如第3章所述,可能采取公共机构和民营企业两者之间的各种合作经营形态。

在政府对国民收入的统计中,政府及公共机关进行的投资被视作固定资本,但像铁路公司这样的民营企业的投资,虽然具有很高的公共性,却又归类于民营固定资产。

这些民营企业所有的基础设施,和其他资产一样被计入该企业的固定资产。像这样在经济统计上不属于公共资产,但在功能上又很明显带有公共性的设施,本书将其视为基础设施进行讨论研究。

另一方面,例如公共住宅投资属于政府固定资产,但其住宅功能与民营住宅没有区别。这样的设施,不属于本书在前面提到的基础设施的范畴。之前提到的基础设施的种类当中,包括政府办公大楼和文化设施等公共建筑,这些与民间同一类型的设施在功能上没有明显区别,因此也不属于本书所讨论的范畴。

如此看来,如果非要给基础设施下一个定义的话,可以说是"为社会全体活动提供支持的社会公共设施(固定资产)",从这一层面来说,用"社会基础设施"来形容最为贴切。

第 5 节
基础设施工程的寿命

基础设施的寿命一般是指基础设施的使用期间，即提供服务的时间，以桥梁为例，是从开通到老化关闭的年限。不过，本书的关注点是，基于基础设施是有寿命的这一事实，由最初的项目设想、开通使用一直到最后报废的全过程。

区域社会以模糊的形式期望的基础设施，被企业家、民间团体或是公共机关所设计，而后得以问世。在设计阶段饱受争议、石沉大海的例子不胜枚举，也有如1730年乐器店老板数右卫门最初设想的信浓川的分水道，时隔140年才得以动工的例子。首先，要有一个社会大多数人赞同的设想，这是工程得以实施的关键；其次，要确保该项服务实施的可能性和资金来源，不断攻克技术上的难关，使设计方案具体化。无论什么样的基础设施，由于具有高公共性，必须为社会所接受并得到政府机关的认可，才能继续进行下面的环节。

工程项目得到认可之后，需要经历详细调查、设计、获批土地使用权、缔结工程合约等一系列环节才能正式开工建设。然后根据实际情况调整设计，引进新技术，依照固定下来的方案施工，直到最后竣工。

工程项目完成后，就可以提供基础设施服务了。基础设施服务业务将持续多年，包括稳定地提供安全的服务、提高利用率、确保财务安全、保护周边环境、检修以及更新设施等。

基础设施的寿命一般很长，甚至可以达到数百年。日本近代的基础设施中，东部沿海铁路线已经使用了150年以上，安积水渠和琵琶湖水渠，距离其竣工已经130多年了，如今仍然发挥着重要作用。基础设施停止服务的原因之一是设施老化，然而更多的是随着技术创新和社会环境的变革被淘汰。有些设施虽然最初的使命已经完成，如中国的万里长城,如今已经不再承担战斗防御的任务,但却作为著名景点延续着生命,这样的情况也不少见。许多设施虽然失去了最初的功能,但被赋予其他使命后,这些设施的部分甚至整体都可以重新焕发生命与活力。例如,横滨港古老的码头摇身一变成了21世纪未来港。

如上所述,从设想、规划、工程化、建设、运营管理到淘汰,基础设施的工程时间长、范围广、内容繁多。本书将根据工程的展开顺序进行详细介绍。

第1章

各种基础设施及其发展

铁道缩短了距离,传播了文化。
Carl Ritter von Ghega

19世纪末奥地利土木工程师,建造了跨越阿尔卑斯山脉、连接维也纳和亚得里亚海的塞默灵铁路。

第 1 节
古代文明与基础设施

1）美索不达米亚的灌溉设施、四川盆地的都江堰

古代文明主要是伴随着人类定居下来从事农业活动开始的。而为了支撑农业的发展，人类建造了河流引水等用以灌溉的基础设施。人类的定居催生了城邦。城邦又通过建造城墙等防御基础设施得以保护并发展。下面记载了美索不达米亚的例子。

美索不达米亚这个名字的意思是"被河流包围着的地方"。现在指流经伊拉克南部的底格里斯河和幼发拉底河两河流域之间的地区。世界最古老的文明之一在这里诞生。

在美索不达米亚文化初期（公元前9000年左右），人们仅仅靠雨水进行灌溉，也就是进行所谓的雨水耕作。这之后，在干旱地区开始了挖掘水渠从江河引水来灌溉农田这样的简单的灌溉农业。公元前4000年左右，从美索不达米亚平原北面南下定居的苏美尔人在大型河流下游利用河道中泛滥的水开展了大规模的灌溉农业。在灌溉地区建造了堤防、运河、水渠、堰等基础设施。用于调节水量的桔槔❶和许多井作为遗迹被保存了下来。公元前3000年左右，根据季节调整灌溉农田的用水量这一技术得以普及，农作物的产量有了明显的提高，从而促进了人口的增加和城市的发展。

通过灌溉农业生产出来的农作物主要是大麦和小麦等谷物，而这些谷物也成为美索不达米亚平原南部重要的出口物资。人们同时还种植了一些蔬菜（洋葱、韭菜等），这些蔬菜也作为贸易商品进行了出口。农业生产率的提高和粮食供给的稳定使贸易得以扩大的同时，也催生了更多的城邦。其中乌鲁克就是很具有代表性的城市。乌鲁克四周被城墙环绕，城内有公共建筑，居住用地面积达230公顷左右。灌溉和排水系统的维护和运营是以强有力的政治权力作为支撑的。

此后，从公元前1700年左右开始，美索不达米亚平原的小麦产量开始急剧下降，这主要是由灌溉引起的盐害所造成的。从河流引进来的水灌溉

---

❶ 把地下水从井底汲取上来的装置。在竿子的一端系上水桶，另一端绑上重物，利用杠杆原理将水汲取上来。

第1章 各种基础设施及其发展

照片1-1 美索不达米亚平原

田地后,在水分蒸发时,由于毛细管现象(在狭窄的缝隙中,液体会出现抵抗重力的浸润现象),土中的盐分会被抽到土地表面上来。因此,持续进行灌溉农业会使土地表面盐分不断升高,而不适合种在土地表面盐分高的田地里的小麦的产量就会逐渐降低。这种现象在干旱地区频发。因此,为了防止这一现象的发生,平时使用合适的排水系统、增加劳动力是非常必要的。因为一些原因,排水系统的功能不够完善,从而导致支撑着美索不达米亚文明的灌溉农业逐渐崩溃。于是苏美尔人从土地贫瘠的下游地区迁移至了上游地区。

另一方面,公元前3世纪初,也就是秦朝的时候,中国修建了都江堰——巧妙利用水的自然流向来灌溉广阔的四川盆地。都江堰不同于从前的大坝,它不是将河流拦截,而是把由山岳地带流向四川盆地的岷江水流适当分为两条河流,从而确保四川盆地的灌溉用水和饮用水。由于都江堰带来的充足的水资源,四川盆地成为富饶之地繁华起来。都江堰不仅为中国特大城市成都提供了充足的城市生活用水,同时保证了巨大粮仓四川盆地的农业用水,至今仍支撑着该区域的繁荣。

照片1-2 从古代开始一直支撑着四川盆地发展的水利工程"都江堰"(中国)
照片来源:中国四川省都江堰管理局

2)中国的万里长城和大运河

欧亚大陆国家都常受外敌威胁,为了保障国家安全,建造用以防御的基础设施是十分必要的。在保障安全的同时,为了扩大本国的国土面积,建造一些军事运输基础设施也很重要。中国古代的基础设施建设就是典型的例子。

公元前3世纪,统一中国的秦始皇就为了维护国家安定和扩大贸易进行了许多大胆的改革。代表性措施有统一文字、统一货币、统一车轮宽度、修筑驰道(路宽约五十"步",相当于69m左右的标准化大型军事运输干线公路,当时的"步"等于1.35m)、统一度量衡、实施郡县制(郡县主要官吏由中央政府任免)等。

但是,在秦朝北部国境外的地方有匈奴、东胡、月氏等很强的其他民族存在。因此,为了保障国土安全修筑了防御工事万里长城。秦朝把战国时期列国在与邻国交界的地方修筑的长城(燕长城和赵长城等)连接修缮起来,并在此基础上进行扩建。最后修建了东起辽东半岛,西至鄂尔多斯盆地(位于中国西部)的全长两千多公里的特大建筑物。

秦朝在长城上修筑了许多连马也不能跨越的连续土垒,用版筑(用木板围住,将黏土和砂石填入其中再从上方捣实的方法)以及用泥土砌砖的方法修筑了长城。明朝时在北部地区修筑了长城,并在长城上每隔数公里就建造一个墩台(军队驻扎地)和烽火台。这项工程在防范北部民族入侵上起到了重大作用。此外,现在的石造长城是明朝(1368—1644年)时为了防止蒙古人入侵而大规模修筑的。

因为修筑了万里长城,秦国有了南征的余力。秦始皇修建了用于南征的军事运输设施——灵渠运河。灵渠运河是将扬子江的支流——湘江和最终流入珠江的漓江相连从而修建的一条长33km、宽8~14m、水深0.6~1.5m的运河,于公元前214年完工。运河设有36个水闸用来调节水位,在当时具有很高的技术水平。这条运河成为连接扬子江(长江)、珠江

照片1-3 万里长城(中国)

照片1-4 现在的灵渠用于
调节水位的溢洪堤
照片来源:万小鹏

和南海的水运大通道。秦朝利用这条运河,征服了直至南越(位于现在越南北部)的领土。

在中国大陆,还有一条规模更大的运河,它就是公元610年(隋朝)完工的京杭大运河。这条运河并不完全是在这个时代建造的,它连通了许多已经存在的小运河,最后建成了一条全长为2500km左右的大运河。由于

照片1-5　京杭大运河(杭州的拱宸桥附近)
照片来源:严网林

照片1-6　京杭大运河

京杭大运河连接了华北和江南地区,对中国南北统一发挥了非常重要的作用。时至今日,京杭大运河仍在维护和使用,它不仅作为中国南北大动脉在发挥着作用,同时也是世界文化遗产。

3）罗马帝国的道路、港口和自来水管道

古代国家的领土扩张一般都伴随着交通网的建设,而城市的发展促进了支撑城市生活的各种基础设施的建设。古罗马就是一个很好的例子,后来的城市都是以古罗马为原型进行建设的。

公元前5世纪在意大利半岛中南部兴起的城市国家罗马不断进行领土扩张,到公元3世纪鼎盛时期时,所辖领土从今日的欧洲南部到英国的大半部分地区,从近东到北非以及环绕地中海的地区,形成了一个古罗马帝国。古罗马人非常擅长土木工程技术,在各地修建了许多大规模公路网、自来水管道、港口、大型竞技场、大型剧场和神殿等基础设施。这些基础设施为支撑和维持古罗马的领土扩张、丰富生活和文化发展发挥了重要作用。

古罗马重要的道路按照统一标准建设,道路宽度均为4m,两旁设置了路缘带,用不同的大石块进行重叠铺路。这些道路包括:公元前312年开通的从罗马到意大利半岛南端布林迪西的阿皮亚大道,其中部分道路在各地作为遗迹被保存了下来,也有进行改建之后至今仍在欧洲各地使用的。这条道路上还修建了石拱桥等坚固的桥梁以及短距离隧道。据说在公元4世纪鼎盛时期时,仅仅是这样的干线道路全长就达到了8万km。此类干线道路为古罗马通过军事力量守护领土、从各地运送物资发挥了巨大作用,也长年支撑了古罗马的和平(也称罗马和平)以及富饶的国民生活。

古罗马人一般居住在卫生和军事方面都有利的高地上,常常形成新的城市。为了保证城市供水,有必要修建先进的自来水管道。因此,古罗马建设了长距离的水道桥和暗渠来为城市提供新鲜的水。又高又长的石造拱形水道桥,在2000多年后的今天仍在各地保留,让生活在现代的我们也为之惊叹。最长的自来水管道是在迦太基,也就是现在北非的突尼斯那里

建造的,总长超过了130km。这样输送过去的水资源供古罗马市民在也可以称之为基础设施的公共澡堂等地使用,据说他们可使用的水量多于我们。这得益于长距离大规模的自来水管道网这一基础设施。

照片1-7 古罗马的城邦和道路遗迹

照片1-8 阿皮亚大道(意大利)
照片来源:初芝成应

第1章　各种基础设施及其发展

照片1-9　加德桥（法国）
照片来源：初芝成应

此外，古罗马人在城内还建造了许多基础设施。铺设的街道、上水道、排放雨水的下水道、大型神殿等基础设施，都因公元79年维苏威火山喷发被埋没。如今可以在大约200年前才被发现且还在继续挖掘的庞贝古城的遗址中看到这些基础设施。

为了在庞大的罗马帝国内运送物资，人们在地中海沿岸建造了许多港口。例如距离罗马大约25km、位于特韦雷河河流下游的奥斯提亚，作为罗马的外港建造了大型挖入式港池。这个港口拥有用石造护岸围出的一个六角形的广阔水面。从北非等生产地运送过来的谷物等物资在这个港口进行转运，通过特韦雷河送到更大的消费地罗马。

古罗马人用他们发明的水泥将石材的缝隙填平并将石材搭建起来，在帝国各地建造了许多非常坚固的多为拱形结构的基础设施。这些基础设施支撑了罗马帝国长期的繁荣。这些技术在此之后经过中世纪传到了近代的欧洲，对现代基础设施的外观与建造技术产生了深远的影响。

第 2 节

中世纪/近世纪的国家建设与基础设施

1）欧洲的城墙

中世纪欧亚的许多城市经常会受到外来民族的侵略，因此建造防御工事是十分必要的。人们会在城市的外围建造城墙来抵御外敌的入侵，因此所谓的"城郭城市"在各地都很盛行。在10—12世纪，欧洲有许多这样的城市。

在欧洲，很多城市都是从罗马军队的宿营地演变过来的。但是从西罗马帝国灭亡的5世纪到10世纪之间，由于频繁受到外来民族的入侵，人口不断地从易受外敌攻击的城市迁出至农村。随着地方人口的不断增加，以庄园为基础，贵族们建立了封建制度。

10世纪之后，农业生产效率的提高、外敌入侵的减少以及商业的发展使城市人口再次增加。财富加剧向城市集中，从安全角度考虑建设防御城墙再次盛行起来。

建造了城墙的城市，出入只能通过城门。开凿护城河、建造吊桥的城市也非常多。城墙上每隔一定的距离会建造一个瞭望楼，可以通过城墙上开凿的枪眼来射击敌人。以位于法国南部的据说是现存最大的城郭城市

照片 1-10　城墙城市卡尔卡松（法国）

第 1 章　各种基础设施及其发展

照片 1-11　巴伦西亚城的城门（西班牙），城墙已被拆除，如今只剩下城门
照片来源：中村裕一

遗迹卡尔卡松为例，山丘上的城区被高 15m、全长 3km 的双重城墙所包围，为了侦察敌情，设立了 53 座瞭望塔。巴黎的城墙随着市区的扩大呈放射状扩张。经过奥斯曼土耳其两次包围的维也纳开凿了很深的护城河，又在原来城墙的基础上加长了 4km，甚至还建造了瞭望塔和堡垒。克罗地亚的杜布罗夫尼克，其市区位于北部有山、三面环海的要害之地，周围建造了全长约 2km、厚 3~6m、高 23~25m 的城墙。

因为城市城墙的维护和建设需要花费巨额费用，能够建造坚固城墙的城市十分有限。以德国为对象进行研究的话，在有记载的 1083 个城市中，有 576 个城市（占总数的 53%）建造了城墙。人口 3000 人以上的城市都建造了城墙，但人口不足 1000 人的城市只有 43% 建造了城墙。拥有特许状❶的城市有 57% 建造了城墙，而没有特许状的城市有 41% 建造了城墙。

从地理角度讲，城市化先进的西部地区（佛兰德、莱茵兰、黑森州、

---

❶　特许状是国王或者领地领主将自治权（商业活动自由等）转让给城市居民时所颁发的一种证明文书。国王或者领地领主将自治权（课税权）转让给城市的同时，城郭建设的费用也需要城市自己承担。

【专栏：基础设施——寺院、神社和教堂】

城市和地区的构成要素之一是在世界各地常见的宗教设施。在日本，宗教设施一般指寺院和神社，而在基督教国家则是城市中的教堂。

日本人的生活与神社密切相关。从新年开始的首次参拜，到春夏秋冬的各个节气，春分、盂兰盆节，以及"七五三"节、红白喜事等人生的重要节点，人们都要去神社参拜。在江户时代，神社基于"寺请制度"负责户籍管理。此外，神社还负责修建和维护墓地以及维持居民与祖先的联系。

欧洲等基督教派地区的教堂多半都建在城市或地域的地理中心，通过定期或不定期的礼拜等活动加强地域之间的连带感，在冠婚葬祭（成人礼、婚礼、葬礼、祭祀四大祭）上担当主要角色，这方面与日本的寺院、神社相同。每个教堂都有自己负责的区域（教区），在扶贫救助等社区活动上发挥了重要作用。教堂还是犯罪者赎罪、乞求原谅的地方。

此类宗教设施为居民们提供精神上的安宁，并为他们所共有，也属于基础设施之列。因此，现在许多国家的教堂仍由国家和公共团体拥有或管理。

照片1-12　沙特尔大教堂（法国）
照片来源：City of Chartres, Guillermo Osorio

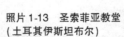

照片1-13　圣索菲亚教堂（土耳其伊斯坦布尔）

萨克森)和必争之地的边境(低地地区),集中形成了牢固的防御要塞城市。城墙给后世带来了诸多影响,例如在欧洲形成了明确的城市概念以及让城市居民萌生了市民意识。

随着近代大炮的发展和现代飞机的出现,城墙在战争中的重要性开始下降,与此同时,城市人口不断增加,进入20世纪后,欧洲城市的城墙逐步被拆毁。残留的城墙被拆掉之后,人们修建了铁路和高速公路。巴黎和维也纳的环形道路就是典型的例子。

2)日本近代的河流工程

(利根川东迁、木曾三川分流、大和川更换)

日本在结束战国时代进入江户时代后,政治持续安定,幕府和各诸侯为了确保领土安全和提高藩地的经济实力,开始积极修建河流工程。当时大规模的河流改建工程形成了现代三大都市圈的发展基础。

在关东平原,德川幕府在开设江户幕府时,命令伊奈一族使当时流入江户湾的利根川改流入至铫子方向(利根川东迁),安放水闸(进水口)来调节

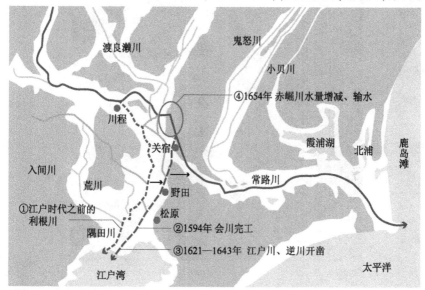

图1-1 利根川的变迁
图片来源:基于国土交通省资料绘制

葛西水渠,从而使幕府直接控制整个水路网。利根川的洪水通过在左岸(即江户城的对面)设置滞洪区来应对。上述事件均发生在16世纪末到17世纪中期。

在17世纪初期的浓尾平原,为了保护尾张的城关镇免受水灾,德川家命令伊奈忠次在木曾川的左岸(靠近名古屋城一侧)修筑了从北部的犬山到河口连续50km的河堤(御围堤)。此外,又在左岸安装水闸,修建用水系统(宫田水渠),振兴了浓尾平原的农业。水改变了原来的治理系统,农民自治转变为尾张藩直辖。由于右岸的堤防低于左岸,洪水发生时,右岸(即城关镇的对岸地区)会发生洪灾。为了抵御洪灾,右岸的堤围地十分发达。

像上述在关东平原和浓尾平原改建河流的技术被称为关东流或伊奈流。这种技术的特点是,充分利用河流的自然流向,在考虑自然地形的基础上,灵活利用溢洪堤、霞堤(不连续堤坝)、河流沿岸新开垦的田地(堤外的耕地)、滞洪区等水利设施,以一定程度上的溢水为前提分散处理洪水。据说该技术源于甲州流(典型例子是信玄堤)。

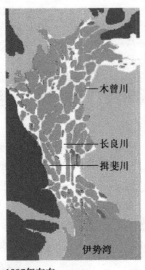
1897年左右

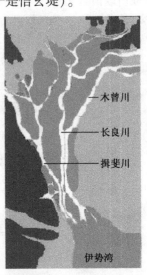
1905年左右

图1-2　浓尾平原三条河流分布图
图片来源:多贺历史研究所

与此相对，此后进行的大阪平原的淀川改建是将河道修直，加强两岸堤防以此迅速释放洪水，这种技术被称为纪州流。17世纪末，河村瑞贤奉幕府的命令进行淀川河流改建，在淀川里开凿了河中沙洲（九条岛），将3km长的河道改为直线，形成了新的河流安治川来应对下游河水泛滥。之后，将当时与淀川合流的大和川分离，通过建造长14.5km、宽180m的溢洪道更改河流流向使其直接排水至大阪湾。在河流蜿蜒部分的旧河床和洪积平原上开垦新的田地。当时近畿地方相比关东和中部地区，城市化程度更高一些，在此背景下采用了这种方法进行河流改建。

　从此以后，技术流派开始从关东流向纪州流转变。关东流的治理方法是以河流的自然溢水为前提，因此需要大面积的土地，流域开发用地面积加大，导致适用场合受到限制。18世纪初期，幕府采用纪州流技术来改建利根川，废除溢洪堤和不连续堤坝，将蜿蜒的河流改为直线形河道，并开始推进建设牢固的连续堤。此外，还废除了蓄水池，将用水和排水分离开来，将见沼水渠和葛西水渠连接起来，将中游的滞洪地带和下游的三角洲地带改造为陆地并开始开垦新的田地。

　18世纪中期，为了将浓尾平原的木曾三川（木曾川、长良川、揖斐川）分流，幕府命令萨摩藩开始进行治水的相关工程（宝历治水），历时一年多完工。工程费用由萨摩藩承担。据说该规划是根据纪州流专家井泽弥惣兵卫的方案而定的。

　明治维新之后，在日本现代化进程中发挥重要作用的首都圈和关西圈、中京圈能够开垦出很少遭受水灾的大规模土地，与17—18世纪进行的大规模河流改建工程做出的巨大贡献是分不开的。

3）荷兰的围海造陆工程

　建造基础设施的技术不断提高，不仅能使国土得到高度利用，还能进行造地。众所周知的例子就是荷兰的围海造陆工程。

　荷兰别名尼德兰，意思是"低地之国"。国土总面积4万km^2（与日本九州相近），其中30%的土地海拔都低于海平面高度。其中海拔最低的地方是-6.7m，在鹿特丹近郊附近。

古代的荷兰被厚而松软的泥炭层覆盖,是海拔 1～2m 的湿地。经过漫长岁月,荷兰人通过修建大规模基础设施在这里创造了自己的国土。先是用堤防把泥沼围起来,通过自然排水建设农田并加以利用。最早的堤防建于古罗马时期,最早的筑堤排水造田始于 10 世纪左右。

排水开垦造地又叫圩田(英文是 polder),12 世纪左右水委员会[Waterschap(荷兰语);Waterboard(美式英语)]开始对圩田的建造和维护进行管理。水委员会虽然是民营组织,但是一个强有力的自治组织,具有为了维护堤防而征收水税的权力。现在,该组织在保障地区安全方面仍发挥着重要作用。

在筑堤排水造田时,地基会被压实以至于地基下沉,使许多圩田的海拔低于海平面,造成自然排水困难。15 世纪初,人们开始使用风车为抽水提供动力。16 世纪末,随着风车技术的创新,风车上半部分的水平旋转使桨叶能够迎着上风向旋转,从而促进了筑堤排水造田的大规模发展。17 世纪初期开拓的贝姆斯特圩田(Beemster,7174 公顷)确立了"在堤坝外建造环状水渠,使用风车排水"这一技术体系。这一技术体系提高了筑堤排水造田工程的盈利能力,商业资本投资变得活跃起来,筑堤排水造田得到进一步发展。

19 世纪之后,蒸汽泵甚至电气泵的使用使更大的土木工程建设成为可能,因此筑堤排水造田面积有了飞跃性的扩大。据统计,13 世纪至 1900 年的 700 年间,筑堤排水造田面积为 4625km^2,而 1900 年至今,筑堤排水造田面积可达 8000km^2 以上(约为日本琵琶湖面积 669km^2 的 12 倍)。

照片 1-14　荷兰风车

照片1-15　艾瑟尔湖(荷兰)
照片来源:初芝成应

圩田的地下水位高,地势低而潮湿,非常适合发展乳制品业。此外在部分排水较好的田地里,还可以种植旱地作物以及花卉和蔬菜等。1970年之后,农业之外的住宅、工业、森林和休闲用地比重逐渐提高。

筑堤排水造田通常需要经过10年才能用于农田。以某个政府工程为例,首先通过雨水把围海造陆后的土壤中的盐分去除,使芦苇生长出来后,土壤中的水分蒸发,然后将芦苇烧掉再挖掘排水渠,通过种植油菜来提高土壤的透气性,并施肥耕地使土壤氧化。最后,这片土地才可以移交给农民用以种植冬小麦等农作物。

过去最大的筑堤排水造田工程是把位于阿姆斯特丹北部的内湾须德海($5000km^2$)从外海(北海)分离开来。人们从1927年开始建造高8m、宽90m、总长32km的拦海大堤,1932年完工。从前的海湾变为淡水湖,也就是现在的艾瑟尔湖。

之后,人们在湖的中央建造了四块巨大的圩田,总面积约为$1650km^2$。这些土地的排水工程早在1968年就结束了,但至今仍有大量土地尚未开发,这符合荷兰人在开发上费功夫的特点。

开发须德海之初的计划是在艾瑟尔湖上建造5块圩田。但是在建好

【专栏:歌德的《浮士德》和筑堤排水造田工程】

"停一停吧,你真美丽。"这样小声嘟囔的浮士德博士向地上倒去,被死神紧紧抱住平躺在地上。

这是德国文学家歌德直至死前大概花了60年时间撰写的歌剧《浮士德》中非常有名的一幕。主人公浮士德博士极度不满足于自己在哲学、法学、医学、神学领域的研究,对人生有限的生命感到失望。变成一条黑狗的恶魔靡菲斯特费勒斯(简称靡菲斯特)来到浮士德博士身边,一番巧言花语后,浮士德博士签下了契约。

恶魔靡菲斯特:"我成为你的家臣实现你的愿望之后,来世你反过来为我服务。"

浮士德博士:"你先满足我之后,我说'让时间停下来'之时,就是我迎来今世死期之日。"

靡菲斯特让浮士德重返年轻,体验了各种各样的快乐,例如与朴素虔诚的少女(玛格丽特)相爱、喝酒之后争风吃醋、在皇帝的宠爱下肆意行使权力等。但是浮士德并不满足,参与国政的浮士德又开始投身于筑堤排水造田工程。由于恶魔捣乱,失明的浮士德听到了靡菲斯特让他的手下为自己挖坟的声音,浮士德误以为是筑堤排水造田取得了进展,留下了本栏开篇那句名言就与世长辞了。

享尽了人间快乐却完全没有满足的浮士德认为,人生最美的瞬间就是听到为了百万民众平安快乐生活而筑堤排水造田的锤声之时。逝去的浮士德博士的灵魂因为最亲爱的女人的祈祷而得到救赎。在歌德看来,基础设施建设也许是最崇高的行为。

图1-3 德拉克洛瓦《浮士德与靡菲斯特费勒斯》

第五块马克瓦德圩田的围堤后,由于担心环境问题,政府在1991年放弃了排水计划。如今的马克瓦德湖作为艾瑟尔湖的内湖成了许多野鸟和淡水鱼类的宝库,而围堤也成了联络各个地区的通道。

就这样,经过常年努力开拓国土,荷兰目前已成为人均 GDP❶ 排行世界前列的发达国家。

4)法国的地图和基准点

欧洲人向海外扩张以及大规模修建支撑其扩张的大运河等基础设施时,精确的地图是非常必要的。因此,他们发明了基于三角测量法的科学性地图。这项技术最早应用于法国,之后在全世界得以普及。

在大航海时代,欧洲开始认识到了科学测量的重要性。路易十四世的财政总监科尔贝尔(Jean-Baptiste Colbert,1619—1683年)在负责修建联通地中海和大西洋的米迪运河等大型土木工程时,认识到了精确地图的必要性。1668年,他创办了法兰西科学院(Academie des Sciences)来研究这一课题,天文学家皮尔卡德神父(Jean Picard,1620—1682年)接受了这一任务。

16世纪,荷兰首先提出了当时最为先进的三角测量法的基本原理,但由于精度上的问题,三角测量法没有实用化。此时,皮尔卡德恰好开发了望远镜和游标量角器(经纬仪:Transit),为提高测量精度奠定了基础。首先他制作了覆盖法国全国的三角点网,通过天文学方法确定了某些重要三角点(基准点)的经纬度,并制作了地图的外侧线。之后,通过对地形和建筑物进行实地测量并根据略图绘制了外侧线内的地图。

科尔贝尔还聘请了一位意大利的天文学家卡西尼(Jean Dominique Cassini,1625—1712年)来做皮尔卡德的助手。卡西尼将伽利略发明的通过观测木星卫星的掩星(Occultation:一种天文现象,指一个天体在另一个天体与观测者之间通过而产生的遮蔽现象)来测定经度的技术实用化,从而可以精确测量基准点的经纬度。

---

❶ 2014年荷兰排在第12位(51000美元),日本排在第27位(36000美元)。

他们从 1683 年开始测量基准点,首先设置了能纵贯法国南北方向的三角锁,之后是横穿东西方向的三角锁,之后开始测量这些能覆盖法国全国的三角锁,这次测量共费时 62 年,于 1744 年完工。三角锁总数为 800 个。卡西尼在测量工程中途去世,之后由他的儿孙(二世、三世)继续完成这项工程。

之后,卡西尼三世开始测量地形,但是受到 7 年之久的英法战争影响,1756 年,国家中止了对这项工程的财政援助。卡西尼三世开始募集出资人,创办测量公司持续开展这项工作,并在法国大革命(1789 年)乱世之中仍然坚持完成了测量的细部。他们于 1793 年完成了 182 张 1∶86400 的大比例尺地图,此时距卡西尼一世开始测量经过了 110 年的岁月,已进入卡西尼四世的时代。

为了纪念卡西尼家族四代人的功绩,这张地图被称为"卡西尼地图"。它是世界上第一张经过科学测量的地形图,包含了从道路、运河和建筑到葡萄园等所有地面设施,成为后来许多地图的绘制基础。

三角测量法传入日本稍微滞后。虽然 1821 年伊能忠敬已经完成《大日本沿海舆地全图》并提交给幕府,但是日本真正开始使用三角测量法是明治维新之后的事情了。三角测量法作为国土管理的基本方法,19 世纪

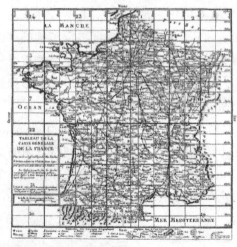

图 1-4　卡西尼地图(法国全国)

照片 1-16　日本的电子基准点
照片来源:国土地理院

后在全世界得以普及。以东京湾海面的潮位观测为基础,人们在东京三宅坂设置了作为日本高度测量基准的水准原点,在全国设置了大约 17000 个与此相连的水准点。通过这些基准点可以获取所有建筑物的基本信息,这些基准点无疑是基础设施中的基础设施了。日本国土地理院负责设置以及管理这些基准点。

如今,大规模的测位网已被全球定位系统(GPS, Global Positioning System)所取代。日本设置了 1300 多个电子基准点与 GPS 相连,在提高测量效率的同时,还可以监测地壳运动,为应对地震、火山爆发等提供防灾减灾的基础信息。

第 3 节
近代基础设施

1）铁路的发明与普及

工业革命特别是蒸汽机的发明促进了基础设施的革新。交通领域开始向动力化、大型化、长距离化转变，促进了世界贸易的发展和各个国家的现代化。

开创这一局面的契机是英国的铁路建设。理查德·特里维希克（Richard Trevithick，1771—1833 年）发明了在铁轨上行驶的蒸汽机车，取代了长期以来在石子路上行走的马车。1825 年，在位于英格兰东北地区的斯托克顿至达林顿铁路（Stockton & Darlington Railway，S&DR）上，世界上第一辆蒸汽机车开始运行，这条总长 40km 的铁路修建的主要目的在于联通位于内陆斯托克顿的煤矿和达林顿港湾。1830 年，位于英格兰西北部的利物浦至曼彻斯特铁路（Liverpool & Manchester Railway，L&MR，全长 56km）通车，

照片 1-17　利物浦至曼彻斯特铁路中的桑基铁路高架桥，于 1830 年竣工，现在依然在使用
照片来源：马场俊介

修建它的最初目的是把到达利物浦港的纺织原材料快速大量地运送到曼彻斯特及其周边的工厂,后来由于铁路运价低于马车等交通工具,铁路旅客急剧增加。在19世纪40年代,英国进行了大规模铁路建设,覆盖主要城市的铁路网基本建成。铁路旅客总数从1844年的2776万人增加到了1870年的2亿8863万人。

因为蒸汽机车在陡坡上行进困难,所以初期的铁路选线一般在平坦而且小曲线较少的地方,因此自然需要建设许多隧道和桥梁。铁路选线与设计促进了桥梁和隧道建设技术的提高。

铁路技术很快就传到了周边国家。1835年,德国修建了第一条全长8km从纽伦堡到菲尔特的铁路,到1855年,在短短20年间就建造了约8000km的铁路网。1832年,法国第一条全长58km的圣埃蒂安至里昂的铁路通车,到19世纪60年代基本建成以巴黎为中心的由7条放射线组成的铁路网,1870年,法国铁路全长达23300km。

19世纪30年代开始,美国开始建造美东地区铁路。1852年,纽约至芝加哥的铁路通车,1869年,跨越落基山脉的芝加哥至旧金山的横贯大陆铁路建成。1890年,美国建成了基本覆盖全国的全长25万km的铁路网,到1914年达到了40万km。民营铁路公司经营的这些铁路促进了沿线城市的开发,振兴了西部地区的许多城市。

1872年,日本开通了新桥至横滨的29km铁路,1889年,东海道线全线开通。英国在其殖民地国家也开始修建铁路,1850年开始在印度建造铁路,到1902年,印度铁路总里程已达4万km,旅客运输近2亿人次,货物运输达4600万t。

此后,铁路开始服务于城市圈的旅客运输。1865年,柏林出现了在街道上运行的市内电车,而纽约在1871年修建了城市高架铁路,1863年,蒸汽机车牵引的伦敦地铁开通。之后,铁路开始电气化。

就这样,在19世纪,铁路成为各国最主要的交通工具,车辆、各种建筑物和线路等基础设施的建造技术也取得了很大进步。作为城市繁荣和权威的象征,大城市的火车站一般会建造得非常壮观。

20世纪中叶之后,随着汽车交通的普及,铁路建设滞后于公路建设。但到了20世纪后期时,铁路的效率和安全性又重新得到认可,公营和民营的城市间高速铁路及城市轨道交通再次在世界各地发展起来。

2)近代运输网的建设:苏伊士运河和巴拿马运河

与陆上运输相比,水上运输不仅效率高,而且重型货物的装卸也比较容易。因此,在地势较低、平原辽阔的欧洲大陆国家,中世纪之后,人们在内陆修建了许多航道,并联通河川和海洋,进行了大量的水上运输。

【专栏:铁路黎明期和绘画】

19世纪40年代,英国铁路通车里程大幅度提高,其中西部大铁路作出了重要贡献。从伦敦到西部威尔士的西部大铁路是由布鲁内尔(Isambard Kingdom Brunel,1806—1859年)作为总工程师建造的轨距为2140mm的宽轨铁路(日本一般铁路采用轨距为1067mm的窄轨,新干线采用1435mm的标准轨距),旨在提高行驶速度。布鲁内尔是英国历史上首屈一指的工程师,不仅在铁路、建筑和造船方面发明了多项技术,还应用盾构法在泰晤士河修建了河底隧道。画家透纳(Joseph Mallord William Turner,1775—1851年)在1844年画了一幅名为《雨、蒸汽和速度——西部大铁路》(Rain, Steam and Speed—The Great Western Railway)的名画。画中描绘了在西部大铁路上疾驰的火车。比起事物的形态,透纳更注重光与空气等自然情景,领先了莫奈等法国印象派画家的绘画30多年。

另外,虽然西部大铁路采用了宽轨,但在普及程度上不及英国其他铁路公司的1435mm的标准轨距,后来改成了标准轨距。

1837年,巴黎至北部诺曼底地区的铁路开始通车。许多画家们因为这种新型交通工具都搬到了海边附近居住,其中,克劳德·莫奈

1694年，法国开凿了连接地中海与大西洋的米迪运河。它避开了由西班牙控制的伊比利亚半岛，将法国的地中海海岸与大西洋海岸连在一起，全长240km。为了克服地形起伏较大的问题，运河上一共设置了100个以上的水闸。

到了19世纪中期，法国外交官雷赛布（Ferdinand Marie Vicomte de Lesseps, 1805—1894年）为了避开非洲大陆南端，将欧洲与印度、亚洲连在一起，在埃及苏伊士地峡的沙漠上主持开凿了全长164km的运河。这项充满野心的工程需要挖掘大量沙土，在经过许多曲折之后终于成功，并于1869年开始通航。

（Claude Monet, 1840—1926年）创作了一幅题为《日出·印象》的名画，描绘了阿佛尔港的日出景象。印象派的画风因这幅画而得名。此外，这条线路在巴黎的终点站圣拉查尔火车站，对于莫奈来说也是绝好的题材，他连续创作了好几幅画来描绘车站内外的景象。

当时，各地快速大规模修建的铁路不仅代表了近代技术的进步，也为画家们提供了有趣的题材。除了《圣拉查尔火车站》之外，莫奈还创作了《阿让特伊的铁道桥》等与火车有关的绘画。

图1-5 约瑟夫·马洛德·威廉·透纳的《雨、蒸汽和速度——西部大铁路》

图1-6 克劳德·莫奈的《圣拉查尔火车站》

照片 1-18　在苏伊士运河上航行的船只
照片来源:日本外务省

照片 1-19　巴拿马运河上的加通水闸
照片来源:巴拿马运河管理局

此后,经过多次扩建工程,最终形成了现在的全长 193km、宽 205m、水深 24m 的大运河。欧洲使用的石油,近七成都是通过这条运河运输的。

进入 20 世纪,比苏伊士运河建造更加困难的大规模工程——巴拿马运河开始建造。巴拿马运河是连接太平洋和大西洋的航道。这项高难度工程被险峻的地形、地质和瘟疫的暴发所困扰,先由法国的雷赛布开始建造,后移交给美国作为国家工程进行建造,于 1914 年通航。

巴拿马运河全长约 90km,从大西洋一侧到中间区域的最高点加通湖(海拔 26m)水位呈三个阶段上升,之后到太平洋一侧水位呈三个阶段下降。因此设置了六道闸门形成"水梯",船只经过时如同"翻山越岭"一般。

最初的水闸全长 294m、宽 32.3m、吃水 12m,是根据可以通过巴拿马运河的最大船舶的尺寸(Panamax Size)而设置的。后来,为了应对交通量的增加和船舶的大型化,巴拿马运河又进行了扩建工程,于 2016 年竣工。目前,新巴拿马运河容许通过的最大船舶尺寸扩大至全长 366m、宽 49m、吃水 15m,这样,更大的船舶也可以在运河上航行。

巴拿马运河的通航使欧洲和美国西海岸之间的航行距离缩短了 40% 左右,美国东海岸和亚洲大陆东岸之间的航行距离缩短了 30% 左右。这给世界海上货物运输带来了巨大影响。

3) 巴黎的街道与日本的城市建设

19世纪时，欧洲的城市仍然保持着中世纪时复杂的道路形态，卫生也十分恶劣，法国首都巴黎也不例外。法兰西第二帝国时期，拿破仑三世任命的塞纳省省长奥斯曼（Georges-Eugène Haussmann，1809—1891年）于1853年开始重构巴黎道路网，修建公园和广场，整治沿街建筑物，统一城市景观。

从以凯旋门为中心的戴高乐广场开始，人们修建了路宽为70m的香榭丽舍大街等12条呈放射状的两侧种植了茂盛树木的街道，并以这些街道作为中心街道进行建设，整合了中世纪以来的复杂而又狭窄的街道。根据街道的宽度决定临街建筑物的高度，规定了屋顶的形态、连续的屋檐的高度、外侧墙壁使用的石材等。为了打造庄重优美的大城市景观，建筑物外观以文艺复兴时期的风格为基调进行了统一。

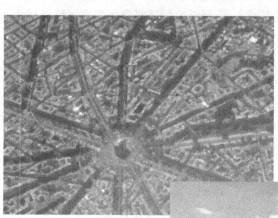

照片1-20　巴黎以凯旋门为中心的放射形街道

照片1-21　札幌大街公园

此外，作为市民休闲的场所，除了大规模的布洛涅森林和班斯诺森林公园以外，还在市内修建了若干中小型公园。

当时修路时，除强征土地外，还采用了根据沿路地区土地预期升值对宅基地进行压缩的方法。奥斯曼采用强硬手段进行城市改造引起了市民的反感，但改造后漂亮的市容使巴黎一直作为"花都"吸引着来自世界各地的游客。这项巨大工程的资金来源多种多样，包括拍卖法国大革命时期从贵族和教会那里没收的财产所获得的收入以及发行的国债等。巴黎城市改造模式对维也纳的环城大道和巴塞罗那的市区重构，以及后来的世界范围的城市建设都产生了重要影响。

在日本，除了两三个城市以外，大部分城市都没有进行过大规模有计划的道路建设。关东大地震之后，东京市中心部分地区实施了有限的土地区划整理工程。第二次世界大战之后的战后复兴工程，为日本许多城市带来了有计划建设道路和公园的机遇。受财力所限，很多城市未能进行大规模城市建设。但是，仙台、名古屋、广岛等城市仍然实施了拓宽道路等城市建设工程。此外，丰桥、富山、福井、堺、姬路、鹿儿岛等城市修建了宽阔的林荫道和市中心公园等，至今市民们依然受益。

札幌大道是宽阔道路的成功案例。明治初期，以美国顾问为核心的团队编制了一幅类似围棋棋盘的道路网规划，城市东西以创成川为界，南北则以宽105m的大街相隔。这条大街于1911年作为公园开始建设，在第二次世界大战中后期由于管理混乱又先后作为农田和垃圾场使用，1950年开始将道路正中央的部分作为公园重建，现在成为市中心宝贵的绿地。近年来，位于创成川侧面的道路进行了地下化改造工程，原有道路用地改造为水畔公园（创成川公园），成为大城市中难得的休闲场所。

4) 日本现代化基础设施的先导工程——琵琶湖水渠

在明治时代（1868—1912年），日本为了实现现代化，进行了积极的基础设施建设。在此过程中，日本引进了西欧各国的技术并在其基础上进行了独特的创新，取得了惊人的先进经验，其中琵琶湖水渠就是一个代表性案例。

照片1-22 京都蹴上的琵琶湖水渠、斜面缆车下停泊的船只
照片来源：日本土木学会图书馆

照片1-23 南禅寺境内的琵琶湖水渠水道桥、水路阁

琵琶湖水渠由第一水渠(8.7km，流量8.35m³/s，1890年竣工)和与第一水渠同时建造的第二水渠(7.4km，流量15.35m³/s，1912年竣工)组成，两者均从大津市的琵琶湖(海拔约84m)引水，从京都的山科开始经过蹴上流至鸭川(海拔约41m)。此外，还有在蹴上向北分离开来的，从南禅寺开始经过下鸭，与鸭川的支流小川合流的支渠(8.4km，1890年竣工)。

第一水渠区间内共有6条隧道，其中离引水地最近的第一隧道全长2436m，其长度在日本前所未有。当时日本首次使用了立坑工法(在隧道正上方的地上挖掘一个竖穴，并从这里开始向上下游两个方向开凿的方法)，并从隧道两侧同时开挖，缩短了工期。因为蹴上的船泊位与南禅寺前的船泊位之间有较大的差异，船只无法通过这段水路，所以在斜坡上敷设了缆车轨道(全长640m，轨道用地宽22m，坡度为1:15)，用缆车装载运送船只。如后所述，日本首次利用水渠进行水力发电，解决了缆车的动力来源。

1869 年，日本政府所在地从京都迁往东京，之后京都有了显著的衰退倾向。1881 年，京都人口数量减少至江户时代末期的一半，变为 23.6 万人。同年担任京都府知事的北垣国造(1836—1916 年)着眼于从琵琶湖引水发展船运和灌溉来振兴地域。此外，他还详细探讨了将水轮机动力应用于制造业的方案。

在视察先前开凿的安积水渠等活动的基础上，京都府案得以形成(1883 年)。经过内务省的实地调查(由特莱克负责)规划方案修正和设计方案调整，在协调了厌恶引水的滋贺县和担心会增加排水的大阪府之间的补偿问题后，该项工程终于在北垣知事上任四年后即 1885 年 6 月开始动工。工程由刚从工部大学校(后来的东京大学工学部)毕业三年的田边朔朗(1861—1944 年)担任总工程师，因为他的毕业设计提出了琵琶湖水渠的构想。据统计，第一水渠的工程共动员了 400 万人，使用了 1400 万块砖石和 300 万 m³ 木材。

水渠修建计划进行了几次变更，其中最大的变更就是从利用水轮机动力转换为水力发电。开工后的 1888 年，美国科罗拉多州阿斯彭宣布水力发电成功，成为世界上第一个采用水力发电的地方。田边立即去美国进行调查，与水轮机动力进行比较后，决定变更为水力发电。水力发电设备于 1890 年开始动工，1891 年 5 月竣工，京都成为日本第一个(世界第二个)采用水力发电的地方。转换的电能振兴了京都的纺纱、压延铜箔、机械、烟草等产业，此外，还为 1895 年开始运营的京都至伏见全长 7km 的日本第一辆电车提供电力。

这项工程的总费用是当时京都市年度预算的十几倍，高达 125 万日元(相当于现在的一万亿日元)。它的资金来源由产业基金(明治政府发放)、国家京都府补助金、地方公债等组成，此外，还包括市民缴纳的各种目的税收入。琵琶湖水渠的收入来自运河、水力、电气三个方面，而电气收入占总收入的八成。琵琶湖水渠在竣工八年后即 1898 年开始盈利。

琵琶湖水渠是一项综合工程，它有以下 7 个功能：①大阪湾—淀川—京都—琵琶湖的航道通航；②灌溉京都盆地；③将京都的碾米方式从脚踏改为利用水轮机碾压；④给京都市内提供防火用水；⑤给京都提供饮用水；

⑥通过给市内的小河流提供流水改善卫生条件；⑦通过水力发电振兴产业并开通市内电车。时至今日，京都市民仍然能够享用穿越这条水渠的琵琶湖的自来水。此外，人们沿着蹴上的支渠修建了一条溪边小道，称为"哲学之道"，是市民休闲之处。

5）现代的供水系统和东京

随着城市扩大、人口增加，确保生活用水成为一个很大的课题。地下水水量不足，从河流下游取水又会产生许多卫生方面的问题，因此从河流上游和泉水中引水，向城市输送是十分必要的。

在17世纪初的江户时期，人们建造了从距离43km的多摩川羽村向市中心供水的玉川水渠。羽村和四谷之间的海拔仅相差100m，在这之间开凿了一条水渠，通过木制导水管向市内提供干净的饮用水。之后江户人口达到了100万人，玉川水渠的建设也促使了人口增加。

与此同时，伦敦也从其北方30km左右的赫特福德郡寻求优质的水源。人们在伦敦郊外的高地开凿了一条能让泉水自然流下的新河流，高地与标有地名的新河河源海拔仅差5m，通过木制水管向30km之外的市中心供水。

进入19世纪，过滤水中沙子的工程开始了。当初过滤只是为了去除浑浊物，后来人们发现过滤还可以显著减少消化系统传染病。因此，19世纪中期以后，过滤净水工程大范围开始了。

照片1-24　伦敦郊外在新河流源头建设的圆形蓄水池
照片来源：London Metropolitan Archives, City of London/British History Online

在此基础上，通过水泵提高水压进行大范围供水的方法得以普及，这时现代供水设施的基础系统开始形成。

日本的现代供水系统建设可以追溯到 1887 年在横滨修建的过滤和有压供水系统。之后，函馆和长崎等通商口岸城市，以及其他大城市都纷纷修建了现代供水系统。

东京的现代供水系统建设始于 1898 年，当时是从玉川上游引水到淀川的净水厂，将水沉淀、过滤并加压后，通过地下管道向市内供水。

此后，伴随着人口的爆发式增长，20 世纪 50 年代之前，人们建造了村山和境的蓄水池，中期又建造了带有小河内大坝的蓄水池和东山村净水厂，从而增加了供水量。之后，水的需求量进一步增长，仅靠多摩川水系已无法满足需求，1964 年举办东京奥运会时，从东利根川水系进行远距离引水，此后又建设了金町和三乡等多个净水厂，在经过凝结、沉淀、过滤、消毒等快速过滤处理后，加压并通过管网供水，以满足生活、产业、公共等不同需求。东京的供水系统还利用了利根川水系的几个水库，供水能力约为每天 700 万 m^3，其规模在世界上数一数二，令人自豪。

6）现代排水道及其在日本城市的发展

进入 19 世纪后，在法国首都巴黎依然可以看到这种状况：道路中央的雨水排水沟里充满了污水，街上堆着很多垃圾山。1845 年，法国人在东北方向郊外的拉维莱特建造了带盖的大型粪尿处理厂，家庭产生的污水都通过马车运送到这里。同时还修建了直径允许行人站立行走的大型下水管道，市内管道网总长度达到了相当规模。据说小说《悲惨世界》的主人公冉·阿让就是从这个下水道逃走的。

1848 年拿破仑三世的法兰西第二帝国开始了，之后由奥斯曼省长领导的著名的巴黎大改造工程也开始了。奥斯曼计划铺设一个可以和古罗马媲美的大型下水管道网。负责该项目的贝尔格朗工程师（Eugene Belgrand，1810—1878 年）埋头建设巴黎的下水管道网，在下游 20km 处把市内污水自然地排放到塞纳河中。1914 年，英美两

第1章　各种基础设施及其发展

照片1-25　巴黎下水道博物馆

照片1-26　盛冈市进行污水处理的都南净化中心
照片来源：（公益财团）岩手县下水道会社

国联合研发的活性污泥法在伦敦实用化之后，经过处理的污水被排放到更下游的地区。

　　自古以来，日本就用粪尿作为农作物的肥料，所以城市污水都在农田自然处理了，因此不像欧美城市为了处理污水而建造大规模的设施。但是进入明治时代后，随着城市化的发展、霍乱的流行，作为现代城市也需要"面子"，所以东京于1885年也开始建设下水道管。1922年三河岛处理厂开始运营，该厂采用了生物膜法（使污水流经用碎石等填充的1.5～2.0m厚的过滤介质的表面，通过附在过滤介质表面上的生物膜的净化作用进行污水处理的方法）处理污水。接下来，1930年名古屋开始用活性污泥法处理污水。

【专栏：作为基础设施的公共厕所】

虽然公共厕所在城市社会中非常必要,但是不会有人因为个人原因去运营,因此公共厕所必须由公共主体来建设与管理。公共厕所虽小,但也是一种典型的基础设施。

据说距今约 2000 年前,在古罗马帝国的罗马市中心已经修建了公共厕所。韦帕芗皇帝(执政时间 69—79 年)致力于建造斗兽场(圆形竞技场)和地下墓穴(地下公墓)这类的公共事业,据说 74 年时罗马市内第一次建造了有偿使用的公共厕所。因此,现在意大利语也用韦帕芗的谐音称呼城市的公共厕所。

进入现代,欧美各城市开始在公园内和火车站内等场所建设公共厕所。如今,无论公共厕所的设置密度还是管理和清洁程度,日本已经超越欧美。此外,与欧美的公共厕所常常收费相反,日本的公共厕所不管是由地方政府等公共团体管理,还是由铁路和公路公司管理,一般都是免费的。

照片 1-27　罗马的公共厕所

照片 1-28　日本的公共厕所(东京)
照片来源:中村裕一

现代的下水道大致由两部分设施构成。一部分是将集中起来的污水输送至处理厂的管道设施,如果污水不能自然流下的话,就设置水泵对污水施压后输送。另一部分是污水处理设施,主要是运用活性污泥法来进行处理。活性污泥法包括通过沉淀过程将有机物进行分离、排除的沉淀处理方法,以及通过微生物产生氧化分解反应来净化污物的生物处理方法,通过混入空气来促进分解。必要时还会进行化学处理。

下水道最初以合流式为主,即雨水和污水由同一管道输送。在东京修建了下水道之后,其他大城市也纷纷开始建设,但由于第二次世界大战工程停工。进入20世纪60年代,下水道的普及率仍然极低,导致东京等城市将污水排放至海洋中。日本政府终于在1963年开始实施《下水道建设五年规划》,在地方政府修建下水道时,中央政府给予了各种各样的财政支援,以便工程顺利开展。

例如,作为区域中心城市的盛冈市(现在人口大约为30万人)于1958年开始建设合流制下水道,以满足当时3万规划人口的需要。20世纪60年代后期,随着终端处理厂的建设和污水处理区域的扩大,以及周边村镇的加入,下水道建设工程的区域进一步扩大。目前,规划人口比当初增加了大约26万人,普及率超过了人口的85%。此外,由于环保方面的诸多问题,初期建设的合流式下水道又被改造为分流式下水道,即雨水和污水分别由不同的管道输送,只有经过处理的净化水才可排放至北上川水系。

7) 大型钢桥的建设

通过公路和铁路更快更多地运输人和货物,需要在山谷、河流以及海峡等地方建设大型桥梁。在跨度较小的情况下,用木材架设的桁架桥以及用石材堆积的拱形桥,或者用绳索建造的吊桥都可以作为桥梁发挥作用。但是,如果要架设跨度较大的桥梁,不仅需要大量的钢铁,还需要结构力学和建桥技术等方面的新理论和先进技术。

英国工业革命时期,人们发明了焦炭炼铁技术。1779年,英国人在英国的铁产地科尔布鲁克代尔修建了世界上第一座铁桥——英国大铁桥

照片1-29 明石海峡大桥
照片来源:本州四国联络桥高速公路股份有限公司

照片1-30 米洛大桥(法国)
照片来源:初芝成应

(Iron Bridge)。这座桥用铸铁取代了当时建桥常用的石材,虽然跨度仅有31m,但由于引入了新材料,所以创造出一系列新的结构方法,促进了近年来的长大桥梁的建设。

英国的布列坦尼亚桥(Britannia Bridge,跨度142m,1850年建造)是最早建造的铁制箱形梁桥。而缺乏充足优质钢材的德国等欧洲大陆国家,建造了许多重量轻、不需要大量钢材的桁架桥,特别是铁路桥梁。之后,随着结构力学和建桥技术的发展,又修建了以苏格兰福斯桥(Forth Bridge,跨距521m,1890年建造)为代表的长大桁架桥。

以古斯塔夫·埃菲尔(Alexandre Gustave Eiffel,1832—1923年)在法国南部建造的嘎拉比特高架桥(Garabit bridge,跨度175m,1884年建造)为代表,欧洲、美国各地修建了虽然是拱形结构但是构件材料为桁架的桁架式拱形桥。

位于英国威尔士的梅纳海峡桥(Menai Suspension Bridge,跨度176m,1826年建造)是钢制吊桥,由英国土木学会首任会长托马斯·特尔福德(1757—1834年)设计。

在布达佩斯多瑙河上修建的第一代伊丽莎白大桥(Elizabeth Bridge,跨度290m,1903年建造)曾是世界上最长且造型优雅的吊桥,但在1945年被炸毁了。1964年人们在原址上重建了伊丽莎白缆索桥。在它的北侧还有一座1849年架设的链式悬索桥(称为塞切尼链桥)。

随着钢丝生产技术的发明,1834年人们在瑞士的溪谷修建了一座跨度为271m的钢丝吊桥。此后,美国也建造了许多钢丝吊桥,如布鲁克林大桥(Brooklyn Bridge,跨度486m,1883年建造)、乔治·华盛顿桥(George Washington Bridge,跨度1067m,1931年建造)、金门大桥(Golden Gate Bridge,跨度1280m,1937年建造),基于载重的吊桥挠度理论为提高桥梁整体刚性、建造长大桥梁奠定了基础。1940年,位于美国华盛顿州的塔科马海峡吊桥因为强风引起的振动而倒塌。这促进了对吊桥的空气动力学及动力学的研究,其研究成果至今仍发挥着作用。近年来,在这些理论的支撑下,在建设英国亨伯桥(Humber Bridge,跨度1410m,1979年建造)、丹麦大贝尔特海峡东桥(Great Belt East Bridge,跨度1624m,1998年建造)以及日本明石海峡大桥(跨度1991m)时,人们能够根据架桥地点的气象条件等自然特性采取必要的措施,同时世界各国也广泛开展了大型桥梁的建设。

1955年竣工的瑞典斯特伦松德桥(Stromsund Bridge)是一座从索塔用斜拉索将桥桁吊起来的新型桥梁。在位于德国科隆的莱茵河上修建的塞维林桥(Severin Bridge,跨度260m)也采用了这种构造。考虑到塞维林桥与大教堂的塔的对比,在离莱茵河右岸很近的河中建造了索塔,并从索塔中斜着将钢缆向外伸出将桥桁吊起,因此塞维林桥的形状十分奇特。该桥于1961年竣工。这种斜拉桥以其优美的造型和合理的构造受到好评,之后德国乃至世界各地建造了许多斜拉桥,其中法国塞纳河河口上的诺曼底大桥(Normandy Bridge,跨度856m,1995年建造)、日本濑户内海上的多多罗大桥(跨度890m,1999年建造)均为长大斜拉桥。2004年竣工的位于法国南部的米洛高架桥(Millau Bridge)总长2460m,是由7个与巴黎埃菲尔铁塔几乎一样高的桥墩上建造的斜拉桥桁相连构成的。米洛高架桥的优美造型与周边的自然风光一起构成了一道美丽的风景线。

无论从社会角度还是技术角度征收桥梁使用费都比较容易,特别是大型桥梁,大部分都征收使用费。因此,民营企业用自己的资金建造桥梁并进行管理,与此同时获得了一定期限的桥梁使用权,期限结束后民营企业再把使用权归还给政府等公共机构,这种方式简称为BOT。近年,利用民间主动融资(PFI)等特许权的方式来进行公共基础设施建设与运营的事例不断增加,米洛高架桥就是建筑公司利用BOT方式进行建设的典型事例。

第4节
支撑现代生活的基础设施

1)大型水库及其影响

自古以来,人类就在河川上游的狭窄处建坝造湖,在世界各地修建了水库。水库可以把由于季节和天气的变化而变化的河水暂存在人造蓄水池中,根据需要再放水用于农耕和饮用水。

近年来,利用蓄水落差转动水轮机进行水力发电又得以实施,为了获得更大的落差,会建造非常高的大坝。此外,除了蓄水功能以外,大坝还可以通过调节向下游的放水量来达到防洪目的。

与世界其他国家一样,日本在古代也修建了用于农业和生活的水库。早在8世纪初期,人们就开始修建水库,9世纪时由空海(弘法大师)改建的满浓池(坝高32m,位于香川县)至今仍在使用。

20世纪30年代,为了综合利用水库的各项功能,例如灌溉、生活用水、发电、防洪等促进落后地区的发展,美国田纳西流域管理局(TVA,Tennessee Valley Authority)将这些大型水库项目作为国家工程来推进。这些项目是基于联邦政府新政(New Deal)而实施的工程。这既是通过公共投资拉动需求的凯恩斯主义政策的开端,也是应对1929年大萧条的社会经济对策。

田纳西河流域水位季节变化较大,在该流域建造若干水库不仅可以防洪,还可以通过灌溉来扩大耕地面积、提高生产效率,通过水力发电和确保工业用水来促进工业发展,保证生活用水充足,以达到促进落后地区产业发展、增加人口和居民收入,以及提高福祉的目的。在田纳西河流域,人们建设了32座不同功能的水库,实现了开发产业、建设城市、完善医疗福祉、推动公民参与型社会活动以及振兴区域的目标。这项成功的工程举世瞩目,也为后来的日本北上川综合开发规划等项目提供了范例。

第二次世界大战结束后,在埃及的尼罗河上游城市阿斯旺,将古迹迁移他处之后,建造了一个全长3600m、坝高111m的大型水库,用于大规模的防洪、发电和灌溉。这项工程使得尼罗河下游地区的农业生产效率快速提高、埃及人口大量增加,但另一方面也产生了许多环境问题,如破坏了生态系统的平衡等。

从20世纪50年代到80年代,苏联等国家建造了许多大型水库。其中,在穿越巴西和巴拉圭国境的巴拉那河上修建的伊泰普水库(Itaipu Dam)全长7.7km,这座巨大水库的发电功率高达1400万kW,对于当时受困于能源不足的巴西的供电系统而言,其效益是巨大的。

说到大型水库,就不得不提及位于中国长江上游和湖北省三峡地区的三峡水库。三峡水库坝高185m,采用重力式混凝土构造。三峡水库的发电功率为2250万kW,是目前世界上最大的水力发电工程。三峡水库在防洪、通航等方面发挥了巨大作用,它不仅可以防止长江下游广阔流域的洪水泛滥,还可以使万吨级船队通行至重庆等地。但是,长达660km的水库淹没了超过110万人口的居住场所。此外,水质污染和生态系统的负面影响也令人担心。

照片1-31　伊泰普水库(巴西和巴拉圭边境)
照片来源:帝国书院

第1章 各种基础设施及其发展

照片1-32　田子仓坝(福岛县)
照片来源：J-Power

日本自20世纪50年代以来也建造了许多水库,但日本的河川在规模上无法与上述大陆国家的大型河川相比,因此日本没有如上所述的大型水库。虽然河川规模小,但水库数量多,蓄水也可以满足发电、供水、灌溉等需要。水库可以通过调整水位来防洪治水,为社会安定做出了巨大的贡献。阿贺野川水系中的只见川就是将河水全部用于水利工程的一个优秀案例。人们在尾濑沼下游海拔为1425m的地方建造了阶梯状的水库,其中奥只见水库(坝高157m)和田子仓水库(坝高145m)的蓄水量和发电量都很大。

在北阿尔卑斯山脉起点的黑部川峡谷上建造的黑部水库(黑部川第四发电所)是在地形险峻的国家公园中,在考虑环境影响的同时,克服了极大困难建成的拱形水库。它的发电功率为335000kW,在日本水力发电站中首屈一指。近年来,日本修建的许多水库均具有治水、灌溉、供水、发电、观光等多种功能。

2) 日本的工业港口和集装箱码头

与陆运相比,水运在运输长大厚重货物上具有特殊优势。因此,自古以来,无论沿岸还是航海,水运在许多地域都被广泛利用。

进入20世纪50年代后,出现了专门用于运输石油的油轮和运输矿石的专用船舶等。为了提高运输效率,船舶逐渐走向大型化,原有的港口变得又窄又浅。另一方面,炼铁、炼油等重工业工厂为了提高生产效率,也在走向大型化。因此,为了满足运输大量原材料和生产大量产品的需求,建设更大的港口和临海工业带十分必要。

主要用来运输工业生产用的原材料和产品的港口被称为工业港口,而每个工业港口都有十分广阔的工业腹地。20世纪60年代中期以后,日本新建了许多工业港口,它们的选址不同于以往的港口,一般建于离海岸较远、水深较浅的地方,并且具有足够广阔的腹地用以建设临海工业地,而以往的港口多数建于水深很深、风平浪静的内湾。

鹿岛港就是一个典型的案例。它建于1965年,是在距离东京约80km之外的海滨沙滩海岸上建造的人工港,港口呈Y字形,航道宽300～600m,水深13～19m,长8800m,码头总长17km。为使进出港口的船只安全航行,在面向外海、波涛汹涌的鹿岛滩修筑了两个全长分别为4km和700m的防波堤。来自南美洲和澳洲等的大型远洋专用船也可以在鹿岛港入港,不仅降低了进口原材料的运费,而且方便了外贸出口,提高了临港产业的

照片1-33　鹿岛港(茨城县)
照片来源:国土交通省鹿岛港湾机场管理局事务所

照片1-34　横滨港本牧码头
照片来源:横滨港码头株式会社

优势。像这样选择在临海地带建设工场的一般多为钢铁、石油精细化工、饲料、发电等产业,鹿岛港作为东日本地区屈指可数的产业集聚港口发挥着重要作用。

近年来,海上运输取得了令人瞩目的技术创新,与大型运输船相比,集装箱运输取得了更大的进步。在钢制集装箱内,不管运输什么货物都能安全到达,并且不管是海上运输还是铁路货车或公路货车都可以直接将货物运到目的地。在集装箱运输中,可以利用龙门起重机快速地在船舶和码头之间装卸货物。因此,通常在内陆货物集散地把货物装箱,并且快速运往出发港装船,然后经过海上运输,到达目的港后迅速卸箱,通过货车等交通工具将货物运送到目的地。为了更加高效地运送货物,集装箱船变得越来越大,近年来出现了载重为18000标准箱[以20英尺(约合6.10m)长的集装箱为标准箱]的超大型船。因为这种超大型集装箱船的体积很大,所以需要一个泊位长400m、水深18m的超大型码头。

神户在20世纪70年代打造了港湾人工岛,还建设了拥有最新设备的集装箱码头,该码头曾以集装箱吞吐量名列世界第四为自豪(1980年146万标准箱)。此外,横滨港作为日本明治时代以来的代表性商业港口也陆续建造了大黑码头、本牧码头等集装箱码头,在进口货物较多的东京港也新设了如品川、青海等集装箱码头,在20世纪80年代集装箱吞吐量名列世界前20(1980年横滨72万标准箱、东京63万标准箱)。

进入21世纪后,中国以及东亚各国在建设集装箱码头时,引进了许多大规模而且先进的港口运输技术,并随着国际经济的大发展取得了巨大进步,集装箱吞吐量实现快速增长(2015年上海3654标准箱、深圳2420万标准箱)。

巨型集装箱船在干线航路上运输,在大型中心港将货物分装到小型船只上,再通过支线航路运送到各个地区内的港口。通过这种方式来提高运输效率成为世界潮流,而日本集装箱港的世界排名大幅下降(2015年东京463万标准箱、横滨279万标准箱、神户271万标准箱)。

近年来,世界各地开始流行海上旅行(游轮),日本虽然起步较晚,现在终于开始建设游轮码头等相关设施了。

港口是一个大型综合系统,它不仅拥有船舶停泊和装卸货物的码头设施,还包括航道、泊位等水上设施以及防波堤等外围设施。当然,灯塔和航标也是确保海上交通安全的非常重要的基础设施。

正如新加坡前总理李光耀(Lee Kuan Yew,1923—2015年)所说,港口和机场对国家的社会经济发展来说是最重要的基础设施,岛国更是如此。为了日本的未来,必须扎扎实实地建设和发展港口。

3) 大型机场的出现

喷气式飞机的出现使航空运输产生了革命性的变化。大量旅客和货物可以快速且费用低廉地运送至很远的地方,导致需求量急剧增加。但是,喷气式飞机有个瓶颈,与螺旋桨式飞机相比,喷气式飞机的滑行距离较长,噪声也更大。因此,需要有长距离滑行跑道的宽阔土地,又因为居民厌恶噪声,所以在市内进行机场选址十分困难。

因此,喷气式飞机机场一般都建在远离市中心的地方。与拥有广阔土地的美国不同,在人口密集的东亚城市,在大城市附近修建大型机场非常困难。

机场是除了滑行跑道之外,由停机坪、连接跑道和停机坪的通道、管制设施以及接待顾客的机场大楼等组成的巨大设施。因此,小城市的机场占地面积至少为200公顷,大型飞机场要达到1万公顷。

幸运的是,新加坡和东京从螺旋桨式飞机时代就把机场建在了离市中心并不太远的海边。这些机场在原有机场的基础上不断扩建,以应对喷气式飞机的到来以及持续增长的大量运输需求。

新加坡位于马来半岛最南端,是在一个小岛上发展起来的城市国家。它虽然没有任何资源,但具有得天独厚的地理优势。它是通往欧洲、印度、澳大利亚和东亚的必由之路。新加坡政府认为这个国家最重要的基础设施就是机场和港口,因此在离市中心并不远的海岸地区填海建造空军基地并不断扩建,全力打造拥有 2 条 4000m 长的跑道的樟宜国际机场,并于 1981 年开港通航。此后,机场航站楼以及机场与市区之间的交通得到了彻底改善,为岛国新加坡的巨大发展做出了贡献。

  大阪在都市圈内建设了伊丹机场,因为机场周边是住宅区,所以居民对噪声污染的抱怨一直不断。随着航空需求的持续增长,伊丹机场周边没有土地用以机场扩充,只能到其他地区寻求合适的地方来增设滑行跑道。人口密集的大阪最后决定在海上寻求建设新机场的空间。

  经过多年的调查研究,最后选择了距大阪湾内沿岸 5km、水深 18～20m 的海域作为新机场的地址,并于 1987 年开始建造。7 年后第一期工程竣工,修建了 3500m 长的滑行跑道,并在 13 年后的 2007 年完成第二期工程,修建了 4000m 长的滑行跑道,总占地面积 1043 公顷的关西国际机场由此诞生了。这个填海造地后建设的海上机场,由于海底地层压密下沉等原因,依然在持续下沉,不过,下沉幅度仍在当初设想的可应对范围内。

照片 1-35 香港赤鱲角国际机场
照片来源:Hong Kong International Airport

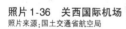

照片 1-36 关西国际机场
照片来源:国土交通省航空局

在大阪建设了大规模的海上机场之后,东亚的大城市也建造了几个海上机场,如中国香港的赤鱲角国际机场(Hong Kong International Airport/Chek Lap Kok International Airport)以及韩国的仁川国际机场(Incheon International Airport)。这些机场虽然不像关西国际机场建在深水区,但也是在大规模填海造地之后建成的大型机场。机场不仅有大型航站楼,还有连接机场与香港、首尔市中心的高铁和高速公路,以及机场周边的宾馆、会议中心等各种各样的相关设施。这些设施支撑着大城市的国际化活动。

此外,为了确保航线安全,还安装了各种航行灯,并在地面重要节点处安装了航空安保无线设施。这些设施也都是航空运输的重要基础设施。

4)支撑市民生活的"生命线"

支撑现代市民生活的重要基础设施之一是被称为"生命线"的庞大管网。这些基础设施大部分都铺设在市内道路下方,还有一部分高架在空中。

众所周知,电力是使用最为广泛的能源。在发电站生产出的电力通过高压线输送到离需求地最近的变电站,再从变电站向企业和家庭等用户送电。大型发电站主要包括以下几种:以石油和煤炭作为燃料的火力发电站、以铀作为燃料的原子能发电站、利用河川水位差发电的水力发电站。除此之外,还有利用地热、太阳能、风能等能源发电的发电站。

因为日本火力发电站的原料基本靠进口,所以大多数都建在了沿海地区。原子能发电站一般都建在偏僻地区的海边,以便获得居民的同意,并更容易获得冷却水。大型水力发电站需要具有大规模蓄水能力的水库,一般都建在遥远的山中峡谷里。

因为大型发电站多数建在了距离消费地很远的地方,所以必须进行长距离输电,即通过高耸的铁塔连接输电线,翻过山野,将高压电输送至变电站。变电站有建在地上的,也有建在地下的。通过高架线或地埋线以及管道将在变电站降压后的电力输送至各个建筑物等需求地。

电信网也是现代生活中不可或缺的一部分。因此，作为基础设施，在电话局之间以及电话用户之间安装了通信电缆的线路。通信电缆可以用电线杆架在空中以架空线的方式建设，也可以通过地下管网或者地下隧道等形式安装。通信电缆原来是金属导体，但近年来为了达到超大通信容量，变成了光纤电缆。

空中高架的电线和通信电缆严重破坏了城市景观。电线杆不仅妨碍了交通，在地震时也容易倒塌，因此许多城市不再设置电线杆在空中架线，而是在地下建设管道向各个建筑物配电。在欧美的城市里，电线等相关设施几乎全部实现了地下化。通信线路也可以跨海安装，通常是在海底铺设海底电缆。

近年来，随着手机等移动通信技术的普及，不经过传统通信网也可以通信了。除了手机基站的天线塔以外，建造地上以及地下通信基础设施的必要性逐渐下降。因此，在传统的通信基础设施欠发达的发展中国家也可以享受移动通信的便利。

很多城市都通过煤气管道向企业和家庭供给城市煤气。在日本，城市煤气的原料多数是从海外进口的液化天然气（LNG），一般先储藏在靠近港湾的煤气罐中，然后精炼和热值调整来制造城市煤气，通过管道输至消费地。东京煤气管道和大阪煤气管道的全长均为 6 万 km 左右，为两个超大城市圈服务。

照片 1-37　日立液化天然气基地，LNG 船是在 −162℃的低温下运输
照片来源：东京煤气

图 1-7 城市内部的地下输电线
图片来源:国土交通省东京国道事务所

电线、通信电缆和煤气管道不管是高架还是地埋,多数都是单独建设。但是从都市景观角度出发,地下化较为理想,同时为了避免维修时重挖道路,近年来开始流行在地下涵洞中修建综合管廊,收纳同为线状构造的上下水道等。但是,综合管廊属于大型建筑体,需要类似地铁隧道大小的断面,工程造价昂贵,因此这项工程只在大城市市中心普及。

5) 国土的保全

日本的国土十分脆弱。海岸经常受到侵蚀,山岳地带容易坍塌。这些地方会受到地震、海啸、台风以及风暴潮的袭击。因此,为了保全国土,需要不断研究对策并建造防护设施。

由于强烈的海浪导致海岸崩坏、沿岸冲沙侵蚀海滨沙滩、流入河川的

第1章 各种基础设施及其发展

沙子补给量减少,日本的海岸面积每年以200~400公顷的速度在减少,相当于一个中型地方机场的面积。因此,日本采取了各种措施并建设了防护设施来保护海岸。

为了应对海浪,建造了消波板来保护堤坝和护岸。为了减少沿岸冲沙对海滨沙滩的侵蚀,建造了与海岸线平行的离岸堤,并在海岸线的垂直或倾斜方向设置了防波堤,或混入沙子和碎石养护海滨等。根据海岸地形以及海洋气象的特点,采取了各种各样的防控措施。

为了保护城市用地不遭受风暴潮和海啸的袭击,人们建造了很多防波堤。例如,为了保护东京临海地区免受风暴潮的袭击,修建了长达32km的防潮堤,把临海地区围起来,在穿越河川或运河的地方设置了水闸。此外,为了应对海啸,在岩手县宫古市田老地区修建了比海面高出10m的海啸防潮堤。这些防护设施,都是为了应对数十年一次、发生频率相对较高的灾害而修建的。

山岳地区的土地也不稳定。针对持续的沙土流失问题,人们在许多河流

照片1-38 皆生海岸(鸟取县)
照片来源:国土交通省日野川河川事务所

照片1-39 新小名木川水闸(东京都)
照片来源:东京都建设局

的上游地区和扇形地区建造了防沙坝,以防沙土向下游地区流出,这样可以提高土地的稳定性。例如,在京都府木津川市的不动川流域,被花岗岩风化后形成的容易坍塌的细砂土所覆盖,此外,森林砍伐造成了秃山。但是,明治时代之后,人们通过大力建设防沙坝控制了沙土流失,同时在山地进行植树造林,安定、绿色的山林又复原了。

日本各地实施了许多这样的防沙工程,其中,特大规模的防沙工程是位于神通川上游的立山防沙和位于富士山大泽崩塌地区的富士山防沙。

立山火山的坍塌与侵蚀造成了立山破火山口的大量沙土,沙土如果全部流出,富山平原可能会被埋没 1~2m。因此,为了控制沙土流出,在破火山口的内外建造了许多防沙坝。由于堆积的沙土量太大,这项防沙工程还没有完成。

富士山大泽崩塌也产生了大量的沙土,为了防止沙土向下游地区流出,采取了建造防沙坝和保护护岸等各种防沙对策。

除了山岳地带的沙土流出之外,采取针对包括城市地区在内的村落上部的斜坡崩塌和滑坡的对策也十分必要,各地都在通过建造混凝土墙和地脚螺栓来进行倾斜面防护。

照片1-40 牛伏川法式阶段工程(长野县)
照片来源:米冈威

【专栏：两个阶段的防灾对策思想】

大自然的强大威力什么时候、在哪里、以什么强度发生，以现在的科学知识还很难预测。因此，过去每个区域均以"迄今为止的最大规模"作为估算标准，设计具有物理抵抗作用的防灾设施。

但是，近年来发生了一些超过迄今为止最大规模的强烈地震、巨大海啸和洪水等灾害，破坏了现有设施，造成了重大灾难。因此，人们最近重新审视了以物理抵抗进行彻底防护的近代工程学的观点。针对超过某种限度的大自然的力量，采取的对策逐渐转变为不仅从物理学角度，更要从社会角度来进行防灾。

1995年发生的阪神大地震，彻底破坏了用现代技术建造的部分高架桥等建筑物。从此之后，日本开始反省长期以来的防灾对策。

防灾设施的构造设计分两个阶段。第一个阶段（L1）是以在建筑物使用寿命周期内发生一次以上地震的可能性很大，并在地震中几乎没有损伤为目标进行构造设计。第二阶段（L2）是针对未来可能发生的最大规模的地震，以即使建筑物功能被破坏，但不会发生倒塌和人员死亡为目标进行构造设计。

2011年东日本大地震引发的巨大海啸造成了重大灾害。从此之后，关于海啸防灾也采取了两个阶段的防灾思想。第一阶段是设想一个发生频率较高的海啸高度，根据这个高度设计防潮堤等物理学上的防护设施。第二阶段是针对难以设定的超长期时间内可能会发生的巨大海啸，从居民避难的社会角度出发，采取综合防灾对策。

随着全球气候变暖，今后可能会发生超过目前设想的自然灾害。这时不仅要利用近代工程学采取的物理学上的对策，还应该基于这种规划设计理念，采取明智的有利于社会经济发展的综合防灾对策。

第 5 节
基础设施需求的变迁

1) 社会需要的基础设施

前四节介绍了各种各样的基础设施,并列举国内外代表性案例,阐述了随着时代的进步基础设施的发展与变迁。迄今为止,世界各国建设了当地所需的各种各样的基础设施。今后,随着社会环境的变化以及相关技术的发展,可能还会出现尚未介绍的新型基础设施。虽然很难预测未来的基础设施会是什么样子,但是,可以从过去社会发展需求的变迁来大体把握世界各地的基础设施的发展趋势,从而得到一些启示。

因此,以下试图应用社会心理学中人的需求层次理论来分析基础设施的社会需要。

心理学家马斯洛的"需求层次理论"认为人类总是不断追求更高层次的需求。这一理论广为人知,得到广泛认同。需求层次理论把人的需求从低到高依次分为生理需求、安全需求、归属需求、尊重认同需求和自我实现需求,当低层次的需求被满足之后,人就会追求更高层次的需求。根据这一学说,随着社会的发展,人们的需求也逐渐变为更高层次的需求,而为了满足这一需求,对于基础设施的需求也呈阶段式发展。从世界各地基础设施的发展历史可以大致看出,基础设施的建设即将进入新的阶段。

2) 社会需求和基础设施建设的变迁

(1) 支撑基本生活的基础设施

为了满足人们一定程度的衣、食、住的需求,从而达到一定的生活水准,社会整体应拥有基本的基础设施。在农耕社会有灌溉设施和小型道路,社会进一步发展之后出现了自来水管道以及运送物资用的道路、桥梁、

照片 1-41　20 世纪 50 年代日本的国道
照片来源：《名古屋—神户高速公路报告》

照片 1-42　四国的水缸——早明浦水库
照片来源：（独）水资源机构池田综合管理所

运河和小型港口。随着社会的进步与发展，人类生活方式和社会生产方式都发生了变化。在近代工业社会，衣、食、住的内容也发生了巨大的变化，为了适应这一新的变化，基本需求也发生了变化。因此，为了确保现代社会的最低生活水准，不仅需要自来水管道以及道路，也需要电力和铁路。

日本自明治维新以来，常常举全国之力打造基础设施。例如，修建安积水渠从猪苗代湖向因缺水而无法发展农业的安积盆地送水，修建小樽港从北海道向本州消费地运输煤炭等。19 世纪 70 年代以后，为了支撑国民的生产活动和消费生活，修建了许多基础设施，大部分铁路和公路均属于此类设施。从 20 世纪 60 年代开始，积极建造了大量的公路、港口、工业园区、水库、住宅小区等设施,主要是为了满足国民基本需求(曾用"市民最低生活标准"这个词语表达这种需求)。今天的日本已经完成这一基本阶段。

(2)确保安全的基础设施

在确保基本生活条件的同时,居民很大的要求是保障生命和财产安全。在古代,为了免遭外敌攻击,许多城市都修筑了城墙和护城河,其中也有像万里长城那样把全部国土围起来的特大设施。到了近代,世界各国各地都建造了要塞和军港等设施,时至今日还修建了数不尽的军事基地等各种国防基础设施。

在现代社会中,交通安全设施是具有一定特色的安全防护基础设施,不仅有大量的地下通道、天桥、交通信号灯等小规模设施,还有近年来很多城市积极建设的大规模铁路连续立体交叉设施,种类丰富、数量众多。

为了保护地域免受自然灾害,各国各地还针对各个地域的特点建设了防灾设施。在自然灾害相对较少的欧洲,人们建造了城市防火设施、河流防洪设施以及沿岸地区的防潮堤等,而在自然灾害多发的日本,人们则建造了各种各样的防灾基础设施。

平时　　　　　　　　　　　　　　　发生洪水时

照片1-43　一关滞洪区(岩手县)
照片来源:国土交通省岩手河川国道事务所

在近代化以前，以武田信玄改建的甲斐河和德川幕府修建的木曾三川的分流工程为代表，各地进行了河流改建和堤防建设。特别是现代社会人口和资产高密度化、城市化不断发展，防灾设施成为必需的基础设施。

以建设堤防和大坝为代表的河流改建工程、防沙和防止滑坡的各种基础设施、预防波浪与侵蚀的沿岸设施、应对海啸的防潮堤和避难设施、防震减灾的城市再开发工程等都是以防灾减灾为目的而修建的基础设施。这些设施今后也会继续作为影响日本各个地域的社会生存最重要的基础设施。

尽管修建了许多基础设施，人们的需求还依然不能被满足。在城市化进程中，土地利用也发生了新的变化，而这些变化很可能导致下一次灾害的危险性进一步提高。此外，由于自然灾害发生频率很低，这个地域曾经发生过的大灾害很容易被人所遗忘，人们一般都愿意相信在自己的年代不会发生大灾害。因此，尽管这些基础设施对社会经济持续发展非常必要，有时这些需求会被隐藏，工程实施会滞后。今后，日本社会应该尽全力进行基础设施建设。

在这些防灾减灾基础设施的基础上，日本为了应对地震带来的巨大晃动和地基液化，所有基础设施都采取了防震措施。这点与很少发生大地震的欧美发达国家相比有很大不同。

(3) 提高效率的基础设施

人们期盼社会活动能够高效进行。这样既可以减轻国民负担，还可以提高地区竞争力。

自古以来，人们修路架桥来使交通变得容易，从水源引水来减轻取水人的负担。小河中的水车可以使磨粉变得轻松，运河可以让水路运送物资变得容易。英国工业革命之后，铁路运输效率远远高于马车以及船舶。苏伊士大运河的诞生促进了世界范围内运输业的发展。水力发电

照片1-44 首都高速——竹桥立交桥
照片来源:首都高速道路株式会社

提高了动力源生产效率,电力被广泛应用于工业、运输业以及居民生活。随着汽车的普及,各地建造了汽车能够高速行驶的汽车专用道。近年来,为了大量快速运输旅客,高速铁路在日本开通,随后又在欧洲以及东亚各国投入运营。喷气式飞机的使用与大型机场的建设、大型深水港口的临海工业基地的建设、集装箱的使用与集装箱码头的建设均为提高旅客和货物运输的距离和效率提供了支撑。

这些基础设施的建设提高了地区的活动效率,为提高地区间的竞争力做出了贡献。20世纪70—90年代,日本的经济发展与这些基础设施提高了经济活动效率是分不开的。工业现代化滞后的东亚各国为了提高国际竞争力,也强化了基础设施建设,取得了显著成果。

但是,日本以及大部分发达国家已经跨越了基础设施建设的高峰期,目前已经进入下一阶段,即通过民营化改革经营方式来提高既有基础设施的运营效率。

(4)改善环境的基础设施

在追求经济增长的过程中,大气、水、生态系统等自然环境受到了破坏,人们开始要求改善环境、提高生活质量。

过去,以追求效率为目的修建了大量基础设施,为了恢复自然环境,很多恢复性项目都在推进。

第1章 各种基础设施及其发展

照片1-45 源兵卫川(静冈县三岛市)
照片来源:建设技术研究所

例如,人工河流恢复成自然河流,建造生态园,人工建造的海岸还原为自然海滨以及恢复潮间带等。此外,在第2章第2节将会介绍德国如何把褐煤露天矿坑改造为湖并在周边进行绿化,打造休闲空间。这种大型工程很值得关注。

此外,基础设施建设对自然环境产生的更重要影响是实施新建项目时必须充分考虑不能对自然环境造成恶劣影响。

另一方面,改善生活环境的要求随着生活水平的提高而提高。因此,利于健康的住宅地、污水和废弃物处理设施、公园和休闲设施等开始建设。与欧美国家相比,日本建设此类基础设施较晚,20世纪70年代开始进入全盛期。现在日本下水道建设基本完成,但大城市仍然存在大量密集住宅区,无法满足人们改善居住环境的需求,此外,从城市防灾角度仍有许多地区需要进行城市再开发建设。

(5)打造地域魅力的基础设施

基础设施可以打造地域魅力,使居民产生自豪感。巴黎的魅力产生于它的街道、桥梁,以及由这些设施支撑的城市文化,而巴黎市民的自豪感就来源于此。岛波(Shimanami)滨海大道途经的众多岛屿的魅力来自濑户内海美丽的自然景观以及连接众多岛屿的桥梁和道路,这些魅力给岛民带来了自豪感与活力。打造充满魅力的地区可以培养居民对故土的热爱,促进旅游观光以及流动人口的增加,对于区域振兴的贡献是不言而喻的。

横滨山下公园是利用1923年关东大地震时被破坏的横滨街道的瓦砾填海造地建成的,如今变成了绿意盎然的市民休闲公园,也为横滨市中心增加了魅力。从20世纪80年代开始,人们在原港湾地区重建了"MM21"临港地区,如今作为崭新的充满魅力的湖滨地区逐渐成为横滨市的骄傲。改造旧港地区,重新构建充满魅力的湖滨地区,这类项目在日本以及世界各地均有不少案例。

例如,与奥地利萨尔茨堡市一样,京都和镰仓的市区入口处建造了大型地下停车场,游客必须把汽车停放在地下停车场,然后乘坐公共交通、自行车或步行进入市区。如果能做到这一步,像京都和镰仓这样拥有悠久历史和文化遗产的"步行都市",必将成为更具魅力的城市。对自己的城市充满自豪感的市民一定能迎接更多的来自世界各地的游客。

打造地区魅力的基础设施不仅局限于建在萨尔茨堡和京都这样的观光城市。充分利用当地的自然环境、历史和文化,建造具有地方特色的街道、公园、交通设施、水畔以及工业设施等多种多样的基础设施同样可以打造地区魅力。美丽的街景也是地区魅力中不可或缺的重要元素。电线杆

照片1-46　横滨MM21
照片来源:港口研究所

照片1-47　中国香港维多利亚港

错落不齐,高架电线充满街道上空既不会让城市变得富有魅力,更不能给市民带来自豪和眷恋感。通过实施城市管网地下化工程,改善城市景观,打造地区魅力,是今后基础设施建设的社会需求。

3)今后的发展方向

　　当然,基础设施的建设顺序并不是完全按照上面列举的,从一个阶段进入下一个阶段,许多基础设施的建设也不是为了单一目的,而是同时满足若干社会需求。这里介绍的各种基础设施是根据当时的社会状况和技术水平建造的,在当时是相对重要的基础设施。换言之,今后并不是不再建设为了确保基本生活的基础设施,而是要根据必要性,或者考虑新建,或者在原有基础上进行维护更新。

　　根据日本国情,今后迫切需要增加安全方面的投资,并建设能够提高地区魅力的基础设施。为了应对频繁发生的灾害和大型化的趋势,以及为了重新振兴失去魅力的地区,需要全体社会共同努力增加此类基础设施的建设投资。此外,迄今为止,人们一直很重视基础设施的新建,今后需要更加重视现有基础设施的运营、维护、更新和改良。

另外，在一些欠发达国家，基础设施建设的需求依然很大，今后日本在经济和技术方面的国际合作会很多。即使在发达国家，从事基础设施工作的日本技术人员也很有可能参与那些基础设施的更新、改良以及运营工作。关于这一点，本书第 7 章会进行详细介绍。

第1章 参考资料

详见原著,此处略。

第2章

基础设施项目的设想

对于岛屿国家来说,港口和机场是最重要的基础设施。
李光耀
新加坡前总理。

第1节
基础设施项目的最初设想

无论什么基础设施,最初一定是有人意识到了其建设的必要性及实施的可能性,并预计能够实现一定的功能,才开始进行设计的。然后在这个想法的基础上加入一定的条件,从多个侧面进行粗略的论证,最终形成一个完整的项目设想。这样的想法或是最初设想,既有追求利润等私人动机,也肩负着一定的公众使命。基础设施建设有私人主导的,也有政府机关或公共组织牵头的。像这样产生的基础设施项目,其目标和对象区域千差万别。本章应用具体事例,介绍基础设施建设作为一个项目的发展过程。

1) 公共利益和私人动机

社会中所使用的基础设施,都是为社会全体的利益而建造的。因此,需要相应的公共资金投入及相关政策的介入。社会全体的利益,也就是公共福祉的推进,提高人民的富裕程度、安全性和便捷性,是人民幸福的基石,换句话说,是提高社会整体的生活水平。这是一项崇高的工作,需要公众的共同参与。

不过,关于项目的设想,很多情况下不仅仅是追求公共利益这么简单,也期待获得一定的利润,并寄希望于通过其外部效应(某种经济活动不介入市场而对其他经济主体的经济活动产生影响),在结果层面提升社会整体的福利水平。民营铁路系统或者能源供给系统都属于该类。在资本主义社会,这类项目设想更为常见——从17世纪英国的收费高速公路,到19世纪美国的铁路事业都是典型代表。日本也有私营铁路最初的动机是比较私人的,但随着项目的推进,结果造福了社会公众的例子。其中比较典型的就是阪急电车的轨道建设及城市开发。

照片 2-1　创业期的阪急电车
照片来源：《100 年的历程》(阪急控股公司、阪急电铁)

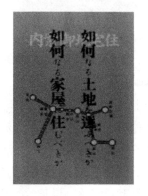

在 1907 年设立的阪急电车的前身——箕面有马电气铁道公司担任董事的小林一三根据不断扩张的城市需求，构筑了将城郊铁路和沿线房地产开发一体化的新型商业模式。

当时，在大阪城市圈有阪神电气铁路、京阪电气铁路等铁路公司在运营或在修建铁路，这些线路既有城市间铁路又有城市内铁路，但均位于运输需求比较集中的地区。而箕面有马电气铁道公司准备将铁路线延伸至当时人口稀少的大阪郊区，如何规划好这个项目是当时面临的一大难题。

银行家出身的小林一三为了自己亲自参与的铁路事业能获得成功，多次往返于规划线路中的大阪和池田，考察了沿线多处适宜建造住宅区的用地，提出了"郊外居住，城市通勤"这一新的生活方式，构筑了铁路和房地产开发一体化的新型商业模式,并付诸实践。这一模式,即在铁路开工前大规模购入沿线土地,随着铁路建设的推进,房地产价格不断上升,从而获得资产收益。

在文学和演艺上也造诣颇深的小林,在铁路沿线还建造了宝塚少女歌剧团、阪急百货以及东宝株式会社、动物园、温泉、运动场和电影院等休闲娱乐场所。这些设施都为开拓铁路需求做出了重要贡献。铁路基础设施的建设改善了大城市的生活环境和文化氛围。这一设想也被称为"阪急模式"或者是"小林一三模式",成为以东京都市圈东急电车为首的不断扩大私铁线路的典型模式。

2) 设想的提出者

这里举一个典型的例子。某位无名的企业家在国外考察时突然来了灵感,产生了建设大型基础设施的想法,在经历了很多曲折后终于获得了成功。这,就是东京地铁干线——银座线的由来。

早川德次,虽然年纪轻轻,但让陷于经营危机的若干条地方铁路扭亏为盈。1914 年,早川德次在欧洲视察途中,看到了伦敦地铁,他灵机一动:"这或许就是解决东京地面路线混杂的一剂良药!"然而,实践过程中阻力重重,无论政府还是百姓都不看好这一设想——投资大,利润少,东京地基不牢、隧道建设困难等,反对声此起彼伏。早川不得不依靠自己的力量将其作为私人项目独自推进。他说服了很多重要人物,筹措资金创办了公司,并且得到了工程技术人员的鼎力支持,着手建设这项工程。

在面临政治、经济和技术等困难以及建设途中发生关东大地震的情况下,1927 年从上野到浅草的地铁首先开通,之后线路不断延长,地铁运营范围不断拓展。如今,具有 90 年历史的银座线依然作为东京地铁的主要线路之一发挥着重要的作用。

除此之外,虽是个人设想但实现了社会全体利益的案例不胜枚举,1931 年竣工的信浓川大河津分水渠就是其中一例。

第 2 章　基础设施项目的设想

照片 2-2　开通不久的银座线内部和钢筋柱、早川德次像
照片来源:《土木施工》,2015 年 5 月

新潟县的大河津分水渠,就位于距信浓川河口大约 60km 之处,是一条全长 10km 的人工水路,从信浓川距离日本海最近的大河津到寺泊海岸。大河津分水渠的功能主要是在洪水期间将信浓川的洪水向日本海分流,避免日本屈指可数的良田——越后平原遭受洪水之灾。

修建大河津分水渠最初的设想,可以追溯到江户时代的享保年间(1716—1736 年)以及宝历年间(1751—1763 年)。当时,出身于三岛郡寺泊(即现在的长冈市)商家的本间屋数右卫门,主动请缨参与江户幕府关于分水渠的建设。当时的信浓川被日本海沿岸绵延的弥彦山所阻隔,虽然距日本海很近,却无法直接流入日本海,而是需要曲折地绕过信浓平原,因此经常会引发洪水灾害。人民死亡惨重,水稻等农作物常常受害。本间屋数右卫门以及他的下一代,意识到将信浓川直接向日本海分流的必要性,曾多次向幕府请愿要求实施这项工程,最终都因技术困难和费用巨大未能实现。

进入明治时代,政府终于决定实施这项工程,分水工程又反复经历了开始、中断、重启、中止。在 1896 年施工过程中,新潟平原的横田村(如今

照片2-3　信浓川大河津分水渠全景
照片来源：国土交通省信浓川河川事务所

的燕市横田村）遭受了被称为"横田水患"的重大洪灾，1909年明治政府终于决定重启大河津分水渠工程。经历了20多年，终于在1931年分水渠正式竣工，从最初的设想算起整整花费了200年。

由于大河津分水渠的竣工，信浓川下游流域免受洪涝之灾。分水渠建成以来，信浓川再也没有发生过大坝决堤的事件。越后平原从过去的涝地变成了今日的良田，以盛产著名大米"越光稻"成为日本屈指可数的稻米之乡。一个商业家族从社会全体利益出发的设想，经过长期努力终于实现。大河津分水渠在防洪防灾确保居民安全的同时，也有力地支撑了高附加值的农业生产。

3) 设想的推进者

如今，很多基础设施项目都是由政府或地方公共组织等公共机构构想的，由各界代表开会讨论形成项目设想的也有不少。在审议会上，专家学者、地区代表（工商界代表、居民代表）、政府或地方公共组织的职员等各个不同领域的代表从不同角度，经过讨论制定可行性方案。不过项目要想获得成功，需要巨大的热情和强烈的特色。鹿岛港就是一个例子。

位于茨城县、横跨神栖和鹿岛两市的鹿岛港，是拥有约180家企业的鹿岛临海工业区的重要港口。1962年日本内阁会议通过了"全国综合开

第 2 章　基础设施项目的设想

照片 2-4　鹿岛及鹿岛临海工业区
照片来源：国土交通省鹿岛港湾空港整备事务所

发规划"，在据点开发设想中把鹿岛作为工业建设特别地区进行开发，设立了鹿岛临海工业区。这一设想的发起人，就是当时的茨城县知事——岩上二郎。岩上深知当时的鹿岛地区开发滞后，居民收入低，因此希望通过工业化手段，推动鹿岛地区重新焕发生机与活力。1960 年将沿岸陆地人工改造为港口，在港口周边建设工厂，并提出"工农并进"的方针，发表了"鹿岛滩沿岸地区综合开发设想"。鹿岛港成为该设想所依托的最重要设施。

自古以来，港口都应该建在风平浪静的深水内湾。面对波涛汹涌的太平洋，在鹿岛滩建设鹿岛港无疑是一场冒险。不过鹿岛也有它的优势，附近有首都城市圈这一巨大消费市场，腹地辽阔，可以确保工业用地，还有可以提供足够水源的利根川。岩上的这一设想，将以上的优势全部利用起来，建成了通道宽达 600m 的大型挖入式港口，并在临港地区建设了重化工基地。

这一大规模开发规划由茨城县主导实施，在征地等方面采取了独特的方式。当时采用的征地方案被称为"鹿岛方式"，即从农民手中征收 40% 的用地，其余 60% 用工业开发地区之外的农业用地交换取得。岩上在之后的企业招商引资中，也发挥了强有力的领导能力，拜访政治家和企业家，在他们的支持下积极吸引企业入驻，大力发展钢铁、电力和石油化工等重工业。

岩上反复强调:"开发鹿岛港不是目的,而是把生活在沙丘上的农民和渔民们从贫穷中解救出来的手段。"岩上正是抱着这样的理念,积极推动项目实施,在鹿岛滩上建造了挖入式人工港口以及与该港口一体化的大型重工业基地,同时借助于高速公路等相关基础设施,为地区振兴和提供就业机会做出了贡献。

还有一个例子,讲的是一个具有理想家特质的市长从创新大胆的设想出发,最终取得成功的故事。

大阪在大正年代(1912—1926年)作为工商业城市迅速发展,人口超过200万人,与东京不相上下。但是,由于城市规划的滞后,市区街道和基础设施匮乏,无序建造的木制房屋非常密集,看上去既贫穷又充满安全隐患。1914年,东京高等商业学校(现一桥大学)的教授——研究交通经济和政治经济学的关一,向当时的池上市长主动请缨兼任大阪市市长助理。池上市长和关助理携手持续推动了大阪的下水道、公园、医院以及现在被称为公共福利的相关基础设施建设。

现在的御堂筋

竣工时的御堂筋

照片2-5　御堂筋的建设

照片来源:大阪市

1923年当选大阪市长后,关一开始着手进行住宅区、学校、道路、桥梁、供水系统以及地下水系统、港口、地铁等大规模城市改造工程。其中最有代表性的莫过于御堂筋街道的扩建和地铁建设。

　　江户时代以来,被称作"御堂筋"的街道,北起淡路町,南至长堀,宽约6m、长1.3km。关一将其改造为北起大阪站前的梅田、南至难波,宽44m、长4km的银杏大道,路面之下还修建了连接铁路南北终点的地铁。这一工程改善了大阪的交通状况,提高了抗灾能力,并塑造了大阪独特的城市风格。

　　完成如此巨大规模的城市改造工程后,需要根据受益者负担原则向沿线居民征收工程总费用的三分之一。紧挨街道的为第一地带,然后按照每25~35间(45~63m)("间"为日本的长度计量单位,1891年实施,1958年废止,1间≈6尺,约1.818m,译者注)为一档的标准,向里依次划分出第二、三、四地带。第一地带1间宽度要1000日元(相当于现在的400万日元),从第一到第四地带受益者平均1坪(1间的平方)需缴纳41~3日元。如此高额的收费一度引发了市民们的强烈抗议,但最终因为大家对城市可持续发展的期待,并没有强制收费就解决了费用负担问题。

　　今天,大阪站前从梅田到难波宽44m的宽广街道成了大阪市一张独特的名片,街道下方的地铁于1935年全线贯通,也成为连接大阪两大铁路枢纽的大动脉。

　　一位具有远大理想的学者型市长与商业之都大阪市民的品性,即使过去了80年,仍是支撑魅力大阪不断向前发展的基因,这,就是大阪精神。

4) 地区倡议

　　基础设施项目的设想,大致分为自下而上的"地区倡议"和自上而下的"中央主导"两类。

　　改善某一地区社会福祉的项目,当然是由该地区的个人、工商组织等地区组织和地方自治体来发起倡议。将本地区和其他地区进行比较,找出福祉水平有差距的地方,说明该项目对改善地区社会福祉的重要性,必要时申请政府补贴。

因交通不便制约了地区经济的发展,为打破这一僵局,以当地重要人物为中心,苦心筹集资金来实现基础设施建设设想的例子在过去不胜枚举。JR 饭田线的前身——曾经的伊那谷地方铁路就是一例。

现在东海旅客铁路(JR 东海)所属并运营的饭田线,是一条全长 196km 的地方铁路线,它连接爱知县丰桥站和长野县辰野站。这条铁路最初是由丰川铁路、凤来寺铁路、三信铁路和伊那电气铁路四条民营铁路线整合而成的。由于该线路要经过险峻的山麓地带,因此从明治末期提出这一设想以来,工程建设经历了漫长的岁月。

不管哪条路线,都是由当地的要员们发起倡议。长野县最早的民营铁路伊那电气铁路,就是由伊那谷的要员们发起的。当时他们极力主张中央本线在伊那谷设站但被拒绝,为振兴当地经济而倡导修建了伊那电气铁路。当时的交通以铁路为主,要想发展经济必须修建铁路。从甲府出发,途经上诹访,到名古屋的国铁中央线由于工程造价和技术原因,选择隔着山脉沿木曾谷修建。如此一来,伊那谷和木曾谷相比,地区发展就会落后。因此,由当地要员们牵头,当地议员推动,在伊那谷另外开通一条铁路的呼

城西与向市场之间

田本站

照片 2-6　现在的饭田线
照片来源:JR 东海

声高涨。伊那谷的居民自发筹资,设立了伊那电气轨道股份有限公司,开始建设从辰野到伊那的铁路,1909 年首次开通了从辰野到伊那松岛的线路,1927 年经饭田至三龙峡全线贯通。该项目从设想到实现历时 30 多年。除此之外,为连接爱知县周边各地,该公司还建立了丰桥到三信的铁路——沿天龙川,越过静冈县的佐久间市,一直延伸到三河川的铁路最终于 1933 年全线贯通。

施工期间,该工程遇到资金不足、技术困难等各种困难,在许多阿伊努人和朝鲜人的帮助下,一站一站地修建。因此,这条线路站距短、拐弯急、桥隧多等特点十分明显。

这条线路就这样在当地居民的努力下得以建造,可以通往沿线的天龙峡和堀来京等旅游景点,并成为向该地区积极建设的佐久间大坝等水力发电站运输材料的通道,为山区发展做出了贡献。

5) 中央主导

在国家发展过程中,发展整体经济、消除地区差别是不可或缺的。在有效利用各地自然和社会资源,提高国土利用效率,促进经济发展的同时,由于地区的自然和社会条件不同,产生地区差异是很自然的。缩小贫富差距、促进社会稳定是国之根本。也正因如此,基础设施承担的角色至关重要,其部署和整备的设想立项应该由政府主导。如果是面向全国所有地区的规划,需要召开审议会听取专家学者、地方政府官员和市民的意见,在此基础上由中央政府出台长期规划方案,并推进实施。下面就介绍一个有关道路建设长期规划的案例。

在日本,道路建设是在政府主导下有计划地实施的。特别是第二次世界大战后,1952 年颁布了《道路法》,对于高速公路、国道、省道、市区村道,出台了包括建设手续、管理以及费用负担等多项条例,并从 1954 年起多次制定《道路建设五年规划》,对道路建设进行了具体的设想和规划。

在此过程中,道路审议会(现社会资本整备审议会道路分会)发挥了重要作用。在审议会上,专家学者和有识之士从提高国民生活水平、促进经济健康发展角度就道路建设的方向性问题进行讨论,并形成道路建设咨询建议。中央政府(国土交通省,相当于中国的交通运输部,译者注)在此基础上,制定包括具体道路建设项目的《道路建设五年规划》。经内阁会议讨论通过后,开始推进道路建设。这里采用的手续是:在听取许多专家学者意见的基础上,就基础设施的设想和建设方向形成共识,并制定长期规划。像这样通过审议会讨论的方式来制定道路长期规划的做法也被推广到港口、机场、水利等大型基础设施规划。各类基础设施的主管司局可能在制定规划时带有一定的盲目性,在项目立项阶段广泛听取专家学者的建议,从产业政策、社会环境、区域振兴、财政收入等多个视角对规划进行评估修正,这种机制一直沿用至今。

以国家整体为对象的《全国综合开发规划》,可以说是将大部分最初由每个地区分别提出的规划,从全国全局角度进行协调的产物。《全国综合开发规划》是基于 1960 年颁布的《国土综合开发法》,面向全国所有地区制定的规划,其中不仅有中央政府主导的大型基础设施规划,如新干线和高速公路,也有各个地区倡议的项目。综合开发规划包括:①土地、水以及其他自然资源的利用;②洪水、台风等灾害的预防和对策;③城乡规模及布局;④产业的合理选址;⑤电力、交通、通信以及其他的重要公共设施的规模及布局;⑥文化、社会福利、旅游等资源的保护、规模及布局。由各个地区提议的项目也纳入《全国综合开发规划》之中,并具有一定效力。

日本从全国视角制定综合开发规划的历史较短,仅仅是在第二次世界大战前的 1940 年出台过一个国土规划设定要点(内阁会议通过)。地区的项目设想授权给中央并成为全国开发规划的重要组成部分是在 1962 年实行《全国综合开发规划》之后。

不过,在《全国综合开发规划》制定之前,由政府主导推进的地区项目也不少。早期可以追溯到明治政府作为国策推进的东北两大工程。

第 2 章　基础设施项目的设想

照片 2-7　安积水渠的十六道水闸
照片来源：中村裕一

明治维新之后，作为殖产兴业的一环，新政府以福岛县的安积开发项目为范例，大力推进东北地区的开发。安积开发项目的核心是安积水渠。该水渠贯通了奥羽山脉，将原本只流向日本海一侧的猪苗代湖的水引入严重缺水、农业落后的郡山盆地。该项目作为明治政府国家项目的 1 号工程，工期三年，于 1882 年竣工。安积水渠建成后，农业及其他产业均可以利用猪苗代湖的水资源，促进了东北地区的开发。安积开发的成功，对郡山地区乃至整个东北地区的现代化都有着重大推动作用。

位于仙台湾的野蒜港，是明治政府直辖并建设的日本首个西式港口。同安积水渠一样，是明治政府开发东北地区的又一个重要基础设施。它不仅仅是一项港口工程，更是一张由流域内所有运河和河道交织而成的水运网，将东北作物源源不断地运往东京等消费地。该工程于 1878 年开工，1882 年开港通航，但两年后因台风而溃堤，工程以失败而告终。如今，只有野蒜筑港的代表性遗址——石井闸门作为重要文化遗产还依稀残留着当年的影子。

第 2 节
设想的动机

为何要讨论基础设施设想呢？先来看看来自个人、政府、公共组织等的倡议，或者地方、中央政府主导的各个项目的目的和动机。下面将这些设想的动机进行分类，不过需要明确的是，每一个设想要达到的目的或形成的动机不会只有一个，而是多个。

1）需要驱动

在生产和消费不断增加、经济快速发展的社会，基础设施的供给常常滞后于对它的需求，制约了社会福祉水平的提高。20 世纪 50 年代以后，日本经济渐渐复苏，而基础设施由于战时遭到了严重损坏，其供给不足的问题日益明显。

20 世纪 50 年代中期，世界银行向日本派出调查团，就高速公路建设的融资可行性进行了评估，结论为"日本的道路建设简直差得令人难以置信"，可见当时日本的道路基础设施建设极其落后。而基础设施的不足，不仅仅体现在道路，还体现在铁路、港口等交通设施，以及电力、工业用水、能源和水供给设施等方面。随着生活水平的不断提高，不仅缺乏产业基础设施，住宅区、下水道等生活基础设施的供需矛盾也非常突出。

像这样由需求驱动的基础设施建设，其必要性人人都明白，主要问题是如何提高供给效率和如何筹资。换言之，需要综合考虑项目的成本和效益，以及在资金有限的情况下，如何在同类项目中决定项目的优先顺序。

全国各地的迂回公路、铁路复线、港口设施、生活及工业用水的水供给系统、电力及通信设施等，均是在需求驱动下建设的基础设施。

第 2 章 基础设施项目的设想

照片 2-8 东名高速公路
照片来源:大泽聪

随着机动化与城市化的持续发展,各种基础设施需求进一步增加。在这种情况下,日本的各种基础设施建设虽然仍在追赶需求的增长,但终于走出了极度匮乏的困境,正如第 1 章第 5 节中提到的,这也是日本国民 50 多年来在基础设施建设方面努力奋斗的结果。基础设施不足的问题,同样显著存在于发展中国家,也是制约社会经济发展的一大瓶颈。

2)安全对策

保护人民生命安全,是政府最重要的使命。防灾减灾就是最典型的纯粹的公共服务,也是对于日本这个地震、洪水、火山灾害和山崩多发的国家来说,中央政府及地方政府应该承担的责任。

防灾减灾工程的实施,必须基于非常专业的知识和丰富的调查资料基础。在很多情况下,灾害什么时候来谁也说不清,大多数居民都不认为这种项目能派上用场。因此,作为受益主体的居民即使有建设防灾减灾工程的愿望,但一般不会提出具体设想。

因此，研判防灾减灾工程的必要性，以及制定防灾设施建设方案是由政府部门负责推进的。灾害何时发生、破坏强度多大，这些都是很难预测的。自然灾害的这种特性，要求政府部门必须基于日常调查和专业研讨来制定防灾减灾工程的项目设想。20世纪30年代初建成的大规模防灾工程——东京的荒川分水路就是其中一例。

荒川分水路是以将荒川和隅田川一分为二的岩渊水渠为起点，以江东区和江户川区境内的东京湾为终点，全长约22km的防洪专用分水路（人工河流）。分水路竣工之前，荒川流域的水流向如今的隅田川境内。隅田川因为狭窄而流量又大，从江户时代开始该流域就经常发生洪水，使江户城内居民家中遭受洪水之涝。进入明治时代以后，农业用地改为生活和工业用地，洪涝灾害也随之升级。

1907年和1910年发生的洪涝灾害特别严重。以此为契机，当时负责基础设施建设的内务省开始着手策划防灾工程，以彻底解决洪涝灾害，因而规划了荒川分水路项目。内务省负责调查，原田贞介以及青山士等当时日本代表性的技术人员参与了规划与施工。青山士是唯一一位参与过巴拿马运河建设的日本人，他负责了岩渊水闸的设计与施工。

人工挖掘的场景

现在

照片2-9　荒川分水路
照片来源：国土交通省

在征得大规模的河川用地后,这一艰巨工程历时17年,终于在1930年建成了全长约22km的分水路。这一分水路大大减少了沿岸地区的洪水灾害,为确保居民安全做出了巨大贡献。

3)提高效率

提高生产活动的效率,在国际、地区间、企业间的竞争中都是重要的课题。在众多的产业当中,运输费用和由于运输时间而导致的损失占了总费用的很大比重。为提高运输效率、改善基础设施建设,企业和地方政府都强烈要求修建新的基础设施或者及时将旧的加以改造。

为提高海陆运输的效率,世界各地都在热火朝天地进行集装箱码头建设,规划与大型船舶、码头相匹配的航线,针对港口基础设施进行改良或新建。下面介绍最初引入并实施集装箱运输这一新型运输形式的神户港口岛。

毫不夸张地说,现代的经济全球化,是建立在海上集装箱运输的基础之上的。在世界各地生产出来的食品、工业品和其他日用品等物资通过集装箱安全快速地运往目的地,或者在若干个国家生产出来的物资,运往一个国家组装成成品后再销往世界各地,这些都得益于集装箱的出现。在内陆港口装箱后,集装箱船就会高速、安全地驶向目的地港口,到达之后用港口的大型起重机迅速卸货,然后用火车或者货车将货物送往最终目的地。集装箱运输方式大大降低了运输费用和时间成本,可以说是货物运输的一大创新。

要提高运输效率,必须有配套的地面基础设施。日本著名的贸易港口神户港,虽然船可以在突堤靠岸装卸,但是操纵集装箱的话,在突堤码头就有点施展不开。因此,在突堤的靠岸处设置大型起重机,在码头后面开辟集装箱专用场地很有必要。

由于集装箱运输效率高、发展潜力大,神户市在1964年就提出在近海填海造岛,并在靠岸处建设集装箱码头的设想。1966年建设省(现在的国土交通省,译者注)港口局和神户市政府开始着手填海造陆,陆续建造了配有大型起重机的深水集装箱码头泊位9个、用于停留一般进出口货物船只的码头泊位15个,以及货棚等港口设施。与此同时,填海区的住宅区、办公楼、商业设施、学校、文化设施、公园等相关设施建设也紧锣密鼓地开展着,1981年完成了第一期工程。

20世纪80年代的神户港,在人工港岛方面是世界最先进的。作为东亚第一的集装箱运输枢纽港口,为关西地区的高效的外贸运输做出了巨大贡献。后来,人工港岛面积扩大,又建造了一个可以和神户港相媲美的新人工岛——六甲港岛。

不过,由于1995年阪神淡路大地震,港口受到严重破坏,货物吞吐能力大大下降。从此之后,神户港作为集装箱枢纽港口在国际上的竞争力也大大下降。主要原因除了地震灾害以及日本经济不景气之外,落后的柔性管理机制,如节假日和夜间停止装卸货物、通关手续烦琐等,也影响了神户港的竞争力。

照片2-10　神户港
照片来源:神户港振兴协会

不仅仅是集装箱港口，20世纪60年代集中建设的所有工业港口，与本章第1节介绍的鹿岛港一样，都在为临海地区的重化工原料或者产品的高速、大量、高效的运输而服务。

不仅仅是海上运输，发展陆地交通，提高运输效率也势在必行。新干线以及通勤铁路等一系列崭新的基础设施建设工程，在方便旅客出行的同时，对于交通运输公司而言，在提高车辆和人员的使用效率方面也取得了显著效果。修建大型火力发电厂和核电厂等扩大发电量、提高发电效率的设想也陆续得以实现。

4）地区振兴战略

人口外流和减少、产业衰退、工作机会丧失等会导致地区活力下降，因此不管什么年代，防止地区出现衰退，让地区充满活力都是头等大事，为此需要采取各种对策。

古代是通过灌溉、开荒造田来振兴农业，现代是通过建设铁路、道路、港口来发展产业。在招商引资极其困难的今天，以改善交通、建设观光设施为契机来吸引游客、振兴地方经济的基础设施项目出现了。石川县能登机场就是其中一例。

能登半岛向日本海突出，三面环海，具有半岛特有的交通不便的特征。特别是处于尖端的轮岛市、穴水町一带，到金泽县政府所在地金泽市，即使乘坐特快列车也要花费3个小时。虽然此地自然资源丰富，但是人口外流严重、人口稀少，为了振兴该地区，当地各级政府于1986年开始进行能登机场的选址调查。这一设想被列入能登半岛振兴规划之中，并得到几乎当地全体22万居民的署名支持。在各方大力支持下，1996年这一设想被列入《第七次机场建设五年规划》。

能登机场得到了当时的国家机场建设预算制度的资金支持，总投资240亿日元的能登机场于2003年启用。但是，如需求不足，民营航空公司一般不开设定期航班。因此，当地政府出面协调，在搭乘率不满70%时由县政府（相当于中国的省政府，译者注）补偿航空公司的收入，如搭乘率超过70%的话，航空公司会向县政府支付一定的利润作为销售促进合作基金。这种搭乘率保证制度为开设往返东京的多个航班提供了保障。

照片2-11　能登机场

同时,有效利用地方的自然、温泉等观光资源,吸引各地游客。另外,利用机场设施开设航空学校,在机场大楼里设置奥能登地区的综合行政服务中心等。通过这些措施,扩大航空需求,吸引流动人口,振兴偏僻的能登半岛地区。

但是,像这样大型的基础设施项目,并不是在任意一个地区都能实施的。在开通新干线车站、高速公路出入口时,如果可以获得外部效应,以工商业用地开发为核心的地区振兴策略,以及为了促进旅游的基础设施建设项目是可行的。但在人口稀少的地区通常没有这样的好机会。近年来,随着人口减少和老龄化社会的到来,在资金和人才都十分匮乏的地区,为了实现地区振兴,人们一方面在福利、文化等软件方面采取对策,另一方面则期望通过政府和社会资本合作,共同谋划无论规模大小,只要有利于地区振兴的基础设施项目。

下面以"道路驿站"为例进行说明。最近20多年,日本在全国各地修建了大约1100个"道路驿站",对地区振兴产生了很好的效果。

随着汽车长途行驶的增加,为了满足驾驶员在途中休息的需求,道路

第 2 章　基础设施项目的设想

管理者以及地方政府从 1993 年开始在主要道路上设置了"道路驿站"。

"道路驿站"里有 24h 可以使用的一定数量的停车场、洗手间、电话亭以及信息提供设施。其中大部分设施都作为公共设施由地方政府,特别是市町村政府来建设。除此之外,还有文化设施、观光休闲设施以及销售当地特产的设施,都是为了地区振兴而修建的。

因为具有多种功能,所以"道路驿站"的运营管理大部分由民间企业或者政府与民间的合资企业来负责,部分由地方政府或财团法人来负责。近年来,除了上面所述的休息、提供信息、地区振兴等功能以外,具有防灾据点功能的"道路驿站"也越来越多,这些"道路驿站"可以提供应对灾害的应急食品和饮用水、应急电源等。

"道路驿站"虽是规模很小的基础设施,但在促进观光振兴、地区交流方面发挥着重要作用,它还为增加就业机会做出了贡献。一个"道路驿站"平均雇用 60 人左右,对于乡村而言非常可观。"道路驿站"使全国共增加大约 7 万个工作岗位。如果一个大工厂的雇用人数按一千人来考虑的话,这么多个工作岗位对于人口稀少的偏远地区的振兴效果是不容忽视的。

照片 2-12　日和佐"道路驿站"(德岛县美波町)
照片来源:国土交通省

5）国家战略

从外交、军事、经济、研究开发等角度来看,国家应该有关系到国家存亡以及国际地位提高的基础设施。例如确保国民安全、安心是国家的第一使命,即使像"夜警国家"(只负责国防、治安、最低限度的公共事务的国家,译者注)那样的极端小政府也应该履行政府的职责。从国防、安全保障的角度来看,军港、军用飞机场等国防设施,以预防海难及以救援为首的海上安保活动的基础设施,作为国家战略是由中央政府来策划的。

作为国家战略而策划的基础设施不光只有国防设施。在国际形势突发变化的情况下,为了应对石油进口万一中断,日本建设了多个大型石油储备基地。其中一个位于福冈县北九州市。

1973年发生了第四次中东战争,阿拉伯石油输出国组织(OAEPC)大幅上调原油价格,并对支持以色列的国家实行禁运。日本也颇受影响,石油供给不足,还导致物资不足、物价高涨。1979年伊朗革命导致发生第二次石油危机,再一次引起石油价格高涨和供给不足。日本的能源供给主要依赖石油进口,在这样不安定的供给情况下,为了保护国民生活和经济,需要进行大量的石油储备。

民间的石油公司也进行石油储备,但是不充分,因此国家直接建设经营石油储备基地,管理国家石油储备事务。日本在苫小牧东部、小川原、秋田、久慈、福井、菊间、白岛、上五岛、串木野、志布志等地建立了石油储备基地。现在日本全国的国家储备和民间储备石油总量约为8000万kL,相当于197d的国内石油需求量。

储备基地对于国民生活是极其重要的,但对于当地居民来说没有任何利益,因此在选址时通常会遭到当地居民的反对。为此,石油储备基地一般建设在偏僻地区以及重工业地区,在陆地上使用石油罐,在海洋上使用浮动海上罐。其中一处就是在北九州市的响滩近海8km的白岛上建立的储备基地,由四周用防波堤围着的8艘储藏船组成。这里储了560万kL的石油,相当于日本10d的石油消费量,是一个大规模的储备设施。油轮停泊需要的海上泊位以及必要的港湾储备设施一起于1996年竣工。

照片2-13　北九州市白岛石油储备基地
照片来源：安藤间

除此之外，在现代社会，为了研究和调查宇宙、海洋、核能等，也需要大型的基础设施。这些大型实验设施不可能由民营企业建设，只能根据科学家的设想，作为国家政策由政府投资、建设和运营。

6) 缩小地区差别

日本有许多经济落后、生活不便的地区，比如积雪寒冷地、岛屿地等，在这些地区，不管采取什么地区振兴对策，成功的概率都很低。这些地区的人口外流严重、人民生活困难，政府为了保障地区安定，决不能放任不管。

克服这些不利条件的有效手段之一就是建设高速道路、桥梁等交通基础设施。在很多人口稀疏的地区，如果仅仅评价建设交通设施的直接效果的话，那么这些工程就无法实施。但是，这些地区的衰退不仅会导致该地区的荒废，还会使得人口流入地的人口过密，容易产生各种城市问题。国土开发的重要目的就是缩小地区差别，谋求社会安定，为此需要策划并建设大型的交通基础设施。

为了缩小地区差别，建设全国高规格道路网，响应地区要求修建通往孤岛的桥梁，这些项目之所以由中央政府投资建设，正是从全国角度来考虑实施效果的。

1969年制定的新全国综合开发规划（简称"新全综"）是从缩小地区差别的角度出发来策划的。在新全综之后，又制定了四次全国综合开发规划（每次的名称都不一样），每次规划中，人们都强烈地意识到消除地区差别的重要性，并以此作为全国交通网的建设目的。日本地区之间的自然、社会条件千差万别，缩小地区差别是当前最大的课题。以交通为首的各种基础设施建设对于缩小地区差别发挥的作用是毋庸置疑的。

照片2-14　若松大桥

接下来介绍为了改善日本偏远地区的不利条件而进行的基础设施建设。

在山区、岛屿等交通不便的地区,工作、教育文化、医疗、福利、消费等日常生活也很不方便,这样就会产生人口减少、地区活力衰退等严峻的地区问题。穿山隧道、跨海大桥可以彻底改善偏远地区的交通条件,是提高社会福利极其重要的手段。

但是,偏远地区的地方政府难以负担这些基础设施的建设费用。因此,在孤岛上架桥,可以基于《孤岛振兴法》领取总费用三分之二的国家补贴,另外三分之一由地方政府负担,但这部分来自地方交付金(中央政府向地方政府的财政拨款,译者注),因此地方政府的实际负担费用为零。

孤岛架桥的一个例子就是长崎县五岛列岛的若松大桥。1991年,人们在若松町(现名为新上五岛町)的中通岛和若松岛之间架起了一座522m长的桥梁,改善了孤岛中的孤岛——若松岛的恶劣的地理条件,为发展旅游业、提高岛民生活水平做出了贡献。

7)改善生活环境

最近数十年,日本各地,特别是各个城市,为了改善与市民生活直接相关的环境,推进了很多住宅开发、上下水道、废弃物处理设施、城市公园等基础设施的建设。其中大部分基础设施的建设总是滞后于城市人口的增加和居民生活水平的提高。为了满足居民的各种愿望,当地政府与周边地方政府相互竞争,积极推进基础设施建设。这类以改善环境为目的的工程与其说是新设项目,不如说是追随需求型项目,均是在与其他地区的相互竞争中作为一个项目而推进的。这里介绍一两个参考例子,这些案例的确是为了改善居民的生活环境,下定决心去实施的项目。

在德国莱比锡市的郊外,曾经有很多露天褐煤煤矿。德国统一后,德国政府修正了原东德的能源政策,不再使用给环境带来一系列问题的褐煤,煤矿变成了废墟。莱比锡市市民和政府决定对这一"负遗产"进行再开发,以便提高居民生活水平。

照片 2-15 Cospudener 湖(德国莱比锡市)
照片来源:明尾贤

在清理污染物之后,在露天煤矿里蓄水建湖,并对周边地区进行绿化。这样,一个面积 4.4km^2、最大水深 54m 的 Cospudener 湖就诞生了,周边还有其他几个美丽的小湖相伴。顺便说一下,富士五湖中的山中湖的面积是 6.8km^2,最大水深为 13.3m。在环境改善后的周边地区,咖啡馆、饭店林立,人们可以享受到快艇、水上滑板、冲浪、沙滩排球等运动项目。周末住宅、宾馆、膳宿公寓、野营等住宿设施也是应有尽有。昔日的褐煤煤矿在市民和政府的共同努力下,变成了珍贵的娱乐场所。这样一个新的湖泊,数年后通过运河与其他 23 个湖相互连通,于是在这座城市的周边就诞生了总面积达 175km^2 的大规模水域。

日本在以前的城市环境改造工程的基础上,也曾策划过新的项目。其中一例就是以本书作者为核心成员策划的东京护城河改造工程。

从饭田桥到四谷之间的中央线电车的车窗向外看到的水面就是江户城的护城河,是在市中心留下来的非常珍贵的河流。但是,护城河周边拥挤,城市景观贫乏,护城河的水质也不好。改造工程的设想如下:把沿着护城河的道路地下化，道路上方改为步行道并进行绿化，周边建筑重新改造。同时，把通向护城河水面斜坡变成缓坡，以便市民亲近水面。在储存净化水的浅水之下，建造涨水用蓄水池。这一项目通过修建公园改善市中心环境和景观，并确保地震时的避难空间，期望早日实施。

8）项目开拓

有雄厚资金的企业家，特别是大企业，会预测新的需求，尝试开拓新项目。私铁、银行、房地产、制造业等企业为了开拓新项目，修建了许多基础设施，这样的例子不胜枚举。诚然，从资本论角度讲，这些设施可以为企业带来收益，企业价值也会上升。但同时，这些项目的实施可以提高地区福利水准，评价项目成果时必须考虑这一点。位于东京西南部的东京急行电铁的田园城市开发项目就是一个典型的例子。

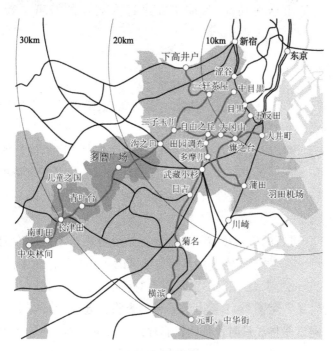

图2-1 东京急行田园城市线和多摩田园城市开发

多摩田园城市开发始于1953年东京急行电铁公司的五岛庆太会长提出的设想。该地区位于神奈川东北部的丘陵地带,第二次世界大战时是军队的演习地,战后是农民的开垦地,虽然离东京较近,但是人口非常稀少。之前在东京西南部进行小规模城市开发的东京急行电铁公司,在这一带修建了新的长达21.5km的铁路,以车站为中心,在车站周边通过土地区划整理手法征地修建住宅。建设费用由东京急行电铁公司负担,但地权人需要把一部分土地交给东京急行电铁公司,由公司代为处置。

被称为田园都市线的铁路于1966年在沟之口和长津田之间开通了,1984年延至大和市的中央林间。东京急行电铁公司在全部开发地区修建街道、上下水道等城市基础设施,并与当时的日本住宅公团相互配合,建成了约5000公顷可以容纳50万人居住的优良新城市。在经过50多年之后,如今,这个住宅都市面临人口老龄化以及生活质量提升等课题,为了进一步充实都市居住功能,目前正在进行大规模的城市更新与改造工程。

9)更新改良

经过漫长岁月,基础设施的功能也逐渐老化,随着社会发展和技术进步,居民需求的质和量都在发生变化。

近年来,日本以及许多其他发达国家,尤其在大城市里进行的大型基础设施项目,大部分是更新改造或扩充新的功能。这些更新改造项目一般是为了提升功能并大型化,在日本还有强化抗震救灾能力、提高安全性的目的。

东京正在进行的东京站、新宿站、涉谷站以及周边地区的大型再开发项目均属于此类。虽然日本桥和其周边地区的再开发项目尚未付诸实施,但是可以说是此类大型项目的代表,以下对该项目进行简述。

日本桥,是一座于1911年由米元晋等人设计建成的带有2个钢筋拱门的名桥,附近是从江户时代开始就非常繁华的商业区。它位于大城市市中心,也是日本的道路元标——道路网的原点。1964年东京奥运会之际,建设市内高速道路是当务之急,在时间很短和资金不足的情况下,只好选择在日本桥川的上空高架道路,覆盖了日本桥的上空。在建成后的50多年里,这条高速道路作为大城市东京的主干道路发挥了重要作用,但是随着时间的推移,承受了不分昼夜的大量交通量的高架道路也在老化和退化。

因此,通过实施高架道路的地下化工程,提升道路功能,改善日本桥地区的城市景观,净化日本桥川并对日本桥周边地区进行再开发,以达到改善环境、确保居民安全的目的的设想形成了。通过召开以当地居民和企业为主要代表的座谈会等形式,脚踏实地地推进该项目的实施,同时得到了社会舆论的支持,现在这个项目已进入政府审查批复阶段。类似这样的基础设施更新改良项目,今后会越来越多,这也是日本大多数城市必须实施的项目。

图2-2　日本桥
图片来源:国土交通省东京国道事务所

现在的日本桥

日本桥周边再开发规划

第 3 节
设想的推进

上一节介绍了基础设施设想产生的动机。要实现这一设想,必须经过各种各样的过程。以下介绍通过怎样的过程去推进设想的实施。

1)宣传

要想实施与社会密切相关的基础设施的设想,必须得到社会舆论的支持。因此,需要利用各种机会向社会宣传项目的内容。必须以通俗易懂的方式介绍项目的实施效果和内容。为了说明项目完成后的主要功能,需要制作立体模型图,最好能利用计算机制图技术以动画形式展示。

图2-3 护城河的设想
图片来源:川口英俊

所有项目都应该通过模型等通俗易懂的方式去说明，介绍项目对社会、环境的预计影响，以及计划采取的对策。此外，宣传需要在早期阶段进行。

2）与居民的对话和集会

通过召开研讨会、市民对话会，邀请专家学者用上面提到的通俗易懂的方式讲解项目的内容和意义，接受市民批评和修正意见，这点也是很重要的。

在形成前节所述的护城河改造设想时，召开了以附近大学教师、学生为主，以及包括当地居民在内的研讨会、项目的模型展示会等。在这些会上有必要介绍其他国家或地区同类的先进事例，同时希望参加者来自社会各个阶层。

当地报纸、电视台等新闻媒体也需要报道这些会议。此外，通过专门网站让更多的市民了解项目，提高他们的认识和关心度，这也是非常重要的。

札幌的创成川改造项目就是一个反复与居民进行对话推进项目成功实施的案例。

创成川发源于丰平川，流向札幌市中心，是与国道创成川道并行，与大通公园直交的一个小河川。在创成川两侧各有一条4车道的道路，只有两处在街道下方修建了地下通道。另外，河川区域的自然空间并不美观。

为了缓解市中心的交通拥堵、改善绿地与水系等都市环境，札幌市政府牵头规划了创成川改造项目，把地面道路双向各2个车道共计4个车道改为地下道路，在地面修建公园改造河川环境。这一方案被列入2000年《第四次札幌市长期综合规划》。

方案形成后，对市民进行了问卷调查，并召开了市民研讨会。2004年由周边居民、沿线商店街、市民团体、专家学者和札幌市政府参与的市民恳谈会，为达成共识提供了平台。另外，设置了专家设计委员会，经过多次专业性的研讨，制作了大量模型和展示板。随后，又召开了多次千人以上的研讨会和市民恳谈会,于 2005 年制定了《体验绿色都心街道规划》,使改造项目作为城市规划项目得以立项。

照片 2-16　创成川再生项目

该项目于 2005 年动工,修建了地下道路和公园,改造了地上道路和河川等,于 2011 年竣工。这一项目缓解了市中心的交通拥堵,打造了亲水绿地空间和休闲空间,提高了市民的生活质量。因为从项目初期就有市民参加,所以深受大家的喜爱。

除此之外,根据项目的性质组织了市民参与的社会实验,验证了项目的合理性,同时也加深了社会舆论对该项目的理解。

3) 反对运动和诉讼

从一个设想到项目实施,要经历很多过程和时间。在实施过程中市民提起诉讼的案例国内外均有很多。下面以德国的 2 个大规模项目为例,介绍在实施过程中进展缓慢的情况。

第一个案例是 1992 年开始运营的慕尼黑新机场。从 1979 年决定在慕尼黑市郊外建设机场之后,由于居民担心机场对环境造成影响,共提起诉讼5724件。德国有个被称为"行政裁判所"的特殊裁判制度,同类诉讼案件在此进行汇总后集中审议,可以在较短时间内审理大量的案件。经过审理,行政裁判所认定了项目的合理性。在此期间,根据居民要求变更了机场的规模,实现了与周边地区土地利用的整合,最终结果是虽然机场规划晚于日本成田机场,但竣工却早于成田机场。如今,作为德国南部大型枢纽机场,慕尼黑国际机场发挥着重要作用。对位于市内的里姆机场旧址也进行了有效合理的规划,这在审理居民诉讼时起到了良好作用。

照片2-17　慕尼黑国际机场
照片来源:Michael Fritz/Munich Airport

另外一个案例是斯图加特中央火车站大规模改造项目。由于该站是尽头式火车站,列车运行效率低下,因此改造斯图加特中央火车站的宏大规划在1988年提出。根据这一规划,在目前铁路线路的垂直方向修建地下新站,同时在地下修建一条穿越城市的高速铁路大通道。但是,由于对这一大规模改造项目的反对声音和环境保护方面的问题引发了强烈的反对运动,发展成了全国性的政治问题。各种团体经过长年的讨论,终于在2011年举行了包括斯图加特市在内的州全体居民投票。结果赞成票超过了反对票,最终德国联邦政府和德国铁路公司(DB)开始了项目建设。在工程竣工后,作为欧洲高速铁路"十字路口"的斯图加特地区有望取得更大发展。

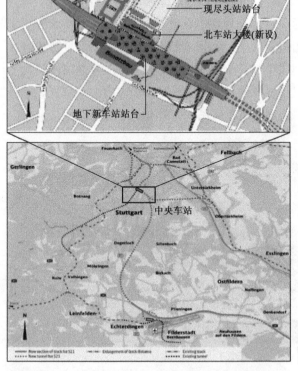

图 2-4　斯图加特站改造规划
图片来源：Bashuprojekt Stuttgart-Ulm
(斯图加特大学研究室)

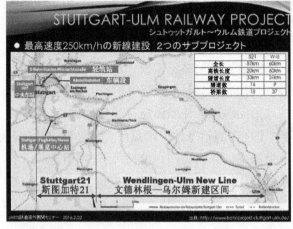

图 2-5　斯图加特 21 项目
图片来源：下大园浩

4) 项目批准和项目主体的设立

基础设施具有半永久性并且对社会全体产生影响的性质,从公共立场出发,在实施过程的各个阶段都会受到各种限制。大部分资金都由政府负担,所以要接受政府以及公共团体的审查并征得他们的同意。因此,在项目实施时,需要与许多公共部门协商,最终获得批准。

与什么部门进行协商、是否需要批准,是由项目的种类和目标区域决定的。这里举一个例子,介绍近年来在大多数城市中进行的连续立体交叉工程项目。

连续立体交叉工程的主要目的是作为城市规划道路项目,通过实施铁路的高架化或地下化工程,缓解铁路岔口的道路交通拥堵。从1940年当时的内务省与铁道省签署协议以来,以东京的JR中央线为首,日本在全国大约150个区间实施了连续立体交叉工程,不仅缓解了道路拥堵,还有效地消除了地区分割,提高了铁路行驶速度等。项目主体虽然是地方公共团体,但铁路高架化或地下化工程的实施是由铁路公司来进行的。项目费用通常由政府负担约90%(国家和地方政府各承担50%),铁路公司负担其余的约10%。

以下基于国土交通省的资料,介绍项目关联方公共部门和铁路公司之间在项目的主要阶段进行了什么样的协商、取得了什么样的批准。另外,与环境评价相关的程序这里就不介绍了。

照片2-18 基于连续立体交叉工程的铁路高架化(小田急线经堂站)
照片来源:小田急电铁

1. 与申请国库补助相关的内容

机构 业务	中央政府 (城市及区域建设局)	地方公共团体	铁路公司	中央政府(铁路局)
①国库补助调查	选定 ←	申请 调查委托 →	概要设计	
②财政拨款计划	商谈了解 ←	计划记载		

2. 城市规划的决定　　　　　　　　　　　　　　　(注)省略环境影响评价程序

机构 业务	中央政府 (城市及区域建设局)	地方公共团体	铁路公司	中央政府(铁路局)
①制定城市规划方案	回答 ←	预备协商 →	回答、介绍 →	回答
②城市规划的决定	同意 ←	公告公示 城市规划审议会 国交大臣协商	铁路设施等变更申请 →	许可 回答

3. (城市规划)项目批准

机构 业务	中央政府 (城市及区域建设局)	地方公共团体	铁路公司	中央政府(铁路局)
①详细设计		协商 →	回答	
②城市规划项目		许可 ←	项目批准申请	

4. 规划实施

机构 业务	中央政府 (城市及区域建设局)	地方公共团体	铁路公司	中央政府(铁路局)
①实施协议		缔结 ↔	缔结	
②项目实施		委托 →	施工	

图2-6　连续立体交叉工程项目中主要协议和批复

个别大规模项目需要根据资金来源，成立新的组织作为项目主体。比如在实施本州四国联络桥项目时，首先制定了《本州四国联络桥公团法》，然后成立了本州四国联络桥公团，在公团这一新型组织下从政府和民间延揽优秀人才，推动连通本州与四国的联络桥建设项目正式实施。

很少有项目是按照最初设想完成的，或多或少总要修改以求完美。当然也有很多中途放弃的项目，在后面的章节中会专门介绍。

5)设想的修正

　　基础设施一旦建成,会对当地的社会与环境产生半永久性的影响。因此,不同利益、不同价值观的团体之间有时会发生激烈的冲突,有时也会给未来埋下祸根。因此,为了避免这样的事情发生,经过多年针锋相对的讨论,如果能够达成彼此之间都可接受的方案并付诸实施,此类项目对该地区的发展意义非凡。下面举例说明。

　　在北海道小樽市中心的5号国道,从20世纪60年代后期开始随着机动化的进展交通量急增,只有两条车道的国道与周边城市市中心的交通急剧拥堵。但由于5号国道难以拓宽,因此有人提出了把位于国道临海侧的城市规划道路——小樽临港线建成6车道道路,以吸引5号国道交通量的设想。

　　小樽运河是20世纪20年代为了小樽港驳船装卸而修建的运河。1966年规划的临港线,是填埋小樽运河的建设规划。这时的小樽港已经不是驳船装卸而是靠岸装卸,运河只是用来停泊小船,淤泥沉积,异臭散发,变成了一个"死亡"空间。20世纪60年代,日本在很多城市通过填埋市中心的河川或河渠来修建道路。

　　但是,小樽运河周边有许多明治时代和大正时期建造的石造仓库,市民们担心这么重要的文化遗产遭到破坏,自发组成了"小樽运河守护会",主张保护运河并建造公园。

　　听了这一呼声后,市政府研讨了若干个不填埋运河的道路建设方案,但均以缓解市中心交通拥堵的紧迫性、从船舶运输直接到汽车运输的港口运输方式的变化等为理由,坚持原定的运河路线最为合适。这与主张全面保护运河的市民们的意见完全相左,这一纠纷问题最终反映到了日本国会。

　　虽然保护历史环境的重要性是在1977年制定的《第三次全国综合开发规划》中才提到的,但是这一事件轰动了全国。在声势浩大的运河保护运动下,市政府虽然坚持修建临港线,但也在寻求既要建设城市规划道路又能保护历史文化遗产的双赢方案。1979年,由第三方机构制定了新的道路建设方案，并在此基础上公布了重建小樽运河和周边环境的设想。新的方案是在靠近山的一侧修建道路，尽可能保护运河并在运河周边修建散步路、小广场，打造有情趣的城市水边空间，在运河两侧保护、整顿石造仓库群来重构城市景观。

照片2-19　小樽运河地区
照片来源：小樽市产业港湾部观光振兴室

之后，一直坚持建设临港道路的工商业协会以及当地的产业界也改变了原来的立场，转向支持运河保护及再开发的方针。这样，经过北海道政府居中调停，道路促进派和运河保护派实现了妥协。在修改当初设想的基础上，不仅建成了道路，同时也重整了运河地区的环境，保护了水系，提升了城市魅力，规划方案修正后得以实施。

1986年，小樽运河地区再开发工程竣工。这一工程在确保市内交通畅通的同时，保存了历史建筑，重塑了美丽的河滨城市景观。如今，小樽市的传统产业逐渐衰退，但作为新的观光城市，小樽市充满了无限魅力。

第 4 节
推进设想付诸实施

基础设施设想付诸实施的过程是多种多样的。与灾后重建有关的项目具有紧迫性,为了减少国民损失、降低灾害对经济活动的影响,需要在较短时间内推进这种需求追随型的项目,以解决供给不足的问题。但是,地区振兴型的项目付诸实施通常需要 20～30 年,甚至更长的时间,有时需要出于多种目的才能推进设想实施。下面举例说明。

1) 举办大型活动

举办奥运会、博览会等大型活动,必须推进工程建设以确保相关基础设施限期完成。举办此类大型活动时,多数场合都需要建设交通设施以及会场周边的相关城市设施。不管是大型国际活动,还是规模较小的全运会之类的全国性活动,都必须配合活动开幕,在资金保障、征收土地、项目审批、施工建设等阶段,积极推进项目建设。德国在各城市常年轮流举办园林博览会,通过这些活动促进了城市绿化、环境改善和城市设施建设。

通过举办大型活动加速基础设施建设的例子有很多,比如以东京奥运会为契机改建和新建了东京街道和城市高速道路,举办大阪世界博览会时大阪的交通和市民生活基础设施也得到了充实。以下介绍 1998 年长野冬奥会和长野新干线的案例。

长野新干线是北陆新干线的部分区间(高崎—长野)的通称。在 1998 年长野冬奥会之前的 1997 年 10 月,高崎—长野的新干线通车,这是北海道、东北、北陆、九州(鹿儿岛线路、长崎线路)5 条整备新干线中最早开通的。早在 1991 年长野冬奥会申办过程中,政府和执政党就达成共识,决定在长野冬奥会申办成功后最优先建设并开通长野新干线,并按照冬奥会前一年开通的目标,加速推进新干线工程。

照片 2-20　长野(北陆)新干线第二千曲川桥梁
照片来源：铁路建设、设施建设支援机构

在沿线各地征收土地是极其困难的，但为了赶上冬奥会这一目标，长野新干线作为政府项目，在《土地征用法》的指导下，以破例的速度进行了建设用地征收。比如在长野市，19个地区分别召开对策协议会，在很短时间内就征收了约40公顷的土地。长野新干线对成功举办奥运会是不可或缺的，这一理念深入人心，正是有了这样的社会舆论，征地和施工才得以顺利进行。

2) 事故与灾害的发生

安全是国民生活最基本、最重要的条件，平时很难认识到它的重要性，因此基础设施建设常常被延缓。但是，一旦发生了事故或者灾害，舆论就会指责安全防范不完善，这样会促进与安全相关的项目设想尽快实现。在

第 2 章　基础设施项目的设想

遭受大事故之后项目得以快速实施的案例中，青函渡轮"洞爷丸"事故加速了青函隧道的建设就是一例。

青函隧道于 1988 年开通，它连接青森县津轻半岛和北海道渡岛半岛，全长 53.85km，最低海拔 -240m，是世界上最长的海底隧道。连接本州和北海道的青函海底隧道是 20 世纪的巨大工程，第二次世界大战中，铁道省桑原弥寿雄首先提出了这一设想。第二次世界大战结束后的 1946 年，设置了"津轻海峡联络隧道调查委员会"，并于当年调查了地面地质情况，1953 年开始进行海底地质调查，但是进展缓慢。

就在这种情况下，1954 年 9 月，往返于青森与函馆的青函渡轮"洞爷丸"事故发生了。因为"洞爷丸"遇到强风和巨浪，在函馆湾七重滨附近翻船、触礁，发生了 1172 人溺亡的惨剧。事故原因是 15 号台风前所未有的速度和强风以及强风应对措施不当。

照片 2-21　青函隧道

"洞爷丸"事故发生后,社会舆论纷纷要求建设青函隧道,隧道建设的准备工作也加速了。事故发生十年后的 1964 年,在北海道一侧开挖吉冈调查斜坑,之后历经海水淹没事故等各种考验和挫折,1988 年,连通北海道与本州的"青函隧道"终于竣工,函馆—青森的铁路也正式营业。

　　青函隧道从设想到完成经过了 50 年的岁月,以"洞爷丸"事故为契机,确保交通安全的呼声有力促成了这一设想。日本铁道建设公团青函建设局局长持田丰在其著作中这样写道:"青函隧道与其说是为了促进北海道、东北地区经济发展,加固社会文化纽带,不如说是为了确保交通安全、提供今后不再发生交通事故的运输服务的巨大工程。人命关天,生命第一。"

3) 需求的压力

　　当需求大幅超过供给时,就会发生拥堵,显著降低社会福利。特别是 20 世纪 50 年代之后日本进入了经济高速增长期,基础设施不足问题凸显。需求压力增加,利用者和社会全体对全国性基础设施新建或增强的要求也在提高,这有助于设想能够尽快实现。东海道新干线就是在需求压力下设想快速实现的典型例子。

　　众所周知,东海道新干线的设想起源于 1940 年议会通过的《弹丸列车规划》。这一规划是在东京和下关之间修建一条长达 1000km、最高时速为 200km/h 的铁路,工程总费用为 5 亿 5 千万日元,计划 15 年完成。虽然部分工程已经开始,但是由于战争中断了。

　　之后,新干线设想的实现是在战后的经济高速增长期。进入 20 世纪 50 年代,日本经济快速增长,作为日本大动脉的东海道线的运输能力急需提高。当时的东海道正线的客货运的供需矛盾非常严重,特快列车常常满座,货物积压在车站的状况显著,提高运输能力的呼声日益高涨。

1955年就任日本国铁总裁的十河信二，强烈主张建设标准轨距[1]的东海道副线，以此作为提高东海道正线运输能力的策略。日本国铁和运输省经过反复讨论，决定用5年时间建成世界最高水准、最先进的交通工具。1959年，在申办1964年东京奥运会成功后，在奥运会开幕前开通新干线是头等要务，最终在奥运会开幕式前9天即1964年10月1日，东海道新干线正式运营，从动工到竣工只用了5年时间。

工程是从新丹那隧道开始的，依次开通了南乡山、泉越、音羽山等隧道。在工期短、任务重的情况下，艰难的征地工作与工程施工同步进行。之后东京、横滨、静冈、滨松、名古屋等大城市的工程也逐渐动工，通过突击工程赶上了工期。从动工到开通历时5年，工期明显短于其他随后开通的新干线。当然，筹集资金的多少、征地的难易程度是有差异的，但是在经济高速增长背景下的需求压力，以及在奥运会开幕前开通新干线这一历史使命，都毋庸置疑地支持了东海道新干线设想的实现。

另一个例子是，为了解决严重的供需矛盾，在极端困难的条件下，在短时间内完成的黑部川第四发电站项目。

进入20世纪50年代后，日本从战争的荒废中复苏，经济走向复兴。与此同时，产业及生活用电需求日益增加，但电力供应无法满足需求，以大阪为首的关西地区的供需矛盾尤为突出。1951年因为枯水，水力发电量减少，加之煤炭数量和质量不足，导致火力发电的供给能力下降，在关西电力公司管辖范围内不得不实行电力管控，大额用电每周停电两天，一般用电每周停电三天。

因此，关西电力公司希望在拥有水利权的黑部川大峡谷中建造水库和大功率发电站，以克服电力供给不足问题。在黑部川上游修建水库，在缺水的冬季也可以确保发电，同时把发电量难以自由调控的火力发电作为基础发电，利用可以调整放水量的水力发电应对高峰期发电，形成一个"火主

---

[1] 铁道线路的标准轨距是1435mm。与日本国铁原有铁路线的窄轨(1067mm)相比，虽然增加了用地、桥梁、隧道的费用，但是在高速、安全、舒适等方面具有优势，所以日本新干线采用标准轨距。

水辅"的高效电力供给体系。

该工程需要巨额资金,公司除了本身的资金外,在政府担保下从世界银行申请了贷款。

水库地址选在两侧耸立着 3000m 高的北阿尔卑斯山脉的国家公园深处峡谷里。在这里修建了一个高 186m 弓形大坝来储水,然后利用最大落差达 545.5m 的水能发电,功率为 26 万 kW(运转开始时)。为了不破坏国家公园的自然美景,发电站等设施均建在地下。

在深山峡谷建设巨型水库和发电站,最重要的课题就是确保运输路线。跨越长野县大町至后立山连峰的隧道,在施工时遭遇了断裂带,经历了渗水事故,一度遇到因施工困难而中止工程的危机,但通过各种技术上、工程上的应对措施终于克服了重重困难。这条隧道的开通,为运输建设水库以及发电站所需的大量物资、大型发电机械设备发挥了重要作用。

照片 2-22　黑部川第四发电站

电力公司和工程建设公司团结一致,依靠他们的先进技术和献身精神,这一艰巨工程历时7年,终于在1963年竣工。水库竣工后,黑部川第四发电站开始发电,同时黑部川下游发电站群的发电量也得以增加,为缓解关西地区电力不足做出了重要贡献。为了建设水库而开凿的北阿尔卑斯山脉深处的黑部第四水库的交通通道,现在变成了立山黑部观光道路。这一神秘的自然景观吸引了大量的游客。

4)项目模式的差异

基础设施建设有多种模式。河川、一般道路的建设通常由中央政府和地方政府作为项目主体以公共项目模式进行,收费道路、铁路的建设一般由企业(含公营企业)作为项目主体进行。项目模式不同,项目实施的速度也不尽相同。

一般国道是以公共项目模式建设的最典型的基础设施。以下介绍国道建设工程的进展状况。受国土交通省委托,日本土木学会建设管理委员会PFI研究分委员会以直辖国道的改建项目为对象,对全国的河川国道事务所以及国道事务所进行了问卷调查,掌握了关于从项目设想到正式开通的时间,以及项目初期设想与实际完成时间的差别(图2-8)。调查结果表明,没有按照计划完成的项目约占全体项目的四分之三,项目延误时间从几年到10年不等,没有提前完成的项目。

由企业作为主体建设的典型基础设施项目是铁路和轨道交通。以全国铁路和轨道交通项目为对象,调查了政府批准工程实施时的完成期限和实际开通时间的差别,如图2-9所示,没有按照计划完成的项目约占全体项目的四分之三,这一点与直辖国道是一样的,但延误时间最多为2年。此外,比计划期限提早完成的项目占全体项目的五分之一左右。

从这些事例可以看出,由企业作为建设主体的模式,在缩短工期以及提前完成计划方面比公共项目模式要好。工程进度的影响原因有资金筹集方法、法律制约、工程计划、工程管理等技术问题,以及征地过程中达成共识的进展状况等。其中,项目模式,特别是资金筹集方法和法律制约的影响较大。

资金筹集方法的不同主要体现在是否支付利息,这对可否缩短工期、提前开通产生直接影响。在公共项目模式中,中央和地方政府的主要资金

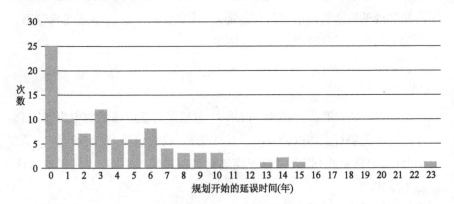

(注)项目实施是指项目资金到位后项目实际开工的情况
图 2-7　直辖国道改建项目从项目实施到开通为止的最初设想和实际的差别
图片来源:土木学会建设管理委员会 PFI 研究分委员会,国土交通省委托研究《道路 PFI 项目的风险分析》报告书,2004 年 3 月

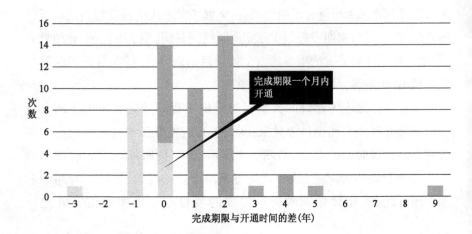

(注)根据国土交通省铁道局(运输省铁道局)主编的《铁道概要》1990—2003 年度版制作
图 2-8　铁路和轨道交通项目政府批准实施时的完成期限和实际开通时间的差别
图片来源:长谷川专《基于时间管理概念的基础设施的实施管理相关研究》

来自税收,而企业只能利用有息贷款,待项目投入使用后通过收费还债,所以企业会千方百计提前开通营业,以减少利息负担。

法律制约也会影响工期的长短。公共项目模式中,政府在推进项目实施时存在着各种法律制度上的制约。比如,基础设施的建设资金从政府预算中支出,但是这会受到《中央政府会计法》《地方政府法》中单年度预算制度的制约。最近虽然出现了灵活运用债务负担行为的案例,但是跨年度的项目提前获取下一年度资金的案例还是少有的。即使完成了本年度的项目,在下一年度项目实施前仍有一个"等待预算执行"的空白期。另外,公共项目承包合同规定,缩短工期不能领取奖金,但若工程延期,承包方需要赔偿发包方滞纳金,因此大家对缩短工期没有积极性。

最近,民营企业参与的 PFI(Private Finance Initiative)、PPP(Public PrivatePartnerships)等新型基础设施建设模式备受关注。这类模式的主要作用是压缩成本、风险管理以及提前竣工。

5)国际形势

基础设施设想的实施有时受制于国际关系。决定某个国家的国土骨骼的基础设施建设本应由当事国自己决定,但是基础设施建设扩大了内需,对国际资金流动、货币交易等经常收支、贸易收支会产生较大的冲击。因此,它有时会作为外交谈判的筹码被利用。典型的例子就是从 1989 年到 1990 年实施的《日美结构协议》。

《日美结构协议》是为了解决日美贸易摩擦而通过日美谈判达成的协议。这一协议实质上可以说是由美国主导的日本改造项目。20 世纪 80 年代后期,贸易不平衡成为日美间的重要问题。美国于 1988 年颁布了《综合贸易和竞争力法》,其中特别指定了实行不公平贸易和以其他方式阻碍美国出口的国家,并列出了对这些国家进行报复的"超级 301 条款"。

在这种形势下，日美两国于 1989 年举行了首脑会谈，美国总统向日本首相提出了《日美结构协议》的方案。因为是两国间协议，所以协议中包括日本对美国的要求，但主要内容是美国要求日本开放市场。在 1990 年的协议中，为了解决日美贸易不平衡问题，日本承诺进一步扩大内需，未来 10 年支出 430 万亿日元进行公共投资，到 20 世纪 90 年代中期增至 630 万亿日元，这些投资主要用于关西国际机场建设、东京湾临海副都心开发、地方城市间道路建设等项目。

这几个项目在《日美结构协议》之前就开始探讨建设了。比如东京湾临海副都心开发项目是 20 世纪 80 年代前后由东京都政府开始探讨的。当时，世界各地如纽约的曼哈顿、伦敦的船坞地区等均在推进临海部再开发，基于这一动向，日本于 1987 年以青海、有明、台场地区 440 公顷的区域为对象，发布了"临海副都心开发基本设想"，集聚国际展览中心、办公楼、住宅等国际都市设施。交通基础设施包括：与市中心建成区直接连通的东

照片 2-23　东京湾临海副都心

京港联络桥(彩虹桥)、新交通系统(海鸥线)、地铁(东京湾临海高速铁路临港线)、首都高速道路(11号台场线)等。《日美结构协议》约定的630万亿日元的一部分用于这些既有的开发项目,加速了项目实施。

　　美国从本国利益出发,为了解决贸易不平衡问题,迫使日本扩大内需,要求日本改革包括增加公共投资在内的制度和政策,不得不说这种外交压力是出乎寻常的。但这并不是说东京湾临海副都心开发、关西国际机场建设等是不需要的公共项目。实际上临海副都心为提高东京在国际城市竞争中的地位做出了贡献,关西国际机场作为关西城市圈的国际枢纽机场,在商务、旅游上发挥着重要作用。另外,这些公共投资也拉动了泡沫破灭后的日本经济。《日美结构协议》这一外部压力,加速了原本计划的公共项目的实施,通常需要多年才能完成的大型项目,结果以史无前例的速度完成了。

第 5 节
设想的挫折

花费了许多智力、劳力、时间好不容易设计出来的设想,却因为某种原因不得不半途而废,最终未能实施的案例不胜枚举,即使项目启动后也有被迫中止的情况。虽然中止的理由和原因各种各样,但可以对过去的案例进行分析,区分出主要的理由。

1)财务方面的困难

政府等公共团体能够投入到基础设施建设的资金当然是有限度的,因此即使某些基础设施具有很好的社会效益,公共投资也十分合理,由于缺乏资金,这些基础设施也难以按照预期的设想实现。这样的事例并不少。

即使是允许征收使用费的基础设施,无论作为企业项目还是政府项目,如果出现资金筹措困难或者收支平衡困难,也不得不废弃或暂时中止。这种案例有很多,以下以北九州市的铁路规划为例进行说明。

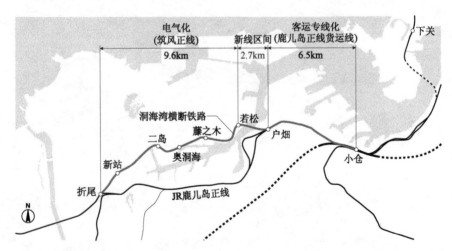

图 2-9　横跨洞海湾铁路的设想路线
图片来源:基于《横跨洞海湾铁路建设调查报告》(运输政策研究机构,2001 年)制作

洞海湾是北九州市的一个狭长海湾。在海湾的北侧是若松区,那里有一个港口专门装运通过铁路从筑丰煤田运来的煤炭,对岸是工业区户畑区,它的东侧是北九州市市中心小仓北区。呈半岛状的若松区是平缓的丘陵地,有很多学校和研究所,居住环境良好,但是去户畑和小仓的公共交通十分不便。虽然筑丰干线的若松火车站与鹿儿岛干线的户畑火车站之间的直线距离只有 1km 左右,但是由于中间有个洞海湾,两地之间的主要交通手段只能靠汽车穿过交通拥堵的若户大桥。

因此,20 世纪 90 年代末就开始策划建设一条全长 3km 的铁路新线,计划将不再运输煤炭的筑丰干线从若松延至户畑,然后与小仓连通。在洞海湾海底建造全长 2km 的海底隧道,利用废弃的铁路货运线直接与小仓火车站连通,这样的话,从若松火车站到小仓火车站只需 12min 左右。在此基础上,在若松区建造良好的住宅或者学校,从而可以带动整个北九州市的城市建设和发展。

建设总费用预计为 210 亿日元,铁路通车后很难赢利,需要政府每年补贴 5 亿日元左右才能达到收支平衡。因此,对于民营企业 JR 九州来说,单独实施这项工程是十分困难的。2005 年之后,又经过几年的调查研究,即使在国家《都市铁路便利性改进法》的补助下建设这项工程,预计建成后仍然是赤字状态,因此这一设想不得不中止。此外,在此之后,跨越洞海湾的地下通道作为港口项目得以建设,这样建设铁路新线的设想就完全消失了。

但是,从对大城市长期发展的效果来看,利用废弃铁路促进城市发展的这一规划,可以通过改善交通助推土地升值,并利用土地增值税来进行城市建设,不失为一种积极的城市政策。

2) 环境影响的担忧

基础设施是在大地和大自然之上建设的,不可避免地会对现有的环境造成一定影响。在项目实施前,首先需要进行环境影响评价,确认该项目对水质、大气质量、噪声、生态系统等的多方面影响在允许范围内,再开始实施。但是,即便如此,也不能彻底消除对于未来不确定因素的担忧,因此会发生反对运动。而项目负责单位对此必须采取进一步的措施,或者变更项目内容继续推进项目实施。尽管如此,有时也不能平息反对运动,此时一般由专家学者组成的第三方委员会来协调解决纷争。也有经过这一系列过程最终不得不放弃设想的案例。北海道千岁川排水路就是这样一个例子。

源头为支笏湖的千岁川从千岁市内流至下游地区的低平地,在江别市与石狩川的主流合流。但是石狩川的水位上升之后,千岁川的水就无法从石狩川排出,因此在千岁川下游一带,由于内河排水困难,经常会发生洪水。1981年大洪水发生后,北海道开发局制定了千岁川排水路规划,即为了避免洪水灾害,在千岁川与石狩川合流处设置水闸,并建造总长约40km的排水路,在石狩川水位上升时,千岁川的水不再流向石狩川,而是流向太平洋。1982年,当时的建设省河川审议会在全面重新评估石狩川水系工程实施基本规划后,决定采用千岁川排水路规划作为千岁川治水对策。

对于这项需要20年工期的大工程,受到洪水危害的千岁、惠庭、江别等地区持赞成态度。但至今为止没有受到洪水危害且今后可能会因这项工程环境受到影响的苫小牧、千岁的部分地区、早来等地区发起了反对排水路建设的运动。

反对的主要理由是该项目可能对排水地太平洋沿岸的鱼贝类有不良影响,以及对拥有风景美丽的美美川和野生鸟类庇护所淡水湖的自然环境有致命的影响。此外,反对者还认为不应该建造像排水路这样大的基础设施来抵御洪水,而是应该采取改修石狩川、增建滞洪区、种植水灾防护林等综合治水对策。

十几年间举行了许多集会,进行了激烈的辩论。最终根据由环境、农业、水产、经济、河川工程等多领域的专家学者组成的研究委员会出具的报告,1999年北海道知事向当时的北海道开发厅提交了中止排水路建设规划、推进滞洪区建设等综合治水对策的请求意见书。就这样,国家决定中止这个规划。

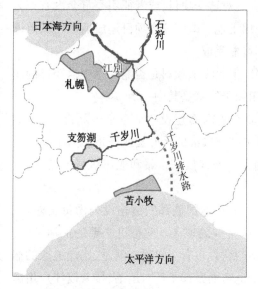
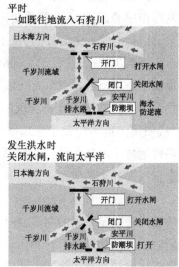

图 2-10　千岁川排水路规划示意
图片来源：基于《千岁川排水渠规划》（水文与水质水源学会杂志）制作

这虽是以环境问题为起因的纠纷，但从设想初期阶段就缺乏与相关居民进行充分的交流，以及地区间不同利害关系导致的地区间对立等，才是不得不放弃这一设想的真正原因。但是，考虑到全球变暖以及担心会发生集中性暴雨等问题，这个规划作为永久性对策是否很好也是值得思考的问题。

3）征地困难

如果想要在土地上做任何改变，建造基础设施，就必须从地权人手里拿到土地权或者是地上权。而地权人出于对环境影响的担忧、对失去祖祖辈辈传承下来的土地的抵抗、对补偿不满等理由不会轻易转让其地权。因此，对于建设单位来说，征地是一件非常困难的事情。

当某一项目从公益角度看是绝对必要的时候，法律上允许用强制手段征用土地，但在执行时需要花费很多的手续和时间，还可能引起社会纠纷。

如果当地的地方政府首领和议会反对这个项目，或者征用委员会没有充分发挥作用的话，也不可能成功征用土地。即使这个项目建成后从广域范围来讲对社会是非常必要的，也不可能完成。

虽然工程已经进行了一部分，但是无法预料是否能取得中途经过的用地而中止项目的例子也有。成田新干线就是其中一例。

为了应对不断增长的国际航空需求而建设的新东京国际机场（现称"成田国际机场"）位于距东京市中心65km的千叶县成田市。为了克服相隔较远这一不利条件，当时规划了一条连接东京站和成田机场的新干线，全程只需要大约20min。

这条新干线于1974年动工，由日本国铁和铁道建设公团负责建设。项目沿着确定下来的路线，在可以交涉的地区扎实推进必要的征地工作，同时成田机场的地下站和东京站的建设也有了进展。但是，途经地区的居民首先因担心新干线噪声造成的危害而发起了反对运动，接着以江户川区为首的沿线市区以新干线仅仅通过而无法在当地设站，不能给当地带来任何效益为由，也开始反对这项工程，各个市区的议会也通过了反对决议。

当时由于成田机场建设引发的持续激烈的反对运动，成田新干线作为反对机场建设的象征也遇到了激烈的反对。东京都知事和千叶县知事只好冻结该规划，土地征用委员会也未能发挥作用，导致征地工作无法进行，1983年这项工程最终被冻结了。

虽然东京站、成田机场站、从机场到成田线十字路口的约2km的区间，以及越中岛货物站地区的路基和高架桥等设施已经建成。此外，途经新市区的建设用地也已征收。但是，其他有争议地区的征地工作无法进行，终于在动工12年后的1986年，中央政府放弃了建设成田新干线的规划。

这一结果造成成田机场和东京市中心没有高速铁路连接，成为日本国际航空交通的致命弱点。之后有关部门又开始寻找新干线的替代方案，提出了把JR成田线和京成电铁引入地下，并连通为了新干线而修建的成田机场地下车站的方案，并于1991年建成通车（现在的JR成田特快和京成直达特快电车）。

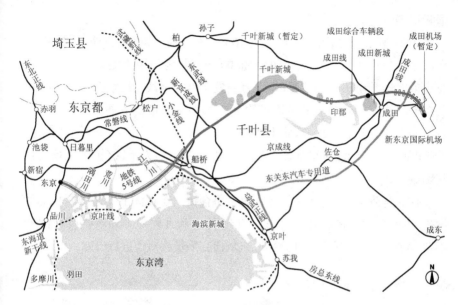

图 2-11　成田新干线路线示意图
图片来源:基于《日本铁道建设公团三十年史》制作

虽然成田机场和东京市中心之间终于有了铁路,但从机场开始运营到铁路建成的 13 年间,一直都没有高速铁路连接两地,严重损害了东京与世界之间的交通便利性。此外,无法与东京站为起点的新干线交通网有效衔接,造成了乘坐国际航班的旅客去日本全国各地的交通不便。不得不说,这样的损失让东京都市圈乃至日本都在国际竞争中受到不利影响。每当想起今后日本会长期蒙受全国性巨大损失时,政府便会后悔当时未能从环境保护角度在部分区间实施地下化工程,实现新干线设想。

4)地区及政治利害冲突

基础设施的建设会引起直接受益地区和非直接受益地区之间的利益冲突,或者因为其他理由造成该地区政治团体的意见分歧以及政治想法促使意向发生变化等,迫使已经启动的基础设施设想中断甚至中止。这样的例子也不在少数。20 世纪 70 年代开始讨论,直到 2010 年也没建成的九州国际机场就是著名的案例。

1980年左右，福冈市人口突破100万人。福冈机场位于福冈市内，距离博多站只有2km左右。福冈机场非常便利，为福冈市的发展做出了重要贡献。但是由于机场位于市区，万一发生航空事故，其危害以及噪声，以及根据《航空法》对建筑物的高度限制都制约了城市的发展。机场用地中有三成以上是私有土地，因此土地费用和环境对策费用很大。虽然航空需求不断增加，但无法再增加新的航班。机场四周均为市区，扩建机场也极其困难。

在此背景下，工商联和年轻企业家协会提出了在海上新建国际机场的设想，九州山口经济联合会(简称"九经联")和九州地方知事会(简称"知事会")在1990年成立了九州国际机场研究委员会对此进行研究，

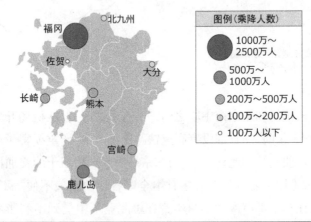

项目	九州(含岛屿部分)		荷兰	
面积（km²）	42232		41864	
人口（万人）	1302		1705	
机场乘降人数(万人)	福冈	2100	阿姆斯特丹	4800
	北九州	130	艾恩德霍芬	150
	佐贺	60	格罗宁根·埃尔德	20
	长崎	310	马斯特里赫特·亚琛	30
	熊本	320		
	大分	180		
	宫崎	290	鹿特丹	170
	鹿儿岛	520		
	合计	3910	合计	5170

图2-12　九州和荷兰的机场布局示意
图片来源：基于经济产业省、外务省、东急电铁、鹿特丹机场等数据和资料制作

第 2 章 基础设施项目的设想

并在 1992 年得出有必要在九州地区建造国际枢纽机场的结论。之后，对 3 个地区 6 个地点(后来变为 5 个地点)作为机场候选地进行了调查，但是由于难以协调各个地区的利害关系，直到 1994 年也未能确定一个一致的机场候选地。因此，1995 年九经联和知事会成立了由相关地区之外的成员组成的第三方组织——"贤人会议(智囊会议)"，委托这个组织负责九州国际机场的选址工作。"贤人会议"从全局角度进行研究，建议将福冈机场搬迁，在位于福冈县的新宫—津屋崎海湾建造新国际机场，九经联和知事会也将此建议呈报了时任运输大臣。

但是，新国际机场选址确定在福冈县之后，遭到了其他县的强烈反对。因此，以福冈都市圈经济界为中心，同时联合福冈县和福冈市，提出放弃九州国际机场建设新福冈机场的设想，并发起了支持运动。

之后，推进新福冈机场建设成为福冈县地方政治的一大争论点。2003 年举行知事选举时，县知事避开这一问题，宣布取消建设新福冈机场的设想，

图 2-13 新福冈机场建议的广告(2002 年 2 月)
图片来源:C&C21 研究会

并在地方政界领导的支持下,提出现有机场的扩建方案,中央政府也决定增设跑道来解决航班过密问题。

如今,福冈机场正在增设新的跑道。即使这一工程竣工,也不能解决对在大城市市区发生航空事故的担忧和对城市高层化的制约的问题。与九州7个县面积和人口基本相同的荷兰和德国南部的两个州分别拥有国际枢纽机场(阿姆斯特丹、慕尼黑、斯图加特),与世界各地都有直飞航班,从而带动了地区整体的发展。反观九州地区,各县只有以各自腹地为对象的机场,整个九州地区没有通向世界的国际机场,这是否有利于未来发展,地方政府有必要从大局出发认真考虑。

5)社会经济形势的变化

随着社会的变化,有时会支持某个项目,而有时会取消或延期某个项目。1929年发生世界大萧条之后,美国田纳西河流域管理局(TVA)的成立和德国高速公路建设等就是根据当时的经济形势而推进的著名案例。即使没有经济形势的变化,重大灾害之后,随着防灾意识的提高而产生的推进机遇,以及随着防灾意识的淡薄而一起消失的防灾工程设想的实例也有。日本首都功能迁移这一设想的高涨和消失就是一例。

日本的政治、行政、经济、文化以及其他所有功能都集中在东京,突显了巨大的弊端。因此,20世纪50年代后期就开始讨论将首都的多个功能从东京迁移到新城市的设想,在《全国综合开发规划》中也作为研究课题。在1977年的《第三次全国综合开发规划》中,迁移和重新布局主要集中在东京的首都功能上,成为国土综合开发政策的重要课题。此外,1987年地价急剧攀升,首都功能过度集中于东京这一城市问题已达到极限,因此,在当时制定的《第四次全国综合开发规划》中,提出了分散首都人口以及各种功能的要求。

1990年,为了确立与21世纪相适应的政治和行政功能,日本国会做出了迁移国会以及政府功能的决议,并制定了有关国会等迁移的法律,设立了国会等迁移调查会,以专家学者为中心反复讨论了迁移的目的、效果和

第 2 章 基础设施项目的设想

方法等。其重要意义是：①形成与 21 世纪相适应的国土骨骼；②提出解决大城市过密问题的新对策；③应对地震等自然灾害。

1995 年发生的阪神淡路大地震给大城市神户造成了巨大损失，将首都功能从东京迁移出去的呼声又开始高涨。日本国会成立了首都功能迁移审议会，委员来自法律界、新闻媒体、艺术、历史、自然科学、工程学、医学等各个领域，由首相直接任命。审议会广泛深入讨论了迁移城市的设想和选址等问题。

根据审议会讨论的迁移方案，迁移城市由相距数公里的若干个数百公顷大的小城市集聚而成，也就是所谓的集群型新城市。因此，新城市不需要大规模用地并且能够保护良好的环境。审议会还成立了环境、灾害、交通、经济等专门分会，从各个专业角度对迁移城市的选址进行了评价。候

图 2-14　首都功能迁移审议会最终报告的新闻
图片来源：1999 年 12 月 20 日《读卖新闻》晚报

选迁移城市的选定需要公正、透明、明确。因此,首先,各专业分会的委员们通过专业评分进行评价。评价结果再由各个领域构成的审议会委员根据各个评价项目的重要性来进行综合评价,通过定量评价后确定各候选地是否适合。审议会最终形成了以栃木县与福岛县交界地区作为第一候选地的建议。

根据这一设想,原计划在下一个阶段制定详细规划,但是这一十分客观、透明的设想,受到了来自迁移候选城市之外的地区,甚至全国各地的批判和反对,其中首都功能被取消或弱化的东京最为强烈。此后,日本经济长期不景气,再加上阪神淡路大地震的受灾体验逐渐淡化,国会和政府无法采取大动作来实现设想。

之后,东京一极化问题愈加严重,全国地区差别逐渐扩大。东京发生直下型地震的危险性很高,人们十分担心受灾情况会更加严重。在国土交通省设立的首都功能迁移规划科也被取消,失去了确保首都功能稳定的行政管理部门。东京的首都功能即使不全部迁移,部分迁移的设想也值得探讨。为了实现日本的长治久安,建设可以安家乐业的首都,必须解决当前首都功能过于集中的问题。

6) 与地区条件不符

由几个人倡议的基础设施项目,随着时间的推移,在社会潮流的推动下,项目实施的可能性可能会大大增加。并不符合该地区固有的地理、自然或社会条件的设想,也可以这样来提高成熟度。但是,缺乏必要性的项目早晚会败给其他地区的同类项目,最后不得不被放弃。20世纪70年代推进的秋田湾工业开发设想就是一例。

20世纪60年代,秋田县面临第一产业衰退、人口外流等难题。为了创造新的工作机会和稳定人口,秋田县提出了在秋田湾建设工业基地的设想,并以据点开发和新产业城市建设为由列入全国综合开发规划之中,1966年秋田湾地区被指定为新产业城市。当初计划利用在秋田县本地生产的石油和木材等原材料进行炼油和造纸,打造以木材产业为中心的工业基地。

图2-15 关于秋田湾工业开发设想的新闻
图片来源:秋田魁新报社

但是,由于石油减产等原因,相关产业未能如期发展。因此,开发计划变为从海外引进原材料来进行生产加工,从而建设重化工基地。这一设想并不亚于当时正在大规模建设的鹿岛和濑户内等重化工基地。

1976年,《秋田县综合开发规划》规划了在秋田湾沿岸3km以内的海湾填海建造大型深水工业港,在5000公顷的工业基地上建造年产2000万t的钢铁工厂。但是,这一工业基地距离大型消费地较远,气象、海象条件恶劣,因此在这里建造工业基地不仅没有竞争力,而且对未来需求的预测过大。此外,已有的重化工基地的环境问题也成了十分深刻的社会问题。这样一来,项目就失去了建设意义,随着日本重化工产业的新建工厂走向衰退,这一设想也就破灭了。

基础设施建设项目,特别是以地区开发为目标的基础设施建设项目,如果与该地区的地理、自然、社会条件不相符的话,那么就不能实现这一设想,或者无法通过项目实施得到预期效果。当时进行的小川原和苫小牧东部等同类项目在此之后也陷入了困境,看到事后处理所经历的痛苦,不得不说基础设施项目的设想必须符合该地区的条件。秋田湾工业开发设想在相对早期被叫停,没有产生巨大的损失,今天看来,放弃该项目不失为一个正解。

第 2 章　参考资料

详见原著,此处略。

第3章

基础设施的工程化及工程主体

> 广井勇君,你的工程知识并非属于你自己,
> 而将永远服务于国家和社会。
> 内村鉴三
>
> 基督教领袖。致友人广井勇(曾致力于小樽筑港建设,后任东京帝国大学教授)的悼词。

第1节
基础设施的工程主体

当某个地区或个人倡议的基础设施项目获得社会普遍赞同和认可后,这一项目即将进入实施阶段。此时需要明确该基础设施项目的建设与运营主体。

在市场经济下,消费者通过市场获取民间(民营企业)生产的财富或者服务,期待供给与需求保持均衡。但是,仅仅如此的话会引起市场失败(Market Failure),给社会福利(富裕、舒适、公平等)带来不利影响。举一个典型的例子,公路等公共财产,如果仅仅依靠民间经济活动的话,在供给方面会有很大的不足,在需求方面也受限,会给社会活动带来很大的障碍。

作为本书研究对象的基础设施,虽然有不少是由民营企业提供的,但也有很多像公路那样是纯粹的公共财产,除此以外,像在序章提到的那样,具有极高的公共性这一特征。因此,基础设施工程,也就是在基础设施的投资和运营这一方面,政府应作为工程主体、补助资金提供主体、管制部门等,并通过各种形式参与基础设施的建设。

现实中工程主体的形式多种多样,有政府等公共机关直接展开工作的,也有民营企业实施的,或是介于二者之间的主体来实施的形式。另外,虽然多数情况下工程投资与运营由同一主体实施,但也有将其分别交由官方和民营的不同主体来实施的形式。此外,包含工程投资本身,制定计划和财务管理,以及建设管理等业务全部由工程主体负责,建设施工则由民营企业执行这一模式,以及以上全部由工程主体实施的直营工程形态。以下将工程主体的必要条件进行理论分析并归纳,在此基础上列举若干个基础设施项目的范例,以此说明工程主体是如何经营这些基础设施的。

另外,现在一般情况下施工是由民营的建筑公司承包并实施的,因此在这里以工程主体仅负责施工管理业务,不直接参与施工为前提。

1) 工程主体的分工

基础设施的工程主体,是实现从设想阶段进入工程化阶段的基础设施规划,并运营这项工程的组织体。其应承担的职责,可以划分为以下三个阶段。

(1) 准备阶段

基础设施的建设和运营,需要准备以下事项。其中,有很多事项需要得到相关政府部门的许可。

- 调查、测量
- 设计、估算
- 达成共识(地方公众、地方政府等)
- 申请项目许可证等许可、批复

(2) 建设阶段

基础设施的建设有以下几个阶段。一般来说,工程主体并不直接施工,而是负责征地以及资源调配等管理工作。

- 征地
- 资源调度(资金、资材、设计、施工等)
- 工程管理
- 验收
- 支付

(3) 运营阶段

基础设施的运营阶段有以下几种业务。通常,运营具有连续性和半永久性,直至运营者变更或者基础设施被拆除。

- 项目运营
- 维持管理、修缮
- 收费(如有征收费用的情况)
- 管理财务

- 危机管理
- 更新/解除运营者

2)项目模式的种类

如上所述,在市场经济体制下,各种各样的经济活动原则上是作为民营项目实施的。但是,由于基础设施建设项目具有上述特征,在大多数情况下都需要行政机构等公共团体以某种形式参与进来。

因此,利用政府等公共机构拥有的资金、信用、权限、人才等,根据需要引进民间企业拥有的资金、战略、经营能力等,就能够以各种各样的形式组成介于官方和民营的中间型工程主体。

其中包括地方公营企业、地区工程联合体、公社和公团等特殊法人、政府持股的股份制公司等特殊企业、公私合营公司、PFI 项目公司,以及受到收费等经营战略制约的民营公益企业等各种各样的形式。

这样一来,基础设施的项目模式可以分为以下几种:①工程主体是公共机构(完全公共型);②工程主体中包含官方及民营两种(公私混合型);③虽然是民营企业但其经营受某些公共规则制约(民营企业型)。

采用什么类型的工程主体,取决于基础设施项目的特征,如图 3-1 所示。

(1)完全公共型

这种基础设施对社会来说是不可缺少的,而且无法从使用者身上收费,只能利用强制性从国民身上征收的税金,由中央政府或地方政府建设。

这种基础设施的代表性项目通常包括:一般公路、堤坝等河川防灾设施,它们被称为完全公共财产。因此,这种模式被称为"完全公共型"。

第3章 基础设施的工程化及工程主体

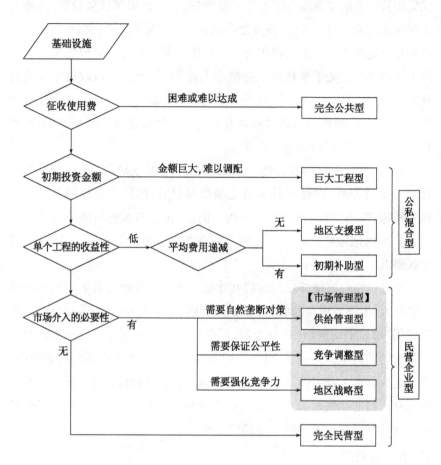

图 3-1 基础设施的工程主体类型

(2) 公私混合型

完全公共财产以外的基础设施有着特定的使用者,可以征收使用费,因此可以作为民营工程。但是,实际上由于各种各样的理由,政府等公共机构会参与到工程主体之中。从官方和民营与工程的不同关联方式中,公私混合型可以分为以下几种类型。

首先,基础设施的规模极其巨大,在即使未来的预期收益十分可观,但仅凭民营企业的筹资能力也难以实现的情况下，由国家直接投资，或是对工程主体的债务进行担保，使其能够顺利筹资实施项目。比如东明高速公路和东海道新干线等由被称作公社或公团的项目联合体完成的工程大多属于这种类型。关于平均费用递减型工程❶的初期投资由政府负担或者补贴这一点，与以下说明的"初期补助型"是共通的。由于民营企业很难筹集巨额资金，因此具有必须借助政府力量筹集资金这一特征，以下将其称为"巨大工程型"分别进行论述。

其次，要看项目的收益性。如果项目是不可或缺的，或者为了提供社会公平性服务，即使项目本身无望获得收益，但从社会福利角度也应该积极推进。这样的案例不在少数。例如，在远离本土的岛架桥或是在人口稀少的地区修建铁路。这些工程支撑着当地社区，所以叫作"地区支援型"。

基础设施一般能够长期维持其功能。即使刚开始运营的时候需求量不是很大，但随着项目的成熟，常常会出现需求增大、项目收入增加以及平均费用[单位平均费用(投资金额、运营费)]递减的现象。这种平均费用递减型的项目中，有一种情况是初期投资的一部分或者全部由政府负担，公营企业负责工程主体，在项目经营步入正轨后进行民营化。还有一种情况是在工程的初期阶段由民营公益企业负责工程主体，官方对其进行补贴。这种类型被称为"初期补助型"。

(3) 民营企业型

有很多政府并不作为工程主体参与的基础设施项目，这种情况则通过市场供给来提供服务。但是，从以下提出的公共性、公平性或是强化国家与地区竞争力的角度来看，根据需要，有些情况下负责对这项工程的运营进行行政监管的组织(如国土交通省铁道局、航空局等)会制定规则，给予政策上的扶持等。这种进行监管的行政机关称为"监管机构"。

---

❶ 一般来说，由于固定费用巨大，随着生产量的提高，平均费用会递减，因此如果完全委托给市场调控的话，就会产生自然垄断企业(电力、煤气、水道等)。在这里指随着工程投入使用，生产量逐渐增加，而平均费用递减的项目。

首先介绍为了消除自然垄断的弊端而制定的"供给管理型"制度。若是放任初期投资额较大的产业(基础设施就是代表性的例子)进行自由竞争,最终会导致单个企业独占某个地区的市场(就是所谓的自然垄断),这个企业为了追求超额利润而收取高额的费用。相反,如果难以盈利,这个企业就会随意退出,拒绝提供服务,这样就有可能对公共社会造成损害。因此,基于这种顾虑,政府会对进入和退出以及收费方面进行管制。

第二种是被称为"竞争调整型"的制度。以存在竞争关系的两条铁路线路为例,如果放任其自由竞争,就会变成毁灭性的服务竞争,其结果有可能对社会造成损失。因此,需要对由两个以上工程主体参与的行为进行管制,调整二者的竞争条件,使其公平合理(这被称为 Equal Footing)。

第三种是"地区战略型"。在建设大型国际枢纽机场、大型国际枢纽港口这样的大型基础设施时,其建设技术会对国家的国际影响力产生巨大影响,或是地方机场对地区间竞争产生巨大影响,政府应该在政策上对基础设施的建设或功能增强予以扶持。此类案例也有。

过去,政府密切参与机场与港口的建设和运营。但是,近年来在国际运输领域上据点间的竞争非常激烈。世界上以发达国家为中心,将国际交通基础设施运营主体民营化,以提高经营效率以及基础设施的竞争力,这种动向非常明显。本书预计这种趋势在将来会不断深入发展,因此将大型国际枢纽机场和大型国际枢纽港口归类于民营企业型。

不需要以上那些管制,完全基于市场原理而供给的基础设施可以称为完全民营型,比如大型休闲娱乐设施。但这些设施在公共性等方面与本书所论述的对象——作为社会根基的基础设施情况不同。

当然,并不是所有的基础设施都能明确划分为上述的几种类型。另外,一个基础设施可能会具有多个类型的特征。进一步来说,即使是同一种基础设施,根据社会需求职能或工作环境的变化,也会从某种类型划为另一种类型,这点需要留意。比如前面所说的大型国际枢纽机场,以前因为包含征地而难以称为民营工程,因此被归类于"初期补助型"或"巨大工程型"。即便如此,为了提高大型机场之间的国际竞争力,需要提高经营效率,采取了运营主体民营化或特许经营权等方式,在这种情况下也可以将此类项目归类为"民营企业型"和"地区战略型"。

第 2 节
完全公共型

1) 特征

在我们的社会中,消费者为了获取所需的财富或服务向供给者支付费用,供给者通过这样的收入来维持经营。在基础设施项目中也是如此,铁路运营依靠从使用者收取的使用费作为收入,供水系统也会根据使用的水量收取费用。

但是,无论从技术层面还是社会经济层面来讲,都不可能向利用普通公路的行人或车辆征收道路使用费。也就是说,根据普通公路的特征,现阶段只能认定其使用者属于免费使用者(Free Rider)。这是因为普通公路具有"非排除性"。这种无法征收使用费的工程不能被列为民营工程,只能作为公共工程依靠税收这一公共资金实施。像普通公路那样的基础设施只能作为公共工程来实施的最大原因,就是这种项目提供的服务具有这样的非排除性。

将一般公路和河川堤坝等作为公共工程实施的另一个理由,是无论有多少人享受这项基础设施产生的服务,都不会发生竞争,只要公路不发生堵塞,其服务水平就不会下降,可供多人同时使用;河川堤坝也可以在同一时间保护不特定的多数人。使用拥有这样特性的公共设施时,若是在征收使用费后使用量减少,就会使其带来的社会利益减少,造成社会损失。这种损失被称作无谓损失(Dead Weight Loss)。像这样有着非竞争性消费的基础设施项目,应作为依靠公共资金的公共工程,而不是依靠收费的民营工程而实施。

像这样具有非排除性和非竞争性的财产或服务称为"完全公共财产",这些基础设施项目应以税收为资金,由政府作为公共工程来实施。

2) 工程主体

完全公共型的基础设施多数属于"公物",公物管理法明确规定了工程主体。

政府作为工程主体的工程被称为公共工程,其中国家作为工程主体的叫作直辖工程,国家或上级地方公共团体向地方公共团体的项目提供补助金的叫作补助工程,工程主体是地方政府且未接受国家补助而是通过自身资金(单独预算)实施的工程叫作地方单独工程。

直辖工程中,国土交通省或农林水产省等中央政府部门,在制定与全国所辖基础设施项目相关的综合性规划后,决定工程的优先顺序,对整体预算进行管理。由地方部门和属于其执行组织的全国各地的事务所(国土交通省的国道事务所、河川事务所、港湾事务所等,农林水产省的农业水利事业所、土地改良建设事务所、排水造地建设事务所等)推进个别工程。像这样作为工程主体与基础设施相关联的机构被称作"项目管理机构"。另外,在补助工程与地方单独工程中,都道府县或市町村的有关部门负责制定规划、编制预算以及运营管理。

由于行政机构拥有征税权,因此具有较好的信用和风险承担能力,在筹资方面通常比民营企业更有优势。另一方面,由于组织目的和工程目的在法令中进行了规定,所以不适合工程的多样性发展。

与民营企业不同,如果基础设施的工程主体是行政机构,实施项目时会受到各种制约。与民营工程相比有以下明显区别:①需要得到议会的认可;②管理公物;③采用行政事业单位会计。另外,资金主要来源于税收、发行债券、上级机构❶的补助、资助金等。

(1) 议会的认可

行政机构根据年度预算来开展工作。预算经行政部门内部调整,议会

---

❶ 根据2000年施行的地方分权综合法,国家、都道府县、市町村的关系并非上下级,至多属于对等、协作的关系。但是,在这里着眼于国家对都道府县、都道府县对市町村的补助、资助关系,所以称之为上级机构。

审议并认可后生效。

内阁拥有国家预算的编制权（宪法第7条）。财务省做出预算，经内阁会议讨论通过后提交国会（财政法第21条）。

地方政府的预算提案权和执行权由地方政府首脑掌管（地方自治法第149条）。地方自治法并不认可议员的预算提案权（同第112条）。另外，预算相关条例在采取适当的预算措施之前不得制定和更改（同第222条）。

因此，行政预算有着严格的策划程序和责任主体。公共项目的预算每年也是按照这样的流程确定的。

(2) 采用行政事业单位会计

工程主体负责基础设施的建设与运营，就必须进行统计管理（会计管理、资金管理）。公共机构和民营企业需要遵守的规则不同，前者采用行政事业单位会计（政府机构会计），后者以企业会计为基础。

一般情况下，行政事业单位会计和企业会计有各自的特征，前者是"单式记账""现金主义会计""单年度主义"，后者是"复式记账""权责发生制会计""复数年度主义"。因为行政事业单位会计和企业会计的设计思想完全不同，因此采用不同的会计方案会对基础设施工程产生较大影响。

行政事业单位会计的目的是明确已经征收的税金的用途，证明其执行恰当。在这里重要的是"现金主义会计"，即根据税收（年收入）和必要的支出（年支出）应保持平衡的观点，收入与支出应根据现金的实际出入情况记录，以年度会计单位进行汇总。重视该年度的收入和支出平衡，管理上主要采用单式记账（收入支出记录）。支出严格按照预算进行，预算以外的恣意支出属于违法行为。

另外，行政事业单位会计因为采用现金主义和单年度主义，所以不会出现累积将来所需的修缮或更新费用（企业会计则是折旧）的情况，修缮费用和更新费用在所需年度随时加入预算。

(3) 公物管理

行政机关作为工程主体负责的基础设施属于"公物"。所谓公物,是与私物相对的概念,可以解释为国家或者地方公共团体等行政主体为了公共需求直接提供的有形物。具体来说,有公路、河川、港湾、海岸、公园、政府办公楼和公立医院、学校的建筑物等,概念上既包括人造建筑,也包括非人造建筑。政府部门自身使用的称为"公家用物",政府部门负责管理以供公众使用的称为"公共用物"。另外,"公物"这一用词是明治时代从德国法律中 Öffentliche Sache［Public Thing(英语,公物)］一词翻译而来的法律用语。

公务管理法中严格规定了公物的管理方法。完全公共型的基础设施依据公务管理法进行建设和运营。这时需要重点留意管理责任与税务负担。

若因公物的设置管理出现瑕疵而给他人造成损害,国家或地方公共团体作为公物的管理者理应承担赔偿责任❶(国家赔偿法第 2 条、第 3 条)。公物的管理责任极其重大,也是所谓的在有效利用 PPP/PFI 等民间活力时必须厘清的重要项目。

另外,对私有的有形固定资产要征收固定资产税,公物则可以减免。在税收方面,判断公物与私有物的界限,一部分要根据行政判断,其中管理主体和如何收取使用费是一个很大的判断要素。

公物在使用上也有所限制。比如占用公物(例如河岸地的棒球场等运动设施、露营场地等休闲场所)时须从管理者处获取占用许可,一般会收取占用费。另外,若要在公路上游行或者管制交通进行电影拍摄等,需要事先递交申请,获得管理者发行的使用许可后方可进行。如果在一般公路的地下铺设燃气管道,必须获得管理者发行的特别使用许可。仅限于地方自治法中的指定管理者制度,会出现由民营企业进行公物管理的案例。

---

❶ 若有其他损害责任人,公物管理者(国家或地方公共团体)有权要求该责任人进行赔偿。

(4) 调配资金：税收、债券、补助金和资助金

完全公共型基础设施工程的资金主要来源于税收和债券。工程主体是地方公共团体的情况下，有时会来源于上级部门的补助金，或者由特别受益者分担经费。

基础设施工程需要巨额初期投资，因此无论哪个国家都很重视确保资金来源。20世纪后半期，日本在进行大规模基础设施建设时，除了来自一般税收的资金，确保专项资金(特定税)、活用财政投融资、发行建设国债等发挥了很大的作用。

所谓专项资金来源，是指通过设置有专项使用限制的税(叫作特定税)来获取年收入，多数情况下与普通税相区别，采用特别会计法进行管理。例如复兴税，仅限使用在因东日本大地震而受灾的地区重建中；与基础设施建设相关的，例如过去将通过征收汽油税获得的收入用于建设公路等。但是现在，国税基本上都是普通税，仅在地方税中还留有几种特殊税。比如来自都市规划税的收入，根据受益者负担这一原则，用于都市规划项目或土地区划整修项目。

所谓财政投融资，是指向政府特殊法人等的投资及融资。以前有邮政储蓄和简易人寿保险、以年金为本金的巨额融资，但是制度变更后，现在以发行国债为主。符合条件的国债被称作投资国债。常见的还有建设国债，是指以筹集必要资金进行公共投资为目的发行的国债。

另外，为了建设和运营基础设施，设置了各种政府补助制度。筹集资金能力有限的地方公共团体和民营企业在建设基础设施时，若是该基础设施具有公共性和公益性，或者该民营企业等难以独自完成，但给予一定的政府补助可以预见产生具有社会意义的成果等，则适合给予这样的补助。在项目审查时，有些会反映出政府振兴特定产业等的政策意图。另外，常常有遵从政府意愿设定补助金等制度的情况发生。

但是，从地方自治的观点来看，地方公共团体的地方税收入平均占总收入的30%，剩下的70%来自国家给予的地方补助金、国库补助金等，因

此常常听到"自治30%"这一批判声音。

公物占用费的收费基准由公物管理者制定。例如有的民营承包商将河岸地当作休闲设施(如高尔夫场、露营场地)用地。这种占用费会用于维护和管理该基础设施。

3) 以工程类别划分的主体

(1) 河川工程

河川是代表性的天然公物。河川工程以治理水利、疏通水路、保护环境为目的对天然公物进行加工,工程主体基于公物管理法中的河川法来决定。民营企业不得擅自对河川法规定的河川进行改建修复等。工程主体按国家、都道府县及政令指定都市、市町村的顺序决定。

河川法中地位最高的是一级河川,全国共有14000余处。一级河川根据河川法由国土交通大臣指定并管理。在一部分地区,可以将管理一职委任给都道府县知事或政令指定都市负责人。在国家负责管理的地区中,虽然有例外,但大部分是横跨复数都道府县或政令指定都市的大规模河川。

全国规定了7000余处二级河川。二级河川由都道府县知事从一级河川以外的河川里选择并指定。指定时要听取相关市町村长的意见。市町村长在阐述意见时,须经议会表决。如此,依据河川法非常严格地来进行一级河川、二级河川的指定。

除此之外,也有所谓的法定外河川(既不属于一级河川也不属于二级河川的河川),其中若是有被市町村长认定为有很大必要进行官方管理的,会由市町村按照二级河川的基准进行管理。这些河川被称作准用河川,全国约有14000余处。

不属于准用河川的法定外河川被称为普通河川。普通河川不适用于河川法的规定,根据需要,由市町村制定条例进行管理。其中比较著名的例子有京都市的高濑川、川崎市的二之领用水等。

(2) 公路

公路是具有代表性的人造公物,有很多种类。日本大多数公路是指公务管理法中的道路法所述的公路。道路法中的公路有高速汽车国道、一般国道、都道府县道、市町村道,法律规定了它们各自的工程主体(可以征收费用的收费公路归类于"公私混合型")。另外,这里所说的公路包含了交通安全设施和交通情报设备。

一般国道是基于道路法被政令所规定的路线。所谓政令,是指内阁制定的命令,具有与法律同等的效力。国道可以说是符合连接大城市等条件,被政府认定的国家干线。国道中有规定区间和规定外区间,前者由国家(地方整备局、北海道开发局、内阁府冲绳综合事务局)管理,后者由受国家资助的都道府县与政令指定市管理。

都道府县道是都道府县知事经议会表决决定的公路,由都道府县进行管理。经过政令指定市或其他都道府县的都道府县道,根据道路法由相关政令指定都市和都道府县通过协商手续进行管理。市町村道是由市町村议会决定的路线,由市町村进行管理。

此外,都道府县道和市町村道中有些道路被国土交通大臣指定为主要地方道路。这些道路经由两个以上地方公共团体管理,并且起终点中至少一处与火车站或高速公路匝道、港湾、机场等相连,有着较高的社会重要性。主要地方道路虽然不是国道,但是国家可以补助给相关道路管理者一部分整备和维持管理的费用。

(3) 港湾工程

港湾是负责船舶出发与进港的设施。港湾作为公物,由行政机关负责管理,在日本分为两种:根据港湾法规定的港口和根据渔港渔场整备法规定的港口。前者归国土交通省管理,后者归农林水产省管理,并设想将其用于专门的水产行业。以下说明的港湾是被港湾法所规定,供普通利用者使用的基础设施。

港湾法中将港湾的管理主体称为港湾管理者,根据规定由港务局或地方公共团体担当此任。也就是说,与公路或河川不同,法律上没有规定由国家担任港湾管理者。所谓港务局,是指地方公共团体以管理港湾为目的,单独或共同设立的团体。

日本自明治时代以后,在没有制定基本法的情况下,依据各种法律或敕令训令等进行整备与管理至今。战后施行日本国宪法,原则上所有的行政行为须以法律为基准执行。因此,港湾行政也需要整备其基本法,于是1950年港湾法应运而生。根据当时占领日本的联合军的指令,港湾的管理运营被赋予最大限度的自治权,日本政府的监督与管制被限制在最小限度。日本政府将地方公共团体当作港湾管理者,港务局是联合军根据海外的航港局(Port Authority)构想出的机构。现在,只有爱媛县的新居滨港是由港务局负责管理的。

此外,近年来关于港湾设施的管理运营,有观点认为最大限度发挥民间的经营能力能够提高港湾的竞争力,因此修改了港湾法,在国际战略港湾(京滨港、阪神港)与国际据点港湾(全国18港)中设立了"港湾运营公司",将港湾的运营一元化。港湾管理者整备码头后将其出租给港湾运营公司,港湾运营公司在整备门式起重机等设备的同时进行面向货主或船舶公司的战略性经营,征收费用。这种方式已经被引入京滨港和名古屋港等港口。

(4)城市公园等

城市公园也是代表性的公物。城市公园作为公共建筑物,与国立公园这样的天然公园相比,受益范围较窄,基本上限于城市内部,因此工程主体主要是都道府县和市町村❶。建设与管理原本也仅限于地方公共团体和外围团体。

近年来,随着引入指定管理者制度,由民营企业或NPO法人等负责管理城市公园的例子增加了。所谓指定管理者制度,是指地方公共团体根据自身规定的手续指定管理者的候补团体,如果获得议会的承认,就可以让其代理执行管理运营的制度。在收取费用的情况下,与地方公共团体协议

---

❶ 国家作为工程主体的国营公园在日本有17所。

范围内的费用可以作为被指定管理者的收入。这项制度的优点是促进管理运营更加高效。

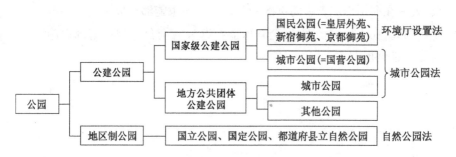

图 3-2　公园的种类
图片来源：国土交通省

此外，除了城市公园外，日本还有政府（环境省）指定管理的国立公园（拥有国家代表性景观的地区等，全国 32 处）、国民公园（战后对大众开放的、战前旧皇室庭院、皇居外苑、新宿御苑等）。另外，以此为基准，还有由国家指定、都道府县负责管理的国定公园（全国 57 处），由都道府县知事根据条例指定、都道府县负责管理的都道府县立自然公园（全国 315 处）。

从世界角度来看，城市公园有着各种各样的管理主体。纽约的中央公园虽属纽约市政府所有，但是由 1980 年设立的 NPO 法人——中央公园管理委员会（Central Park Conservancy）负责管理。该团体募集捐赠，调配中央公园 2000 万美元年度预算中的 85%，除了负担修缮费用和管理费用外，还承担 75% 公园职工的佣金。伦敦的海德公园、摄政公园等原本归英国王室所有，现在向一般大众开放。管理者是被称作王室御苑（The Royal Parks）的政府机关。

4) 未来动向

对于完全公共型的基础设施，由于难以确定使用者，收取使用费非常困难，因此由政府机构通过税收等进行建设。但是，从受益者负担的原则来看，应该由使用者来承担这笔费用。近年来，随着信息与通信技术的进步,通过分析汽车行走轨迹等方法,完全可以确定使用者。在道路拥堵的时间段征收拥堵税在技术层面已毫无问题。另外,随着灾害预测图的公布,人们在河川堤坝灾害防御的受益范围方面也能够达成一定的共识。

因此,在不远的将来,完全有可能在部分完全公共型的基础设施中引入受益者负担方式。

第3节
公私混合型

1) 概要

(1) 为什么需要公私混合型

我们想尽可能地将可以确定使用者、能够收取费用的基础设施工程委托给民营企业,这样可以使公共负担最小化,并提高经营效率。

另一方面,即使是可以确定使用者的基础设施,事实上也存在着处于需求量较小地区但必须作为生活和经济活动的基础进行建设的基础设施(例如孤岛上的机场、港湾),以及官方必须填补民营企业的不足使其成立的基础设施(例如需要调配巨额资金的工程)。

因此,实际上有许多工程主体同时具备民营企业和政府机构的特征,也有政府机构向股份公司出资、派遣高管参与经营的情况。另外,还有政府机构设立具有多种民营企业要素、经营自由度较高的公共组织。

像这样的工程主体可以说是介于政府和企业之间,本来民营企业可以通过收取使用者费用来建设,但由于工程收益性低和资金调配困难而难以实现,或是难以维持经营。政府参与工程主体,利用政府信用度来调配资金、稳定经营,以此为目的设立的工程主体被称为"公私混合型"。

上一节中,已经概括介绍了与完全公共型基础设施相关的工程主体。下面首先简要比较民营企业型与完全公共型的特征,然后介绍二者工程形态的组合体——"公私混合型"的案例。

(2) 民营企业的特质

①设立与工程范围。

民营企业多数以股份公司的形式存在,满足所需条件(本金等)即可任意设立,因此它们要采用企业会计的方法,将实物资产作为折旧的对象。原则上不减免各种税费。股东大会是股份公司的最高决策者,股东的责任根据其出资比例决定。因此股份公司作为工程主体,其风险承担力一般比政府机关小,且有局限性。另外,与拥有征税权的政府机构或是其设立的公共组织相比,股份公司的信用度也比较低。

从民营企业的工程中产生的利益一部分要作为分红返还给股东。股东一般倾向于在短期内实现分红最大化。像基础设施这样伴随着运用巨大固定资产的工程,需要资金用于偿还因初期投资引起的债务、日常维护管理、未来更新或扩建的费用。因此,投资计划或维护管理方案等业务必须得到股东的认可。另一方面,规定工程主体营业范围的规章制度,经股东大会决定后可以进行变更,以增加开展多样化经营的自由度。

此外,即使是股份公司,也有政府机构作为股东参与的形式,也就是所谓的"公私合营"公司。政府机构属于第一部门,民营企业属于第二部门,其混合形态即公私合营。政府机构一般致力于关注社会福利最大化,而非分红最大化。因此,在公共性较高的基础设施工程领域,政府机构是作为工程主体的股东参与其中,并以出资等方式协助经营。

②采用企业会计。

企业会计的一个重要目的,是以工程主体能够持续运行为前提并实现适当的利润分配。另外,企业会计必须向股东等利益相关人员准确通报企业的财务状况,以便其对未来的经营状态进行预测。因此,不仅要在财务报表上记录实际的现金交易,也要明示已经产生的债券、债务(未实现的收益和费用)。企业会计具有的"复式记账""权责发生制会计""复数年度主义"特征,在这里具有重要意义。

在权责发生制会计的思考方式中,收入和支出与实际现金的收入支出分离,在权利、义务(债券、债务)产生时进行会计记录。比如,根据合约缴纳物品、制作单据时产生了对卖家的债权行为,另一方面,买主有支付的义务,即债务行为。在企业会计中,着眼于这样的权利关系,记账时可以在实际入账前就将其视为一项收益(增加营业额)。换言之,企业会计可以在尚未发生实际收入与支出时,将未兑现的收益或费用记录在账簿上。采用这种方式,可以更好地反映企业的真实财务状况。

此外,权责发生制会计中重要的是确定收益或费用产生的时期。如果自由填写日期,就会滋生肆意记账也就是篡改收益的行为。这样不但难以将财务状况确切地传达给股东,也会给税务等带来障碍。因此,在会计和税务规定确定后,企业会计报告必须遵循这一规定,会计审计部门也有义务确认这一规定,以确保会计纪律。

另外,企业通过股票或发行公司债券、向民间金融机构借贷等方式来调配资金。这些不属于因买卖而获得的收益,仅仅算是资产状态的变化。因为借贷等必须按负债进行记录,像政府会计那样以出入账资金记录为主的单式记账就不够充分,需要损益表(年度收益与费用的记录)和反映资产状况的借贷对照表(会计年度末时的收益与费用的记录)。将两者并用也就是所谓的"复式记账"了。

③折旧。

在基础设施工程中,企业会计中的折旧(Depreciation)是政府会计和企业会计差别最大的项目之一。

所谓折旧,是指一种会计处理方式:作为设备资产投资的费用,不是全部记在费用产生的年度,而是分散记录于该设备使用年数中的各个年度中。比如,建造价值100亿日元的铁路设施,其使用年数为50年,即使第一年的实际费用为100亿日元,在损益表中也会按折旧费2亿日元记录,以持续50年的形式进行会计处理❶。也就是说,折旧是以与实际现金收受不联动的"费用收益对应原则(Matching Principle)"为基准的概念性费用。

---

❶ 折旧适用于将对象费用总额除以使用年数求得年度费用的"定额法",以及年度费用按一定利率减少的"定率法"。此处的例子是定额法。

此外,100亿日元的建设费支出,在借贷对照表上按照资产状态的变化——也就是①借贷增加(还有现金资产减少)以及②固定资产的增加来记录。当然,这里的①和②保持着平衡(借贷对照表也叫作平衡表)。

将基础设施工程的初期投资进行会计处理的时候,若是按照现金主义❶,计算费用时会出现巨大的年度支出,发生大额赤字,投入使用后在设备资产方面会成为仅有(与建设经费相比)少量维护管理费用的高收益工程。但是,若民营企业使用贷款进行建设投资,之后的年度会长期持续偿还贷款,随时都需要偿还资金。此外,还需要储蓄由于设备老化而产生的维护费用和未来的更新费用。因此,投入使用后表面上的高收益产生的纳税以及股东们期待的分红,多数情况下难以实现。

因此,运用折旧的概念在账簿上将初期投资费用按使用年限分摊到各个年度,以避免分红或被征税。这样,在确保偿还资金的同时,还可以积攒用于未来更新设施的资金。这对保全作为基础设施工程根基的设备,进行适宜的利益分配而言极为重要。

折旧这一概念产生于19世纪的英国,发展于美国。工业革命后,像铁路和制铁等之前并不存在的、需要巨额固定资产来提供服务的产业得以发展。在这种类型的工程中,费用(主要是初期投资)与收入(主要是使用费)的产生时期存在时间差,所以使用现金主义会计难以准确应对。因此,人们在固定资产的会计方法上不断摸索,发明了折旧的概念。

像这样,所谓的装置产业型大企业登场后,诞生了许多近代的经营管理手法。正如某位经营学者所说,近代会计几乎所有的基本技术都是在19世纪50—60年代开发的,主要是指铁路经营。

---

❶ 这一会计原则是指在某个会计期间产生的费用,只有有助于该会计期间内产生收益的部分,才能够被认可成为该时期的期间费用。

2）各种各样的工程主体

(1) 特殊法人等公共机构

公私混合型的代表例子是被称为特殊法人的机构。所谓特殊法人,是指以执行部分行政政策为目的,根据法规设立的公社、公团、工程主体、特殊银行等。原日本公路公团、原首都高速公路公团、原日本国有铁道、原新东京国际机场公团、原日本电信电话公社等,均为负责基础设施工程的建设和运营的特殊法人。这些工程主体可以向民间金融机构进行借贷或者自主发行债券,在国会认可的范围内由政府对其予以担保。此外,可以通过政府的财政投融资进行资金调配,并可以进一步减免法人税和固定资产税。但工程计划每年度都要获得国会的承认。

像这样,特殊法人以政府信用为背景具有很高的融资能力,可以说对于促进基础设施建设有着巨大贡献。此外,由于设置法规定了成立目的,所以不利于工程的多样化。

国外也有很多这样的例子,比如法国的公共设施法人(Établissement Public,负责公共工程的政府关联机构。巴黎交通公团和法国铁道线路公社等就属于这此类)。

从前基础设施的建设到运营均由特殊法人来负责,但是近年来在世界范围内出现了新动向,工程运营部分改为民营化以促进经营效率,政府只参与融资和资产持有。在日本,民营化以前由特殊法人负责运营部分[例如高速公路公司,在(4)中详细说明],独立法人(简称独法)负责设备的建造与融资、资产持有的事例正在增加。铁路建设和运输设施整备支援机构、水资源机构、都市再生机构、日本高速公路持有和债务返还机构等都属于这样的独立法人。

独立法人虽然是根据法规执行行政任务的机构,但也根据工程收入进行独立核算。另外,与从前的特殊法人不同,独立法人原则上在融资方面没有政府担保,具有纳税义务,其从业人员不属于公务员。无论哪一种特殊法人，对于建设告一段落、以维护管理为主的现代基础设施工程而言，可以说都具有提高经营效率的作用。

(2) 公营企业等

负责上下水道工程和交通工程等基础设施工程的地方公共团体中，也有公营企业。公营企业是地方公共团体根据地方财政法设立的组织，其自身不具备法人资格，也就是说，它属于地方公共团体的外设局。地方公营企业提供的服务与完全公共型基础设施不同，一般要收取费用。工程收入充当工程运营经费。因此，公营企业设置并采用特别会计，而非一般会计。像这样有代表性的公营企业，有都道府县以及市属的水务局和交通局。

有时会根据地方公共团体的出资来设置基础设施工程的工程主体。典型的例子是基于地方道路公社法设置的地方道路公社，全国有30余所。地方道路公社与行政机构极其相似，比如除地方公共团体以外不允许出资。另一方面，可以通过道路收费获得工程收入。基本上采用独立核算制，但是与股份公司不同，没有利润这一概念，若收入超过了成本，按规定要将其差额作为公积金处理。

(3) 公私合营企业

将行政机关视为第一部门，民营企业视为第二部门，与这二者不同的第三种形态，就是所谓的公私合营（第三部门）。在日本，有很多公私双方共同出资设立的法人，其中大多数属于股份公司的形式。地方公共团体等公共机关在股份构成中占据一定的地位，其意义体现在工程的公共性在各种方面得到担保，举例来说，股东要求长期稳定的经营而并非高额的利润分配等。

日本的公私合营企业，多见于地方性的交通工程项目。从民营企业的行为原理来看，运输密度低、利润期望小的地区的交通工程项目几乎无法吸引它们。但是，很多情况下当地居民会强烈要求提供具有公共性质的交通服务。以同时满足双方的要求为目标，公私合营的形态被频繁使用。目前,许多由第三部门经营的铁路运营面临困难,在追求铁路运营合理化的同时,通过举办地区活动和经营小卖店、旅行公司等复合化模式谋求收益增长。

另外,在城市区域也不应设置高额的公共服务费,同时对支援地区产业和生活确有必要的工程项目也多数采用公私合营的形式。比如,贯穿东京都西部南北方向的多摩都市单轨铁路(出资者是东京都政府、西武铁路、瑞穗银行等)、连接名古屋市中心地区与名古屋港的名古屋临海铁道(出资者是名古屋市政府、爱知县政府、JR东海、中部电力等)等。

(4) 特殊企业等政府持股企业

以上阐述的公私合营企业,多数是基于公司法设立的。除此之外,在工程的公共性非常显著的情况下,有时会根据特别法也就是设置法设立工程主体。

比如成田国际机场股份有限公司(设置法:成田国际机场股份有限公司法)、东京地铁股份有限公司(东京地铁股份有限公司法)、全国三所高速公路公司(高速公路股份公司法)等。像这样基于特别法设置的工程主体称作特殊公司。特殊公司是指以前的特殊法人(新东京国际机场公团、帝都高速交通营团、日本道路公团等)本身,或是将设备资产的持有与管理相分离,继承了运营业务的公司。也有很多特殊企业计划引进民间资本,采取股份有限公司的形态。

另外,虽然特殊企业不是依据公司法成立的,但中央政府或地方政府是其主要股东。有的工程主体实质上是国有或公营企业。比如负责建设和管理东京湾跨海公路的东京湾公路股份有限公司虽然是公私合营企业,但其最大股东是东日本高速公路股份有限公司(33.3%),因为该公司的唯一股东是财务大臣,所以实质上属于国有企业。其他的主要股东基本上是千叶县、神奈川县、东京都等地方政府。民营企业的股东有瑞穗银行、三菱东京UFJ银行等,各个公司的持股比率很低,仅有1%上下,因此具有较强的公营性质。

除此之外，东日本、东海、西日本、九州的4家JR公司是上市公司，而北海道、四国的两家JR公司仍未上市。这些股东都属于铁道建设、运输设施整备支援机构这样的独立法人，实质上可以认为是国有的。这样的企业，不能认为是一般意义上的民营企业，而是具有很强公共性质的企业联合体。

3）巨大投资型

(1) 特征

公路、铁路、港湾、机场、水库等基础设施，一般来说工程巨大，每个项目的建设均需要数十亿日元以上的初期投资（包括征地、建材、劳务、设计、监理等），其中也有数千亿日元的项目。

此外，基础设施工程中有很多设施的建设耗时多年，建设期间只有支出，没有工程收入。因此，工程主体在初期阶段需要一定的资金。从以上两点来看，规模特别大的项目（以下称作"巨大投资型"），其工程主体必须要有充足的资金和融资能力。

融资能力和信用度基本上是同义的，在此方面，政府比所有的民营企业都要强。因此，对于巨大投资型的基础设施工程，工程主体通常具备能够充分利用政府信用进行融资的能力和工程运营能力。虽然是股份公司，但是中央政府或地方政府的投资占资本金的一半以上，投入巨额资金的项目并不少见。东京湾公路股份有限公司就是一个典型的例子。

像这样的工程主体，作为融资的一种手段会进行民间借贷，但是正如后文所述，在很多案例中金融机构为了分散风险，会联合多个金融机构组成辛迪加（融资团体）。

(2) 工程主体

许多工程项目以国家信用度为背景，以工程运营为目的设置了特殊法人等公共机构，比如旧本州四国联络桥公团、铁道建设、运输设施整备支援机构(原日本铁道建设公团)等所谓的特殊法人。从前特殊法人负责从基础设施建设到管理的全过程,近年来由于职能调整,特殊法人逐渐过渡到仅负责投融资和资产持有。

(3) 融资

工程主体会使用各种手段进行融资。一般情况下,由行政机构设立的特殊法人等工程主体,比行政机构直接融资更为方便。主要的融资渠道有以下几种。

①发行债券。

工程主体独自发行债券。有通过证券市场发行的债券和不通过市场直接发行的私募债券。对于基础设施工程,多数情况下私募债券是由预估过收益的地方政府购买的。若是通过证券市场,就有必要向投资者说明工程内容与未来展望,并保持较高的经营透明度。

②辛迪加贷款(即银团贷款)。

工程主体从金融机构获得融资时,因为金额较大,为了分散风险,若干金融机构会组成融资团体(辛迪加)。从融资团体获得的资金称为辛迪加贷款(Syndicated Loan)。参与策划融资团体的金融机关,各自以同等、同一条件放贷。在辛迪加中担任总括任务的金融机构叫作组织者。

③政府担保债务。

对于负责公共性很高的工程的公共法人,政府有时会担保其发行债券和贷款。有两种融资形态:政府担保债券和政府担保借款。担保额度由国会根据每个法人的情况分别议定。

政府担保债券有许多案例,比如日本公路公团债券、首都高速公路债券、新东京国际机场债券等。这些债券不仅能够在证券公司承兑,也能在银行承兑,这一点和一般的公司债券不同。现在持有高速公路的独立行政法人——日本高速公路持有和债务偿还机构,发行着20年债券和30年债券。

④借款(无政府保证)。

民营企业的借贷行为没有政府担保。公共法人的情况下,有时会超出政府担保的限额,或者不依赖政府的担保进行借贷。但是借贷时相关公共法人需要其分管大臣(主管部门)的认可。

⑤财政投融资。

政府通过发行财政投资特别会计国债(财投债等)对工程主体进行融资。与一般会计相同,需要国会的议决。过去以邮政储蓄、简易人寿保险、国民厚生年金资金作为资金来源,2001年财政投融资改革后,不再使用这些财源。现在的资金来源是专门的财政投资债券,也称建设国债。投资债券属于国债,是政府规定用途而发行的国债。

⑥国际金融机构(世界银行、亚洲开发银行等)。

资本累积较小的发展中国家,虽然有基础设施的建设需求,但常常难以通过国内融资渠道获得足够的建设资金。这种情况下,从国际开发金融机构获取的融资能发挥很大作用。

日本也在1950—1960年获得了世界银行的融资,用以建设高速公路和新干线。这种情况的融资受取人(原国铁、原日本道路公团、原日本开发银行等)是公共法人,其借贷自然由政府担保。

(4)巨大工程融资案例

①名神高速公路等项目的融资。

支撑日本经济快速增长的基础设施,多数是利用世界银行的融资进行建设的。虽然当时的日本具有很大的成长潜力,但是由于资金不足,需要从海外贷款建设大型工程项目。

世界银行融资的第一个案例是1953年关西电力、九州电力、中部电力这三所大规模火力发电所,通过日本开发银行进行借贷。20世纪50年代世界银行的融资对象主要是发电厂和大型工厂,进入20世纪60年代后,开始向基础设施拓展。例如在名神高速公路建设之初,设立了日本道路公团,在政府担保下从世界银行得到了相当于总工程费用30%

的融资。

截至1966年,日本从世界银行得到31个项目的融资。当时的融资总额为88亿6300万美元(按当时的汇率计算约合3100亿日元),1990年才全部偿还。

②公团的融资。

本州四国连接桥公团是1970年基于"本州四国连接桥公团法"设立,由政府全额出资的特殊法人。其设立目的是"通过综合并且高效地对本州四国联络桥的收费公路及铁路进行建设和管理,使本州和四国之间的交通更加顺畅,并且有助于国土均衡发展与国民经济增长"(同公团法第1条)。

该公团的资金来源大致分为:①中央政府资金;②来自财政投融资的中央政府债券;③地方政府资金以及私募债券;④金融机构的私募债券;⑤社会集资;⑥项目收入6类。2000年的经营报告显示,融资构成为外部资金60%、自有资金40%(资本金),相比其他公共法人,该公团的自有资金比例较高。总之,政府补助比例很高。

本州四国连接桥公团,原计划将神户淡路鸣门汽车专用道、濑户中央汽车专用道(濑户大桥)、西濑户汽车专用道(濑户内岛波海道)三条公路统一核算,但由于经营困难,最终经过特殊法人改革而解散。经营业务进行了重新划分,设施部分由日本高速公路持有和债务偿还机构持有,运营业务由本州四国联络高速公路股份公司继承。后者只负责运营,目前营业利润用来偿还债务。

③铁道建设、运输设施整备支援机构的融资。

独立行政法人铁道建设、运输设施整备支援机构(铁道、运输机构)作为继承建设公团与运输设施整备工程团业务的组织,于2003年设立。其法律依据为独立行政法人铁道建设、运输设施整备支援机构法。

它的前身,日本铁道建设公团,是原日本国有铁道(简称"原国铁")从事铁道工程建设的特殊法人,而运输设施整备工程团是原国铁在民营化时作为新干线持有机构而设立的母公司。也就是说,两者是负责巨大投资型基础设施的融资与持有的联合体,而这一功能对民营企业来说是非常困难的。

从单独发行债券到民间金融机构借贷,铁路及运输机构的融资渠道多种多样。整体而言,民间借贷占49%(辛迪加贷款37%、政府担保债券9%等),自身债券占38%,财政投融资借款占13%。此外,针对支援对象工程的特点,采用的融资方法及比例有所不同。

(5) 未来的动向

近年来,日本政府参与巨大投资型基础设施的方式倾向于项目融资和设施持有。这与"民营企业能做的就让民营企业来做"这一原则相一致,是自由主义经济体制下的一种理想的基础设施建设方式。

另外,近年来日本国内的资本积累比较宽裕,需要为民营企业制造工程机会(投资机会)。正如2014年末动工的磁悬浮中央新干线一样,以前通过政府信用担保来融资建设的巨大项目,现在由民营企业JR东海独自投资建设。但是,这仅局限于具有一定可预见需求的项目。

未来建设的基础设施,不都是为了追求效率和扩大需求而建设的、可以明确预测其收益的项目。与成熟的社会经济相符,同时保障安全、改善环境与景观的基础设施项目会持续增加,如果这些项目在大城市市中心进行建设或改造,可以想象得到这些项目将会成为新的巨大投资型项目。比如将日本桥上空的首都高速公路进行地下化改造等,可以作为案例参考。

民营企业在承担这样的大型工程时,融资会再次成为重大课题。类似的新型巨大投资型基础设施项目,多数情况下仍然需要继续利用政府融资。

4）地区支援型

(1) **特征**

在基础设施工程中,最受社会关注、又有许多研究课题的是地区支援型项目。针对许多此类基础设施工程,常常出现以下争论:既然未来需求无法预期,项目效益也看不出来,为什么还要进行大规模投资或继续运营已有设施呢？这种疑问不仅在日本,今后在世界范围也将持续讨论。

针对上述问题,有这样一种答案:虽然工程效益低,但考虑其外部效益时,如果社会一致认可其作为地区社会经济的基础设施的必要性,就必须以某种形式将其实现。因此,接下来的问题是,如何将公共负担最小化并使工程得以完成。

地区支援型的问题,并不局限于在人口稀少地区建设收费道路这样的局部工程。比如曾经在很多地区支撑着人们互相交流的铁路线路,多数随着汽车的普及和人口减少而带来运量锐减,这样的工程面临难以存续的危险。在地区支援型基础设施工程中,也包括如何处理多数地区的赤字铁道线路这样的全国性问题。

(2) **工程主体**

地区支援型的基础设施工程中有各种各样的工程主体。

像铁路和高速公路等网络型基础设施,从前以日本全国为对象的巨大工程主体(原国铁、原日本道路公团等),也负责建设地区支援型的线路。在此情况下,如何确保全国总体收支平衡是经营目标之一,因此采用了后文所述的内部补助方式。

但是,现在这些巨大的工程主体被分割并民营化,在铁道工程中,各地出现了很多公私合营企业,其中也包括建设整备新干线并同时经营与此平行的既有线路的工程主体。也出现了许多小规模地方铁路公司等单独运营不盈利工程的工程主体。另外,也存在许多像以往的自来水公司和公营交通公司等,以及由政府机构参与经营的工程主体。

(3) 各种工程手法

在收益无法期待的情况下建设的工程很难成为完全的民营工程,为此,迄今为止世界各国使用过多种手段。其中多数是通过向不盈利部分投入公共资金,尽量将其负担最小化。以下介绍代表性的工程手法与案例。

①内部补助。

在基础设施工程主体的内部,使用高盈利部分的收益填补不盈利部分的损失的行为叫作内部补助。原国铁以城市通勤线路等的盈利填补以地方为中心的赤字地方线路所产生的赤字。另外,原日本道路公团采取了"全国统一核算制":从原本已经还清贷款的线路中获取收益,充当新线路的建设费用。

也有从按线路核算收益与负担这一角度否定这种机制的论调。另一方面,由于这一机制包含了促使公司收支平衡的激励因素,也存在内部补助制度受到好评的看法。若是一般的民营企业,会使用部分业绩好的工程带来的收益,补助虽然不能产生利益但因某些理由被认为是必要的工程,这样的内部补助是理所当然的,只要得到股东们的理解就完全没问题。

②水平分离。

基础设施工程中有着这样的区分:能够盈利的地区或线路由民营企业负责运营,收支不平衡的地区或线路则由政府机构负责,或是通过别的方式继续提供服务。这种方式被称作"水平分离"。这在铁路、高速公路、收费公路等网络型基础设施中有很多应用案例。比如原国铁分割和民营化时,大部分地方铁路的不盈利线路(转换为公共汽车线路等)或废除,或移交给地方公私合营铁道公司运营。

由于民营企业仅承包经营条件良好的工程,水平分离也被否定性地称作"刮脂(Cream Skimming,只取好处)"。虽然从项目经营的角度来看,这种做法有其合理之处,但由于收益良好的线路被剥离出来后无法指望获得内部补助等原因,产生了很多经营困难的公私合营,这是需要解决的课题之一。

③上下分离。

基础设施的固定费用主要来自设施和设备,由政府机构持有、民营企业运营,这种方式现在很常见。像这样所有权和运营业务分开的方式一般称为上下分离,如今的高速公路、铁路、港湾、上下水道等项目常常采用这种方式。以北陆新干线为例,轨道设施由具有公共性质的铁道建设、运输设施整备支援机构所有,车辆由 JR 持有运行。

公共机构拥有基础设施的所有权,在高信用度的背景下容易进行融资,同时有着减免固定资产税、具备因自然灾害造成设备损害时的风险应对能力等优点。另一方面,因为采用公共会计,相关基础设施被当作公物,不能折旧。因此,设施和设备更新时另外需要大量融资。

④政府补助。

对于需求无法预期经营又面临困难的基础设施项目,有时需要政府补助,如地方民营铁路。在地方核心都市,对公共交通机构进行补助的情况也并不少见。

⑤复合化。

基础设施的工程主体同时经营其原有业务与其他业务,产生复合效果以期提高全体收益,例如,铁路公司经营的不动产业务和零售业。对民营企业而言,这种经营方式理所当然,但如果工程主体是政府部门,由于设置法限定了组织目的,所以并不容易。

⑥特许经营、PPP/PFI 等。

1980 年之后,活用民间力量的经营手法在欧洲发展并传向世界,其中有特许经营（Concession）、PPP（Public Private Partnership）和 PFI（Private Financial Initiative）等方式。

这些方式与其说是政府补助民间工程的低收益性部分，不如说是原本就应由政府投资建设的项目，由于政府资金不足，需要吸收民间资金并借用民营企业经营能力来提高效率。工程主体仍然是政府这一点与上述①~⑤不同。但是，在无法期待高盈利性的情况下，作为建设地区必要基础设施的方法，有着共通点，因此本书中将这些也分类于"地区支援型"。在这里，重点是设施所有权的分配方法和融资责任划分。

在欧洲诸国，以特许经营方式进行的基础设施工程中，民营企业负责设计、融资、建设、运营的部分或全部业务。因此，多数情况下，政府不需要制定工程预算，只需要选择适当的工程主体，并与之签订合理的合约。进一步来说，还有连管理公物的权利与义务都交给民营企业执行的。因此，可以把此类项目看作拥有独占权的民营企业来负责的民营工程。

另一方面，在日本的特许经营项目中，政府在持有设施所有权的同时，将基础设施工程的运营权（公共设施等运营权）长期有偿转让给民营企业，并把建设和维护等业务也委托给民营企业的例子还没有。与欧洲方式相比，日本现在的做法非常局限。

PFI 是政府将设计、施工、融资、建设、运营的部分或全部业务委托给民营企业的方法。在政府缺少资金和技术能力（小规模地方政府等）时，可以有效促进基础建设。

PFI 有多种类型，按设施所有权可分为 BTO、BOT、BOO 等。

BTO（Build Transfer Operation），是民营企业建造设施后将所有权无偿转移给政府运营的方法。对政府来说，有着维持设施所有权并进行管理的优点。对民营企业来说，有着不用担负运营期间管理设施的责任，以及减免固定资产税的优点。

BOT(Build Operation Transfer),民营企业在工程期满时向政府无偿转让设施的所有权。对民营企业来说,有这样的缺点:有时无法减免运营期间的固定资产税,以及因为负有设施的管理责任而必须自行承担火灾保险等设施的风险管理责任。

BOO(Build Own Operation),工程运营期满时民营企业需要进行判断,是保留设施所有权继续运营,还是恢复原状。与 BOT 基本相同,不同点是不以向政府进行所有权转移为前提。

从支付服务报酬来区分的话,分为 PFI 型承包者通过使用费收入来维持工程的"独立核算型"、政府从民营承包者处购买服务的"购买服务型"、民营承包者通过收取使用费和政府补助金维持工程的"混合型"等。特别是购买服务型,即使是无法征收使用费的完全公共型工程也能够适用,因此可以说是划时代的工程手法。例如,英国公路除了收费桥隧外,其他部分原则上是免费的,但是在道路工程领域以 DBFO(Design Build Finance Operation)这一名称导入了 PFI 手法。顺便说明,政府部门负责融资,将设计、施工、运营一起委托给民营承包者的工程形态叫作 DBO(Design Build Operation)。

以上仅是有效利用民营企业活力的若干例子。在现实中,可以根据每个项目的特点,采取各种各样的契约模式,今后还会涌现出更多新的模式。

(4)各种经营模式的案例

上述地区支援型基础设施工程模式凝聚了各种创意,实际上是如何应用的呢? 下面以若干代表性案例进行说明。

①上下分离、水平分离:日本公路公团的民营化与高速公路建设的新直辖方式。

日本的高速公路采取上下分离的方式。基础设施归公共机构(独立行政法人日本高速公路保有和债务偿还机构,简称保有机构)所有,高速公路公司(有限责任公司)租用基础设施进行运营。

日本的高速公路原本是由国家规划、特殊法人(日本道路公团等 4 个公团)负责建设和管理的。从 1970 年开始,为了建设高速公路网,实施了全国统一管理高速公路网收支的统一核算制。在统一核算制下进行内部补助,建设了许多收支不平衡的地区支援型地方线路,结果导致公团债务严重膨胀,为了进行彻底改革,在特殊法人改革中进行了分割和民营化。采用了上下分离的方式,按地区分别由6家公司运营。债务由持有高速公路资产的持有机构继承,高速公路公司在制度上并不能通过高速公路工程提高收益,征收的高速公路使用费几乎全部作为设施使用费支付给了持有机构,持有机构以此偿还债务。因此,高速公路公司的主要收益来源是与服务区或停车场的销售收入相关的业务。

现在建设新线路时需要从其收益性进行判断,一般采用两种方式。如果是收费的话,高速公路公司是工程主体,通过借款进行新建、改建、修缮等,使用费收入用来偿还债务或充当管理费。如果是免费也就是"完全公共型"的话,采取被称作新直辖方式的方法,由国家和都道府县以及政令市负担费用。国家负担3/4的新建和改建费用、全部的维护和修缮费用。因此,对于地区支援型的地方线路来说,如果收支平衡,就可以按照"公私混合型(巨大工程型)"建设,反之,则可以按照"完全公共型"建设。

②水平分离:JR和公私合营铁路。

明治年代中期,日本的铁路作为民营工程在全国扩大发展,从甲午、日俄战争前后开始,因为军事上的要求对大部分的线路进行了国营化,第二次世界大战后由日本国有铁道(国铁)继承。之后,随着汽车的快速普及,铁路工程的盈利性恶化,1987年国铁为了脱离庞大的债务,将6个地区的客运公司与1家货运公司(共计7家)进行分割并民营化。这些新公司全都是股份有限公司,客运公司采取上下一体的运营方式。货运公司是在客运公司持有的线路上运行的运营公司。

之后,本州和九州的4家客运公司在股市完成上市,完全转型为民营企业。进行分割和民营化时,原国铁的多条不盈利线路被废止或者转让给公私合营公司等。

③上下分离与功能分化:欧盟的铁路政策与德法的特色。

因为汽车的普及造成铁路经营环境恶化,欧洲诸国为此十分苦恼。1988年,瑞典以将铁路和道路交通立于平等地位(Equal Footing)为目标,采取了上下分离的方式,结果使铁路经营得以改善。EU参考这种形式将"上下分离""开放运营"作为统一的铁路政策强制成员国执行,EU各国均根据这一法令执行政策,只是各个国家采取的模式各具特色,下面以法国与德国为例进行介绍。

法国的干线铁路虽然进行了上下分离,但是上下的工程主体都是身为政府外围团体的公共法人,仍保留了浓厚的全国性国营工程色彩。具体来说,设施由公共法人法国铁路线路工程公社(RFF,Réseau Ferré de France)持有,铁路的运行由法国国铁(SNCF,Société Nationale des Chemins de fer Français)负责,是公设公营型的上下分离。

法国的干线铁路网原本是以民营承包者为中心发展起来的,但是从20世纪30年代开始,各公司的经营恶化。第二次世界大战前,在社会主义政权下设立了法国国铁,兼并了当时主要的民营铁路。20世纪60年代以后也面临严重的经营困难,20世纪90年代采取上下分离政策,设施的所有权和管理权与长期债务一起从SNCF转移到RFF直至现在。SNCF向RFF支付设施使用费,RFF以此偿还债务的同时进行借新还旧等利息管理,SNCF专注于运行业务,这两家公司的职责分担明确。此外,干线铁路之外的地区铁路通过地方政府财政运营,国家给予部分补贴。

德国铁路是公司持股制进行地区分割和上下分离。德国铁路公司(DB,Deutsch Bahn AG)作为持股公司,其股票由政府100%持有,实质上是国有铁路。DB的子公司中有列车运行公司、货运公司、基础设施持有公司、地区铁路公司等。铁路运营服从EU的法令,采取开放式运营方针,外国铁路等DB以外铁路公司的列车也可以通行。

德国是联邦制国家,因此原本就同时存在着许多民营铁路和联邦州铁路。这些铁路在第一次世界大战后统一成为国有铁路,支援着纳粹政权进行军事活动。第二次世界大战后,东、西德国各自设置了国有铁路,在德国再次统一后统一成为德国铁道股份有限公司。其民营化与其他国家同样面临着由于汽车普及而产生的严峻环境。

德国的干线铁路上下分离的特征,如前所述,按照职能设置多个子公司,采取分权式的经营形态,联邦政府通过持股公司的支配权掌握全部经营权。另一方面,州政府管辖地区铁路(以城市为中心的周边地区中的铁道),通过竞标选择承包商委托其运行。

④上下分离、地区分割、民间委托与补助金政策:英国干线铁路的区域营销权制度。

英国的干线铁路采用的是公设民营型的上下分离。政府机构拥有线路所有权,按地区通过竞标决定经营权(区域营销权制)。另外,列车的运营、车辆租赁、维护信号灯等按职能分摊给多个企业,在各自的职能领域适用竞争原理(开放经营),在追求效率等方面非常有特色。

所谓的区域营销方式,就是将铁路网按复数地区分割,用投标的方式选定该地区运行列车的承包商。对很多线路来说,赤字是常态,这种状态下的投标中会将运营权(通常是7年)给予需要政府补贴最少的企业。

在英国,第二次世界大战后出现的国有铁路(BR, British Railways)是干路铁路的主要工程主体,但是经营极其困难。1994年遵照EU法令将其进行地区分割并民营化。铁路基础设施与车辆调配、运行相分离,客运公司的区域营销投标方式正是此时引进的。客运业务按地区分为25家公司,货运分为6家公司,其他业务中信号灯管理14家公司、车辆租赁3家公司等按照职能、地区细分,分割并民营化后的企业数目达到100家。

开放经营政策引进了外资企业。在车辆租赁领域,日资企业获得了较高的市场占有率。部分地区的铁路运营因区域营销制由美国等国的企业负责。

如上所述,英国的干线铁路与前述的法、德相比极具市场主义色彩。可以说,在各个方面均存在竞争机制,有助于工程主体改善经营效率。

不过,持有基础设施这一项是例外。铁路基础设施当初是由民营企业铁路轨道公司持有。该公司上市后因向股东采取高分红政策,带来了维护管理不彻底等问题,因此事故频发,补偿金增多,最终破产。之后设立了具有非营利组织性质的铁路网络公司❶,将铁路轨道公司收购并继承了全国的铁路设备资产。

⑤上下分离、民设公营:美国干线铁路客运公司Amtrak。

与英国相反,美国基础设施由民营企业持有、具有公共性质的工程主体使用。美国的铁路货运公司将本公司持有的线路租借给公营的客运公司——美国铁路客运公司(Amtrak),使经营困难的铁路客运服务得以存续。

美国的干线铁路客运把9家民营货运公司持有的基础设施租赁给公营企业(Amtrak)使用,因此属于民设公营型上下分离。

近年来,美国铁路网的建设和运营均由民营企业实施,政府参与非常具有时限性和局部性。比如第一次世界大战中,应军事要求设立了政府机构(USRA,United States Railroad Administration),取得了削减重复的运行图、推进车辆标准化等成果,但是该机构在1920年战争结束后因达成目的而解散。

战后,汽车普及和航空网络的发展导致铁路经营恶化并相继出现经营失误,为了拯救铁路经营设立了两家联邦出资公司,即联合铁路公司(Conrail,Consolidated Rail Corporation,1974年设立)和上述的美国铁路客运公司(Amtrak,National Railroad Passenger Corporation,1971年设立)。

以货运为主的联合铁路公司承接了美国东北部6家破产的民营铁路公司,推进废除不盈利线路并改善经营,该公司也进行了民营化,之后被竞争对手收购从而消失。铁路货运在美国这样的内陆型国家中通过东西远距离运输保持了竞争力,并维持着稳定的经营。Amtrak虽然持续营业,但由于经营困难,每年赤字高达10亿美元。

⑥上下一体、公设公营:德国的高速公路。

德国的高速公路由联邦政府负责建设和运营。联邦政府持有以汽油

---

❶ 与日本的非营利组织(NPO)不同,该非营利组织采用无股东的组织形态,利润不通过分红分散资本,而是把全部利润进行再投资。

税为来源的联邦长距离道路建设专用资金。高速公路原则上免费,但是随着 EU 市场的统一,需要与其他国家的制度进行协调,因此近年来仅对大型货车进行收费。(也就是说,对不需要收费的车辆或小型货车来说,德国的高速公路属于本书分类中的完全公共型。)

在德国,自民营道路公司建设连接汉堡—法兰克福—巴塞尔的汉法兰巴公路开始,以 20 世纪 20 年代末大萧条为契机,纳粹政权建设高速公路网,引入了使用公共资金的建设方式。

高速公路网的建设因第二次世界大战而中断,战后西德又将其重启。建设资金来源于向汽车用户征收的汽油税,高速公路则免费使用。20 世纪 60 年代以后,高速公路里程快速增长。另外,保留战前状态的原东德高速公路网,在东、西德国统一后,也迅速进行了改良。

为了应对严峻的国家财政和不断增加的高速公路改良费和维护费,德国也在推进引入 PFI/PPP 模式,但至今仅限于桥梁和隧道等部分工程。

⑦上下分离、公设民营:法国的高速公路。

法国的高速公路与日本一样,以公路收费制度为轴心进行建设。

现在的法国高速公路,基础设施由公共机构(法国道路机构,ADF,Autoroute de France)持有和管理,特许经营公司负责运营,是一种公设民营、上下分离型收费公路。与德国等国相比,法国的高速道路建设起步晚,依据规定了收费制框架的高速公路法(1955 年),到 1963 年为止,以半公半私并设立了 5 家公司的高速公路混合经济公司(SEMCA, Société d'Économie Mixte Concessionnaires d'Autoroutes)为中心进行建设。政府虽然与这些公司缔结了特许经营合约,但实际上以各种形式参与了从规划到管理的每个阶段。

当时,高速公路建设需求很大,有必要增加工程主体,因此 1970 年废除了特许经营公司的资格限制。国家的参与度也有所降低,例如详细调查路线和征地由特许经营公司进行。政策变更后新加入了数家民营企业。

之后,特许经营公司之间的经营差距扩大,新加入的民营企业一部分被 SEMCA 吸收。另外,设立了管理 SEMCA 资产的公共机构(ADF),法国高速公路实质上在向上下分离模式转移,赤字增加型 SEMCA 向黑字经营型 SEMCA 靠拢。经过这些后,2005 年,SEMCA 的全部股份被公开出售,特许经营公司形式上全部变成了半公半私的民营公司。

⑧水平分离与引入 PFI:英国的高速公路。

1959 年开通的 M1 机动车道是英国最早的高速公路,与美国和德国相比,建设起步较晚。高速公路的建设与管理由交通部(DfT,Department for Transport)的执行机构(Agency)英格兰高速公路(HE,Highways England)负责,它管理着共计 7000km 的高速公路与干线道路。

英国的高速公路大部分使用国家财政进行建设,所以原则上免费使用。但是由于财政状况严峻,包括新建和改建在内的投资型工程正在使用 DBFO(Design Build Finance Operate)方法。在这种方式下,民营企业统一负责高速公路的建设和运营,政府根据交通量代替用户支付使用费以填补大部分所需经费[叫作影子收费(Shadow Toll)],而不向用户征收费用。将全国分为 12 个地区,以 5 年为单位将维护管理业务委托给民营企业。

英国是高速公路项目 PPP/PFI 的发祥地,背景是公路资金不足。英格兰高速公路作为管理者,将大规模改建和建成后的长期维护管理以及必要的资金调度一起委托给民营企业,签订合约的区间从 2 个区间到 8 个区间,全长约 600km。这是 DBFO 的适用区间,以原则免费的影子收费(Shadow Toll)方式运营,收费区间仅有一部分桥梁、隧道和被称作 M6Toll 的一部分区间。

⑨上下一体、自治体经营与国库补贴:美国的高速公路、日本的地方公路公司。

自 20 世纪初开始使用以来,美国的高速公路主要是由州政府负责规划、建设和管理的。跨州的"州际高速公路(Interstate Highway)"可以得到联邦政府补贴。两种公路都是免费的。

州际高速公路起源于第二次世界大战中军事运输引起的州与州之间的公路连接问题,因此,制定了"联邦补助高速公路法(Federal-Aid Highway Act of 1956)",符合一定规格的州际高速公路在建设时从以汽车汽油税等作为本金的特别会计处进行补助,全国开始建设统一规格的公路网。

根据该法律建设的州际高速公路长达 6 万 km。虽然以"州际(Interstate)"命名,但是其建设和管理由州政府进行。美国国家高速公路和交通运输协会(AASHTO, American Association of State Highway and Transportation Officials)对公路规格提供指导方针,联邦政府对相应州的规划提供补助金。联邦政府交通部的执行机构——联邦道路厅(FHWA, Federal Highway Administration)负责进行补助。收费公路不属于补助的对象,现状各州收费公路的比率都低于 10%。

20 世纪 50 年代建设的高速公路在 20 世纪 80 年代之后出现老化问题,又面临公路资金不足,于是开始出现收费公路增加和活用民营资金进行公路建设的案例。

日本地方政府设立的公路公司,属于公设公营,采用持有设施并进行运营的上下一体型模式。所谓地方公路公司,是指地方政府(都道府县以及政令指定都市政府)基于地方公路公司法设立的机构,负责设置并管理收费公路和收费停车场。预算和决算需要其设立机构——地方政府的负责人批准。地方政府可以对公司的债务进行担保。国家补助仅限灾害修复工程。

⑩政府补助:日本的地方私营铁路。

现在的地方中小民营铁路中,可以说几乎不存在没有接受政府援助的公司。在常见的案例中,铁路公司将列车运行的收益充当日常的运营经费,包含车辆在内的设备维护等费用由地方政府等公共机构负担。另外,地方政府除了得到议会许可进行这样的公共支出,也就是所谓的正式补助金以外,对自治体外围团体也进行了很多支援(捐助和集中购买联票等)。

得到大量政府补助的是原国铁在民营化时从各 JR 公司分离出来的地

方铁路。这些铁路转换成了由地方公私合营企业经营的主体，领取与线路距离相对应的转换补助金。这个补助金由经营主体作为基金运用，在规划中其收益用来填补营业赤字。但是因为泡沫经济崩坏和1999年之后的长期零利率政策，基金带来的利益大幅减少，难以支持经营。

(5) 未来动向

地区支援型的基础设施工程，在世界范围内一直在试错。现在的状况是，虽然每个案例内容不同，但主流是降低政府比重，在各种情况下探索民营项目成立的可能性。

在需求较少的地区进行上下分离，由公共机构承担固定费用，这一方案已经在很多国家稳定实现。接下来的课题是在保持一定服务水准的同时削减运营费用，因此在对策中引入了竞争原理，其中引人注目的是英国铁路网的特许经营制度。原本基础设施工程的特点容易造成地区独占，难以运用竞争原理，但是以每隔一定时间重复投标为前提，就创造出了疑似竞争性市场环境(Contestable Market)。为了使将来经营效率进一步提高，自动化和ICT化等方案想必会进一步发展。

但是，虽然经营技术非常重要，但最重要的还是如何创造需求本身。作为区域振兴的基础设施项目，如何创造其使用需求，还有许多课题值得思考。

5) 初期补助型

(1) 特征

基础设施工程，也就是所谓的装置型工程，初期投资占工程费的比重较大，因此具有平均费用递减的特征。

提供服务所需的总费用除以利用量可以得到平均费用。总费用大体由初期投资的回收费用(返还借款等)和运营费用(人工费、燃料费等)构成。

装置型工程的案例中有水道工程,如果水道的使用量在设备能力范围内的话,使用量的变化对运营费用的增减没有太大影响,这点很容易理解。这与劳动汇集型工程形成了很好的对照。举例来说,服务业等的运营费用,也就是人工费,占总费用的很大比例,为了提高服务供给量就不得不增加运营费。

因为一般来说基础设施工程的初期投资规模非常大,所以偿还的负担成为其工程化的障碍。因此,产生了进行初期投资或者直到工程步入正轨为止由公共机构负担运营费用,以促进其工程化的想法。这种类型称为"初期补助型"。

通常基础设施工程是长期运营的,因此即使初期阶段没有很大的需求量,有时相关基础设施的建设带来的外部效果也会使人口和产业向受益地区聚集,因而基础设施的需求会逐步增加。这时,基础设施工程的收益性无疑也会提高。

(2) 工程主体

初期补助型在工程初期阶段和成熟阶段,工程主体的职责会发生变化。初期阶段几乎无法调配建设基金,也几乎没有需求量,因此负担运营费成为一大难题,多数情况下需要公共机构参与。另一方面,工程趋于成熟,初期投资得以回收,需求量增大,工程具有稳定收益性或有增加的预期,如果进入这一阶段,让民营企业进行工程运营就成为很有效的选项。

(3) 公营水道事业、公营交通事业中的初期补助型案例

在各种基础设施工程中经常遇到"初期补助型"工程,以下通过若干具体案例,介绍在公营水道工程和公营交通工程中民营化是如何讨论和实施的。

①公营水道工程。

日本大部分水道工程承包商是市町村营等地方公营企业,其总数超过2000家(其中有约800家是简易水道承包商)。

水道工程普及率达98%,设备投资基本完成,现在以维护管理为中心运营。水道费用是基于汇总原价主义设定的,费用回收的风险较小。

全国的上水道普及率达98%,设备投资基本完成后转向以维护管理为中心的运营阶段。水道费用以总成本为基础设定,费用回收风险较小。实际上,很多工程体也在顺利偿还建设时发行的企业债券。近年来,水道工程承包商自身资本比例平均占7成,也就是说,在财务上可以达到与超级优良企业同等的状况。另外,运营水道工程的地方公营企业中有9成维持着盈利经营。

因此,日本的水道工程大多是已经结束初期投资还款期的成熟工程,今后会重视提高经营效率,在可能的地区活用公共设施等的运营权制度(特许经营)等,甚至民营化。

另一方面,日本的下水道普及率约为77%。当初建设时基于初期补助的方式,使用中央财政补助金或地方政府税收以及长期借款(公营企业发行的企业债券等)充当建设费用,使用下水道使用费以及地方政府税收支付固定支出。固定支出是指设施的维护管理费用和折旧费等。

下水道财政中有"雨水公费,污水私费"原则,雨水处理经费按一般财政预算支出,污水处理费用作为下水道使用费收入缴纳。

②公营交通工程:大阪市公营地铁。

大阪市最初的地铁线路是1933年开通的御堂筋线。该线路建设时需要庞大的初期投资,大阪市基于发行债券和受益者负担原则进行征税(返还开发利益),调度建设经费(参照第2章第1节)。后来,因为长期偿还建设经费造成经营上持续赤字,但随着御筋堂线的使用人数逐步增加,成为偿还初期投资后仍具有高收益性的线路。之后,大阪市营地铁使用御筋堂线完成偿还后的收益填补其他线路的赤字,也就是所谓的在有效利用内部补助的同时进行新线路的建设。

新线路建设在2000年告一段落后,负责地铁运营的大阪市交通局经营状况好转,在2003年全国9座城市的公营地铁中率先实现单年度盈利。此后,也持续保持着每年200亿日元左右的经营利润,终于在2010年还清了累积的亏损金。2016年,大阪市制订了"地铁工程股份公司化(民营化)计划(方案)"等,预定最近进行民营化。

(4) 未来动向

因为削减了政府负担并提高了经营效率,在世界上出现了能够作为民营工程的基础设施工程交由民营企业实施这一潮流。基于这一观点,初期补助型工程在获得稳定收益后,政府部门是否还需要持续对其负责,这点必须进行研讨。另一方面,"地区支援型"基础设施工程,对于几乎没有盈利可能的项目,现在也多由公私合营企业负责。对这种相互矛盾的状况,需要进行反思。

第4节
民营企业型

1) 概要

(1) 民营企业型的特征

对于具有收益性,同时民营企业也可筹资的基础设施工程,从减轻政府负担和提高经营效率的角度来看,项目最好交给民营企业实施。

但是,基础设施市场有着固定的特性,如果委托给市场可能会产生弊端,因此有必要进行政府规制。其中,以下视角非常重要:①能否产生地区独占;②竞争条件的公平性;③保持并提高地区竞争力。

①能否产生地区独占。

基础设施工程项目会造成地区合理竞争环境受损,也就是说,有些情况下会产生自然独占(地区独占)的弊端。比如工程主体利用其独占性地位追求超额利润,设定高额使用费等。另外,中央和地方政府为了避免双重投资等,有时会预先将具有独占性质的供应权交付给工程主体。这时,为了回避地区独占的弊端,有必要执行种种政府规制。

②竞争条件的公平性。

基础设施建设的相关案例中,有不同工程主体在同一地区内提供同种服务(例如电力和煤气、铁路和飞机等)的例子。为了在维持地区福利水准的同时确保冗余度(富余度),需要使行业间的竞争环境公平化(Equal Footing)。

③保持并提高地区竞争力。

在基础设施工程中,有些工程与国家或者地区竞争力有深刻且直接的联系,对国家和地区的发展有着重大影响(例如中枢机场、中枢港湾)。作为提高国家竞争力政策或地区活性化政策,需要实施这种基础设施工程。

(2) 主要的工程手法

民营企业与行政机构、公共法人或公共企业不同,一般来说,企业利益攸关方较少,决策速度快。另外,其活动的自由度高,组织目的清楚易懂。也就是说,为了追求利润,捕捉各种工程机会,或通过创意思维创造新的工程机会,并付诸实施而采取灵活的行动。在此类活动中,诞生了许多迄今为止政府无法完成的工程手法。代表性案例有:①外部效果内部化;②工程复合化、多样化;③横向展开。

①外部效果内部化。

由于基础设施具有公共特征,为了避免工程单体设定高额使用费获取高收益,多数都有政府规制。因此,使用者可以享受到高于使用费的便利。

高于使用费的便利的受益对象不仅仅局限于使用者,也体现在基础设施工程的外部效果上,如火车站前地价上升等形式。这就是外部效果。

政府工程主体依据设置法和条例等被严格规定了工程范围。这样就无法取得在工程范围外产生的便利。另一方面,民营企业经营的基础设施工程中,如不动产和流通业等工程较为多样化,因此通过改善交通条件带来新的商机,提高了公司营业额。在积极开展此类活动时,为了扩大综合收益,企业的努力也十分重要。大量案例是民营铁路(私铁)工程。

另一方面,也有沿线的尾气排放、机场周边的噪声、铁路附近的振动等方面的负面外部效果。对于此类负面外部效果,可以向工程主体要求补偿。

②复合化、多样化。

以基础设施工程为核心开展多种业务扩大收益的尝试也很常见。

比如大都市圈的民营铁路公司,充分发挥公司铁路作为通勤方式的便利,在铁路沿线开发住宅,通过不动产项目提供收益(外部效果内部化)。在此基础上,在沿线促进了人口聚集,形成一定规模的市场,企业团体以这个市场为对象提供多种服务,在这些项目之间实现协同效果,确保综合收支平衡。举例来说,有公交、流通(百货商店、购物中心、超市、便利店)、信息(有线电视等)、教育(学校)、高龄者服务(看护、高龄者住宅)、娱乐(专业棒球体育场、剧场、电影院)、能源(电力供给)等服务项目。这些措施成为公私合营铁路和各 JR 公司开展项目的先行模范。另外,铁路的所谓"站内"商业,利用该基础设施构成一种封闭空间,将使用者当成顾客包围起来,可以说是有着有利附加性质的收益工程。高速公路公司的服务区(SA)、停车区(PA)也属于这样的工程。

进一步来说,负责某一个基础设施工程的公司也可以参与其他基础设施工程。在美国,港湾公司(港口管理者)不仅负责连接港湾的交通设施(公路、铁路)的运营管理,还从事港湾区域的不动产开发、甚至附近机场的经营,实现多项化经营的案例(例如美国的 Port Authority of New York & New Jersey)。

③横向展开。

民营企业会寻找工程机会。它们认为在某个基础设施工程中所获得的技术也能适用于其他的基础设施工程,为获取该工程机会有意识地开展工作。

例如以香港港湾公司为前身的和记港口集团(HPH,Hutchison Port Holding),运用其实绩,现在在亚洲、中东、欧洲、北美以及非洲等世界 26 个国家、52 个港口经营着 319 个码头,是世界上为数不多的巨型码头运营商。

港湾公司在国际上开展业务时,也需要相应的风险对策。例如 HPH 的根据地香港,在 1989—2004 年期间,集装箱吞吐量位居世界第一,之后停滞不前,代替它快速增长的是中国华南地区的诸多港口。HPH 公司随后进军广州港等珠江三角洲主要港口,成为这些港口的运营商,形成华南地区港湾网络,该地区的吞吐量已经超过香港。

日本的东急电铁也运用铁路工程运营和多摩田园都市开发的经验,在越南进行新都市开发、参与仙台机场特许经营等工程。越南的"平阳省新都市开发"项目位于胡志明市以北30km,总面积1000公顷,规划人口12.5万人,雇佣人口40万人(均为2020年的目标值)。东急电铁与当地企业联合成立合资公司作为开发主体,提供住宅开发和公共汽车交通的技术支援。

仙台机场原本是由政府负责指挥塔和飞行跑道,公私合营企业负责航站楼业务。但是作为日本民营化机场的第一个案例,通过公开招募委托方,东急集团公司等企业联合体获得运营权。东急电铁在开发沿线地区的过程中开展了各种各样的派生项目,集团内的不动产管理公司积累的其他机场管理经验成为开展新工程的关键。另外,面向交通项目和区域开发的综合性开发经验,也是仙台机场促进当地发展中备受期待的部分。

2)供给管理型

若按自由竞争的市场原理进行基础设施工程,会引起市场失败的首先是自然独占。为了排除自然独占的弊端会进行各种规制。这种基础设施叫作"供给管理型"。

在初期投资金额巨大,有着长期且稳定需求的市场中复数企业进行自由竞争的情况下,某一方有将其他企业排除形成独占立场的倾向,结果造成的独占状态叫作"自然独占"。

比如美国在建设横跨大陆铁路初期,经营并行线路的复数铁路公司之间曾发生过激烈的争夺旅客和兼并企业事件。在竞争中获胜的公司,只要有铁路需求,可以在较长时间内回收因竞争而花费的成本。相反,竞争失败的公司无法回收巨额的初期投资。因为胜败的利弊过于极端,所以基础设施公司之间的竞争极其激烈,容易造成导致赤字的低价竞争等

"毁灭性竞争(Destructive Competition 或 Cut-throat Competition)"。

另外,在这样的竞争中胜出,处于独占地位的公司,为了获取超额利润会设定高额的使用费,使用者受限,妨碍了社会福利最大化。自由竞争的市场职能产生的妨害性造成了全社会范围内的经济损失,这种损失叫作"无谓损失(Dead Weight Loss)"。

在竞争中失败而选择退出的公司,无法回收其支付的巨额初期投资,在当地留下的资产价值极其低下(不能使用的线路和铁塔、隧道和桥梁等,成为无法使用的巨大不良资产)。这显然是社会性的损失,被称为"沉默成本(无法回收的成本,Sunk Cost)"。

像这样,自然独占会给社会带来方方面面的巨大损失。因此,在有这种忧虑的基础设施工程领域,需要对工程准入及退出机制、使用费等进行政府规制。

(1) 工程主体

在供给管理型的市场中,在进行准入规制的同时,对工程主体要求一定的政府特性。因此,即使是纯粹的民营企业,也可以以某种形态行使行政影响力。其中有允许地区独占但是另一方面也有供给义务的电力公司,以及大多不同于一般企业,按惯例由地方政府作为地方公营工程进行经营的水道公司等。

(2) 制度:准入、退出及收费规制

①准入及退出规制。

为了成为基础设施的工程主体,即使民营企业在准入或退出工程时也必须遵照政府规制。例如修建新铁路从事客运或货运时,铁路公司必须接受所规定的审查,得到国土交通大臣的批准。另外,电力、煤气、电信等领域的企业,在撤出该业务时必须获得经济产业大臣的退出许可。为了消除

前述的自然独占所造成的弊端,也为了履行对国民的供给义务,这样的规制十分必要。

另外,基础设施工程是社会经济的基础,因此其提供的服务需要有较高的稳定性。在实际业务中实施准入规制时,工程主体是否具备承担这项职责所需的资金能力、规模、体制、技术能力等均是重要的审查项目。同样,从基础设施工程对社会的重要性中不难理解退出时也需要政府审查。

像这样准入和退出都由政府进行管制,与自由主义经济的思考方式具有根本上的分歧。也就是说,存在这样的管制,对市场机构调整价格的职能形成了阻碍。工程主体得到了独占性的权利以供给该地区所必需的服务,遵守准入规制,丧失竞争意识,有可能设定高额使用费,疏于提高经营效率。根据这种情况,准入、推出及收费规制不应彼此独立,而应作为整体来考虑。

②收费规制。

对准入及退出进行规制的基础设施工程,若要收取使用费,就无法委托市场机构制定价格,必须人为决定收费标准,于是就需要能得到社会认可的收费依据。

理论上,纯粹的竞争市场中可以设定与边际成本同等价格的费用。这叫作"边际成本价格形成原理"。所谓边际成本,就是增加一个单位的使用量时所需要的追加供给费用。边际成本价格形成原理值得期待的原因是,根据这种方式能够实现"帕累托最优"。

所谓帕累托最优,是指在由复数人员构成的经济活动范围中,若其中某个人的使用效果不受损,那么其他人的使用效果就无法提高的状态。实际上,追加使用某个设施时,若使用者支付了与其相称的追加费用,无论对该设施的工程主体还是对其他使用者,都不会产生负面影响。因此,这可以解释为当边际成本与价格相等时,就可以实现帕累托最优。

但是,像基础设施那样初期投资大、具有非竞争性的工程,边际成本非常低,因此如果使用边际成本价格形成原理会给工程主体带来损失。例如规划交通量达3万辆的高速公路,将其使用费按边际成本价格形成原理设定。使用量从2万辆开始,即使增加1辆,边际成本也基本为0。从这里可以看出,若使用费接近于0,那么就不可能回收初期投资,至少无法作为民营工程成立。

此外,这种边际成本极低的工程有时被称为费用递减产业。费用递减产业有着这样的特征:主要进行巨大投资来形成固定资产,通过运作固定资产来提供服务。因此,如果使用费增加,那么平均费用(每1单位使用量对应的费用)就会减少。使用量增加造成平均费用减少,由此产生了费用递减产业这个名词。

费用递减产业收回的投资金额巨大,另一方面,几乎没有边际成本,这在上述高速公路的例子中表现得很清楚。因此,费用递减工程的使用费按照边际成本价格形成原理决定的话,有很高的可能性会对工程主体造成损失。

理论上在纯粹竞争市场中边际成本价格形成原理非常理想,但是很难将之用于基础设施工程,因此在制定适当的规制收费标准时,要基于次优原则进行讨论。在此情况下,有两个重要论点:①具有工程主体经营业务成立的价格体系;②在此条件下社会剩余最大化。满足①和②设定的价格叫作拉姆齐定价(Ramsey Pricing)。为实现拉姆齐定价,有以下方法。

其中之一就是被称作"平均费用价格形成原理"的方法。假想工程所需的全部费用除以使用量,加上合适的利润部分,设定成贩卖单价。实际上,电力工程等适用这种方法,称为"总成本方式"。现实中,一方面为了工程主体经营顺利而参照平均费用价格形成原理,另一方面大幅度活用基础设施,摸索易于使用的收费水平,这样的情况有很多。例如在运输密度较低的地区经营铁路等,如果单纯地运用平均费用价格形成原理,运价就会变得极高。因为基础设施具有公共性使命,如果这样的话,就会成为问题。因此使用价格要设定在使用者能够支付的水平,建设费和运营费的政府补贴另行讨论。

将固定费用和边际成本明确组合在一起计算的收费标准,被称为"组合收费"。收费由基本费用部分和按量收费部分组成,基本费用大体上相当于固定费用部分,按量费用与边际费用金额相当。在各种基础设施中,例如电力设施,与其他基础设施相比,固定费用部分相对较少,更加适合运用这样的方式。

为了抑制垄断企业追求超额利润,在收费规制中导入追求经营效率的机制,这种做法被称为奖励制度。其中有许可投标制、基准成本方式、上限价格管制等。

所谓许可投标制,就是给工程许可设定有效期,制造出假想竞争状态的制度。工程主体担心其他竞争对手在下次竞标时参与投标,为了继续得到工程许可,会抑制对超额利润的追求,致力于提高经营效率。这成为英国铁路运营中导入的特许经营投标等的理论根据。

所谓基准成本方式,就是对类似条件下的企业群体设定共通的评价指标,依据这种指标限制各企业收费的方式。例如比较复数地区的垄断企业间相互的经营效率,在此基础上制定收费标准等方法。据此,经营效率良好的垄断企业会获得高收益,效率差的垄断企业则会有低收益,这样间接性地产生了竞争关系,促进了经营效率的提高。

所谓上限价格制,就是设定上限价格,利润全归企业所有的方式。企业越是提高经营效率,获得的利润就越多。设定恰当的利润范围,适时评估并修改上限价格,以此达到与拉姆齐定价相近的水准。

如上所述,准入、退出规制与收费规制之间关系的重点,在于为除去毁灭性竞争和自然独自的弊端对准入及退出进行规制,同时为了促使可能处于垄断地位的工程主体提高经营效率,创造假想或间接的竞争关系进行收费规制。

(3) 上下水道及电力工程的规制

①上下水道。

上水道(自来水道)是不可或缺的财产,特别是对城市居民而言,因此由公共机构负责供水比较妥当,实际上在世界各国,地方政府均为主要的工程主体。

日本自 1887 年在横滨开通最初的水道工程以来,一直持续在全国进行建设,现在上水道普及率达 98%。剩下的 2% 地区因为地下水资源丰富而无须建设,所以上水道普及率实质上达到了 100%。

水道法第 6 条规定了"有意经营水道工程者必须获得厚生劳动大臣的认可","水道工程原则上由市町村政府负责经营,市町村政府之外的机构只有得到供水区所在市町村政府的同意,才能经营水道工程"。

但是,由于基础设施的建设达到了一定的水准,而且现在是以维持管理、运营为主的时代,所以提高经营效率成为一大课题。特别是在日本的一部分地方,人口减少和产业衰退加剧,以市町村为单位确保水道工程的收支变得困难。在水道工程方面,广域化和民营化的讨论也正在进行中。

在广域化方面,有多个市町村形成流域供水公司集团的情况,也有执行指定管理者制度,都道府县接受市町村委托承担供水任务的例子。在下水道也可以看到外资企业的进入,例如在世界各国经营上下水道事业的法国威立雅水务公司(详细内容后述),在日本也进行着手贺沼和印幡沼的下水道处理场管理业务。

②从地区独占和总成本原则向发电、输电分离转变(自由化)。

过去日本的电费是按照总成本方式制定的。也就是说,将全部经费合计后,乘以一定比率(被称作工程报酬率),将之假定为收入,除以用量来设定费用单价。总成本方式中,以确保工程主体的利益为前提设定收费,对工程主体来说有着容易设定设备投资和维护修缮等长期规划的优点。对电力公司而言,在承担供电义务的同时,可以保持地区独占地位,市场原理不起作用,因此适用这种方式。

日本最初制定的电力工程相关法律是1911年实施的电力工程法,当时的电费采取申报制,1931年改为许可制,1933年再次修改引入了总成本方式。其原因是由于电力使用的普及,电力工程公司经营的稳定性受到重视。

第二次世界大战中为了稳定物价,电力供给被置于国家管控之下,由国策公社(译者注:政府援助或指导下的特殊公司)统一管理发电和输电。第二次世界大战后,电力业进行了地区分割,收费再次改为许可制,同时保留了总成本方式。

近年来,以发达国家为中心在推进电力自由化。其背景是减少国家干预,发挥市场功能,可以保障适宜的(低价的)电力供给的做法得到广泛认同。

具体来说,20世纪80年代以后EU的动向产生了世界性的影响。EU的基本策略是,电力供给的基础设施建设已经达到了一定的水准,接下来重要的是通过引进市场原理改善经营效率。EU在1997年发布法令将电力供给体制分离为竞争部门(发电和供给零售)和管制部门(输配电网络部门),各成员国进行了发电、输电及配电的分离、民营化和重组,其结果导致许多经营电力、煤气等的巨大社会公益企业诞生。代表性企业有德国意昂集团(E. ON ES)和莱茵集团(RWE AG)、法国电力集团(EDF, Electricite De France)以及瑞典大瀑布电力公司(Vattenfall AB)等。

日本也基于同样的考虑重新评估了电力供给体制。从2016年4月开始自由化,在发电与配电领域相继出现了新的公司。由于2016年4月零售全面自由化,可以自由设定电费收费标准。另外,法律决定了以2020年为目标,使发电和输电业务进行分离的方向。目前,发电和零售部门引进了竞争原理,而输电和配电需要网络型基础设施,今后将保留许可制,但是输电和配电设施的使用将向新的公司开放。

(4) 未来动向

从上水道的例子可以看出,近年来发达国家的基础设施建设已达到一定的水准,上水道工程的核心从建设转向运营,为了削减政府负担必须提高经营效率的认识得到普遍认可,工程主体民营化或委托民营企业运营的案例不断增加。

英国在 1989 年率先对英格兰和威尔士的水务公司实施民营化,而法国从 19 世纪开始就拥有独特的公设民营即特许经营的水务工程❶。

因为上水道的管理技术具有普遍性,工程管理者可以将其技术向其他地区转移。实际上,民营化后的英国上水道管理公司——泰晤士水务有限公司(Thames Water Utilities Ltd)在亚洲、南非、南美等地区开展着业务。在法国有着悠久特许经营历史的威立雅水务公司(Veolia Water),在 60 多个国家开展着上水道管理业务。

由基础设施管理公司实施的国际性工程,规模巨大,企业间的竞争激烈复杂。例如上述的泰晤士水务有限公司,曾被德国综合基础设施公司莱茵集团收购,之后又出售给澳大利亚的企业。莱茵集团作为德国排行第二的电力公司,积极通过企业兼并将业务范围扩大至煤气和水道,在美国、中欧诸国、英国等地均有业务。

威立雅水务公司隶属威立雅环境集团公司(Veolia Environment S. A.),该集团业务覆盖水务、能源、废弃物处理和交通服务等,面向全世界,海外业务收入占集团收入(营业额)的一半以上。

像这样负责能源和上水道等的供给管理型基础设施中,以发达国家为

---

❶ 从以前的总水务公司(CGE)到近年的威望迪集团(Vivendi)。

中心,工程运营向民营企业开放的动向进展迅速。在这里若符合准入、退出规制以及收费规制的要求,一定期间内允许独占性的工程运营,对于具有技术积累的企业来说,有可以预期的稳定收益的市场。在此背景下,欧洲率先开放了供给管理型基础设施的市场,出现了以能源和水务业务为对象的巨大公用企业。日本也迎来了自由化电力供给体制改革的时代,预计今后也会出现经营煤气和水务的公用企业。

至今为止,与自然垄断弊端的相关讨论,都是参照美国横跨大陆铁路引起的毁灭性竞争案例进行的,也就是说,通过分析向特定地区(北美)提供单一服务(铁路)的企业行为而形成的理论。如今发生的各种变化,远远超出了目前的讨论范围。在全球开展业务的巨型公用企业如何通过合理经营参与基础设施业务、实现社会福利最大化,以及会产生什么优缺点,需要今后进行大量研究。

3)竞争调整型

如果在同一地区存在复数基础设施工程,就需要某种政府调整。从前不同种类的基础设施所提供的服务若产生竞争,因为需要公平化竞争条件,所以经常需要讨论平等地位(Equal Footing)的问题。

但是,实际上在基础设施工程民营化的世界潮流中,需要从引入竞争环境、提高利用者便利性以及平等地位等多视角进行调整。

(1)各种各样的案例

①欧盟的铁路政策。

20世纪70年代,欧洲因汽车普及造成铁路运量减少,铁路经营恶化,其结果导致铁路公司累积债务增加,政府补助增加,这成为欧盟各成员国共通的课题。货车运输和铁路运输的竞争条件不公平的争论时常出现。也就是说,铁路必须负担线路设施等固定费用,其使用费与使用公共设施的道路运输相比,在成本上有明显劣势,如果不统一竞争基础,铁路将难以为继。如果再考虑环境负荷,也不得不将铁路运输向货车运输的转移控制在一定范围内。

从这样的平等地位论引出了铁路运输上下分离的政策。1988年率先在瑞典实施并取得了成效。基于这样的实践,欧盟成员国全部实施了上下分离政策,其主要目的并不仅仅在于解决货车运输与铁路运输的成本差异,而是为了实现铁路运输公司与货车运输公司同样可在欧洲区域内自由往来。总之,在瑞典境内铁路运输与货车运输的收费标准处于平等地位十分重要,而且还需要谋求在欧盟所有成员国实现铁路运输与货车运输的平等地位。

因此,根据1991年欧盟的法令,各成员国的铁路公司在会计上分为运输部门和线路工程部门,对第三方开放铁路线路。此后,又制定了铁路业务许可的共通标准、线路通行能力的分摊以及使用费标准等有关规定,营造了A国的列车到B国或C国的直通运营环境。

由于铁路客运一般难以达到收支平衡,因此将经营权和获得补助金捆绑进行招标,中标公司基于合约在一定期间内提供服务,很多成员国采用这种模式。

②东京都市圈的铁路政策。

日本东京都市圈内集中了很多铁路公司,明显需要进行相互调整。实际上中央政府承担了调整的职责,具体来说,东京都市圈内的铁路规划由交通政策审议会(其中一个母体是原运输政策审议会)审议。该审议会基于国土交通省设置法而设立,其职责是根据国土交通大臣的咨询,审议并答复与交通相关的重要事项。

日本大城市铁路的特征之一是实现了大量的直通运营。JR相互之间、

JR 与民营铁路或公私合营铁路之间、民营铁路与公私合营铁路之间、地铁与 JR 或民营铁路之间,有各种各样的组合方式,乘客享受了很高的便利性。由此带来的有利条件,在整合职能并提高附加价值的意义上被称为范围经济(Economy of Scope)。直通运营不仅能提高使用者的便利程度,对交通工程公司来说,也能带来运营方面的利益。消除了在离市中心较近的站点往返行驶伴随的运行效率低下,在低价便宜的郊外建造车辆段,节省的市中心用地可以用以建造高楼大厦,以及用于城市其他用途。这样的直通运营规划,也是上述审议会审议和讨论的对象,从各自路线的规划阶段就开始构想。

此外,从 20 世纪 70 年代开始,采用基准成本的方式对大型民营铁路实施了运费规制。1997 年以后,以大型民营铁路、JR 和地铁为对象,实施了系统的收费计算方式并使用至今。

(2) 未来动向

当基础设施工程的建设水准达到一定阶段时,会通过引入竞争原理提高经营效率,这种做法已成为世界潮流。与此同时,追求范围经济也有不少案例。

以此观点来看现状,以日本巨大都市为首,大都市圈的铁路项目会沿着此方向发展,公营企业的民营化也应考虑。

4) 地区战略型

基础设施工程项目中,某些项目的功能与国家或者地区竞争力密切相关。其中具有代表性的就是机场和港湾。因此,许多国家把强化主要机场和港湾建设作为国家战略。

在近年来强化机场和港湾竞争力的政策中,运营主体的民营化成为核心,说明快速的经营判断、经营效率的提高以及倾听使用者的需求比其他方面更受重视。

进一步来说,作为地区战略或国家战略的一环而被民营化的基础设施工程主体,积累了大量工程技术,以此作为竞争力,从而成为其他地区或国家的基础设施工程主体,这种案例开始出现。也就是说,因为地区战略工程主体享有诸多经营自由,然后制定并实施自身的工程战略,从而在其他地区开展业务。这种意义上的"地区战略型"名称,或许只是表示了基础设施企业在国际上开展项目的一个出发点。这方面有许多案例,以下仅以新加坡和法国为例进行介绍。

(1) 实例

①新加坡港湾政策。

新加坡是一个国土面积和人口规模较小、资源贫瘠的国家。前总理李光耀认为"港湾和机场是岛国新加坡最重要的基础设施",因此,作为国家战略建设了港湾和机场。

1964年设立的公共机构新加坡港务局(PSA, Port of Singapore Authority)成为港湾工程主体。与港湾相关的基础设施全部由港务局建设。1997年,在设施建设取得了一定进展后,港务局以提高国际竞争力为目标改组为由政府全额出资的股份有限公司——新加坡港务集团(PSA Corporation)。港湾监督业务等由新加坡海事港务局(MPA, Maritime and Port Authority of Singapore)继承,港务局开始专注于港口运营等物流管理与营销业务。

特别值得一提的是,港务局对集装箱业务进行了彻底的信息化投资。早在1989年,贸易公司、海关、国际企业厅等通过网络连接,实现了通关申请、审查、许可等业务全部在系统上完成的环境。过去通关手续因为申请资料的手工交接需要 1~4d,现在缩短为 10min。航站楼的操作管理也实现全面信息化、自动化和集中管理化,提供了当时世界最高水准的高效率的港湾服务。

1997年,在港务局进行民营化时,新加坡政府有明确意向让港务集团开展海外业务。现在,该公司利用在新加坡港运营中积累的技术,在亚洲、美洲、欧洲的 17 个国家运营着大约 30 个港口。

②巴黎机场集团的海外战略。

巴黎机场集团(ADP, Aéroports de Paris)的前身是拥有和运营巴黎地区主要的 3 座机场(戴高乐机场、奥利机场、勒布尔热机场)、10 所一般航空设施以及 1 座直升机场的公共设施法人(基本相当于日本的特殊法人)。

在法国,历史上采取中央或地方政府拥有、地方工商团体负责管理和运营机场设施的模式。巴黎周边的主要机场由中央政府管理,从建设到运营管理的业务由巴黎机场集团负责。近年来,随着航空运输业务的扩大,国际枢纽机场的重要性提高,国际机场竞争激化。为了应对以上问题,2005 年法国政府对机场运营公司进行了股份制改革。股份制改革的目的在于:①避开公共设施法人所承担的有关规定,使其灵活开展业务;②通过发行股票吸收民间资本。当前由政府全额出资,该公司上市后会出售三成以上的股份。

民营化之后的巴黎机场集团为了扩展戴高乐机场不惜投资数千亿日元,民营化当时的旅客数量大约为 5000 万人,5 年间扩大为 8000 万人。吸引大型国际物流企业联邦快递建设欧洲枢纽设施,提高了戴高乐机场作为物流据点的地位。此外,利用这些经验承接了中美洲、非洲、中东、亚洲的近 20 座机场的管理业务。

③日本的机场民营化。

日本也顺应世界潮流,致力于提高主要国际机场的经营效率。成田机场的股份制以及关西国际机场运营权委托,均为代表性案例。

成田机场由特殊法人新东京国际机场公团负责管理运营。国土交通省交通政策审议会航空分科会的答复指出,从明确经营责任和提高经营效率的观点来看希望成立股份公司,为此首先成立特殊公司,最终以上市(完全民营化)为目标。现在的成田国际机场股份公司还处于未上市的状态,股东为国土交通大臣和财务大臣,分别持股 90.01% 和 9.99%,外形上是国有企业。但是该公司在获得成田机场运营管理经验的基础上,立志向海外拓展业务,已经开展了若干海外咨询业务,此外,还接受了外国研修生。

随着伊丹机场(大阪国际机场)周边地区的都市化进展引起的环境恶化以及吞吐量受限等问题,在泉州冲通过填埋方式建造了可以24h运营的关西国际机场。该机场工程费用的大部分是通过借款来筹集的,这样的经济负担导致关西国际机场股份有限公司(政府持有超过半数股份的特殊公司)运营十分艰难。另一方面,伊丹机场在关西国际机场开业后也继续运营,因此探讨了两座机场一体化运营以实现经营价值最大化的方案,其结果是采取了特许经营的方式。

2012年两座机场的管理公司——新关西国际机场股份公司成立,该公司将运营权交给具有特殊目的的民营公司(SPC,Special Purpose Company)——关西机场股份有限公司。该公司由欧力士、万喜机场(法国的Vinci Airports SAS)等出资设立,它获得运营权的代价是早期偿还建设关西国际机场的相关债务。

该公司开始运营机场后,可以预期因航空需求的增加和新建旅客设施会带来收入大幅增长。

(2) 未来动向

日本和新加坡同为岛国,国家实力很大程度上依赖于本国的港湾和机场水平。因此,政府以大幅影响国家竞争力的主要机场和港湾为中心,通过强化工程主体来改善基础设施的经营。在此方面,日本、新加坡和法国均采取了相同的战略。

正如上述案例所述,新加坡政府和法国政府为了提高地区战略型基础设施的竞争力所采取的战略,如强化民营企业经营能力、为增加项目机会而撤销政府规制管制等具有参考意义。日本的主要国际机场也在进行民营化。

今后,围绕港湾和机场的国际竞争会愈演愈烈,各国也将继续在重要基础设施的经营能力与设备投资方面开展相互竞争。

第 5 节
基础设施工程的资金调配

1) 何为资金调配

(1) 工程主体和资金提供主体

如前所述,所谓工程主体,就是在工程规划到工程实施的全过程中发挥核心作用的单位。而工程主体为了完成工程必须筹集必要的资金。资金来源可以是工程主体本身(民营企业利用自有资金开展工程的情况),但由于基础设施工程需要巨额投资,因此大多数情况下都需要从外部筹集资金。在基础设施工程实施过程中,许多项目存在着与工程主体不同的资金提供主体。

完全公共型项目的资金来源是税收等公共资金,经过议会审议并通过预算后,方可将必要的资金投入工程。在此情况下的资金提供主体是纳税人(另外还有通过发行国债而从投资者筹集资金等)。

在公私混合型和民营企业型的基础设施工程中,外部资金提供主体的特征更加明确。既是金融机构,又是投资者。如果利用自有资金,最终需要得到工程主体即企业股东的理解。

对工程主体而言,筹集资金通常是最大的问题。与基础设施的技术问题不同,并不是满足某些基准就行了。筹资并不能由某个人随意决定,必须在资金提供者之间达成共识。在投资评价中有各种各样的方法,都是为了达成这种共识而提出的。这点在第 4 章中再详细阐述。

(2) 初期费用和运营成本

如同本书中反复讲述的那样,筹集资金的难关是初期费用。基础设施一旦进入运营阶段,对可以征收使用费用的基础设施可以通过收费补充运营费用(运营成本,至少是其中的一部分),但是在规划阶段、建设阶段当然不存在这样的收入。完全公共型以外的基础设施工程主体,需要通过未来的使用费收入,或者以此作为担保,推动资金提供主体以实现筹资目的。

2)资金调配的形态

基础设施工程的资金调配方法大致有以下 5 种:

①政府资金/公共资金(Government Budget);

②内部资金(Internal Fund);

③净资产(Equity);

④借款(Debt);

⑤其他资金(Miscellaneous)。

表3-1是各项资金的概要。其返还义务、有无利息对工程有很大影响。

表3-1 基础设施工程的资金调配方法

	概要	事例	备注
①政府资金/公共资金	行政机关行使其权能(征税权等)进行调配、投入工程	• 一般财政预算 • 特定财政来源 • 补助金 • 资助金	无返还义务
②内部资金	工程主体在组织内部自行调配	• 内部补助 • 企业储备金	无返还义务
③净资产	投资者为了项目利益分红进行投资	• 新股 • 具有新股预约权的公司债券 • 财政投融资(投)	无返还义务 利益分配(分红)的对象
④借款	金融机关或投资者评价工程性质后进行融资	• 金融机构借贷 • 公司债券 • 财政投融资(融) • 融资开发	有返还义务 有利息
⑤其他资金	相关主体(当地政府、居民等)	• 当地负担 • 受益者负担 • 捐款 • 实物投资 • 压缩住宅用地等	—

(1) 政府资金和公共资金

政府机构(中央政府或地方政府)向工程主体提供的资金。通过一般财源(普通税等)、特定财源(目的税等)、发行公债等获得资金。预算需经过议会审议通过。

为了筹集基础设施工程的资金有时也会发行公债。在日本,地方政府或中央政府具有担保信用度。也就是说,未来的税收可以预定为偿还资金。在海外,也有把工程本身的未来收益当作偿还资金,发行公债进行项目融资的例子,称作收益公债券(Revenue Bond)。

(2) 内部资金

在基础设施工程运营中,公司可以从其运营的收益性较好的项目中,支出部分收益投入到该公司的其他项目中,这被称作内部资金。

此外,工程主体也可以将自身持有的资金投入相关基础设施工程。民营企业从折旧费或者工程收益中获得利润,将其中一部分作为留存利润储存在公司内部,这种内部资金可以投入新的基础设施工程,像这样的内部资金称为内部留存。这里的内部资金,在概念上属于下述的"净资产"。

无论内部补助还是内部留存,从规模上来讲很少能够完全满足新的基础设施建设资金。

(3) 净资产

所谓净资产,是指工程主体无须返还的资金。虽然也包括上述的内部留存(剩余利润等),但通常是指资金提供主体通过获得工程主体的股份而出资,也就是说,净资产(Equity)占据了很大位置。

取得工程主体股份的资金提供主体被称作股东。工程主体对股东没有返还出资的义务。另一方面,股东通过出资取得股东权利(包括股东大会的表决权、分红等利益分配的权利、工程主体解散时获得剩余资产的权利)。出资额受股价变动也就是价格变动的影响,因此可以说是高风险高回报的投资。此外,在工程主体破产或解散时,剩余资产的分配要优先偿还借款,从这一点来看也是高风险的投资。

(4) 借款

所谓借款,就是工程主体从外部筹集具有偿还义务的资金(Debt),也叫作负债。主要有借款和通过发行公司债券筹集到的资金。两种资金都会产生利息,因此也被称作有息借款。购买公司债券的资金提供主体被称作公司债权者。

公司债券者与股东不同,不能参与经营。投资额的本金受到保护,工程主体破产或解散时优先偿还借款。与取得股份相比,可以说是低风险低回报的投资。

(5) 融资:公司融资和项目融资

在基础设施工程的资金筹集中,经常用到从金融机构借款的方法。因此,公司融资和项目融资的概念十分重要。

所谓公司融资,可以理解为把工程主体的全部业务作为抵押的融资。例如拥有复数发电厂的电力公司为了建设新的发电厂,通过向民间金融机构借款筹集资金时,金融机构会以电力公司的持有资产和收益能力的信用度作为担保进行评价,然后决定融资金额和借款利率。

所谓项目融资,仍以上例说明,不是利用电力公司的信用度,而是以新建发电厂预期发生的现金流为偿还资金进行融资。担保也仅限于某个特定项目(这里指新建的发电厂)。

日本的基础设施工程融资基本都是公司融资。另一方面,在海外经常采用项目融资的方法。

(6) 其他资金

除上述资金来源外,还有其他各种各样的基础设施项目筹资方法。

即使某个基础设施项目的预期收支不平衡,如果当地积极推进的话,经常利用捐款或者实物投资(土地等)的方法。此外,在利用土地区划整理方法时,土地所有者通过割让土地来支援项目,实质上这也是一种筹资方法。

此外,通过对基础设施建设产生的开发利润进行征税来补充工程费用的案例虽然非常罕见,但也是一种筹资渠道,也许应该归类于(1)的公共支出。增加受益地区的固定资产税和销售税也属于此类筹资方法。在美国,对于地方政府实施的地区开发项目,可以用一种称作税收增额融资(TIF,Tax Increment Financing)的固定资产税的税收增长为担保来发行债券(TIF BOND),从而进行筹资。

3)资金调配的具体例子

(1)仙台市营地铁东西线:地方政府组成投资组合

仙台市营地铁东西线全长 13.9km,共 13 个车站,行驶时间为 26min。在规划阶段总工程款预算为 2300 亿日元(约合 165 亿日元/km),运量为 8 万人次/d。

票价预计为 200~360 日元,假设所有的乘客均按最高票价 360 日元支付,年收入也不过 105 亿日元。在这一前提下,身为工程主体的仙台市交通局估算的可能支出费用为 740 亿日元(把运费收入当作偿还资金而发行的企业债券的金额),占总工程款的 30%。

为了填补工程款的差额,提出了以下方案:仙台市负担 1040 亿日元,中央财政补贴 520 亿日元,以此来支付 2300 亿日元的总工程款。

仙台市在地方交付税(译者注:中央政府拨款)680 亿日元的基础上,通过发行城市债券筹资 360 亿日元,共计 1040 亿日元。通过这样的投资组合,仙台市交通局可以将有息负债控制在可以支付的范围内,将票价按当初规划抑制在乘客可以接受的水准。

(2)旧金山湾区高速铁道:利用开发利益

环绕旧金山湾的地区,也就是"湾区"的地方政府从 1940 年开始构想建设湾区快速轨道(BART,Bay Area Rapid Transit),1961 年通过居民投票

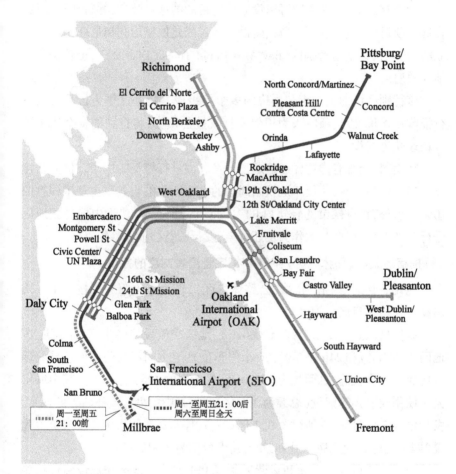

图 3-3　BART 线路图
图片来源:基于 Bay Area Rapid Transit 的资料制作

获得建设许可,1964年开工建设,1976年全线开通。

建设费用为16亿1900万美元(按当时的固定汇率1美元=360日元换算,约为5800亿日元),资金来源为发行公债(一般财源债券)、联邦政府补贴以及收益公债券。

十分有趣的是,在美国可以设立特定目的的地方政府,并行使征税权。在这一项目中,负责规划、筹资、建设与运营的是依据加利福尼亚州法律设立的"湾区快速轨道特别区(Bay Area Rapid Transit District)",也就是虚拟地方政府。

该特别区由旧金山市和周边的多个郡组成。特别区作为行政机构自行征收销售税,以这项收入为担保发行收益公债券,将得到的资金用于湾区快速轨道建设。

在美国,经常有像这样通过返还开发利润进行筹资的例子。例如在建设洛杉矶市地铁时,从位于地铁站周边的企业征收的收益税占总工程款的10%。另外,在丹佛市的轻轨(LRT, Light Rail Transit)建设中向受益地区进行资产征税,以此收入作为偿还资金,发行收益公债券筹集资金。

(3) 指宿驿站(公路休息区):PFI和指定管理者制度的并用

鹿儿岛县的"指宿"驿站(公路休息区),作为日本第一个按PFI方式建设的公路休息区广为人知。

该休息区是由城市公园($12000m^2$)、地区交流设施(2层钢筋建筑,占地面积$809m^2$)和24h停车场(26个停车位)、卫生间以及公路信息导航装置构成的综合设施,总面积为$14600m^2$,总工程款12.3亿日元。其中城市公园使用政府预算建设(总额为3.6亿日元,其中中央财政补贴2亿日元,发行债券2亿日元,一般财源0.7亿日元),停车场等则由中央政府负责建设(国土交通省鹿儿岛国道事务所,建设费用为3.8亿日元)。

地区交流设施的建设和运营采用了PFI方式。地区交流设施包括旅游服务中心、地方土特产和农产品商店、餐厅等设施。

PFI使用BTO方式进行。民营企业在规划区域内自筹资金建设地区交流设施,完成后将所有权移交给指宿市。市政府把该设施的建设费用,休息区的运营、管理和维护费用一起分 15 年支付给民营企业,规避了支付初期成本的压力。另一方面,民营企业向市政府支付设施租赁费,通过运营设施获得收益。此外,民营企业利用指定管理者制度获得管理都市公园的机会。合约期为 16 年(建设 1 年,运营 15 年)。

根据市政府的测算,采用 PFI 方式后市政府在 15 年期间的负担金额从 2.9 亿日元降为 1.8 亿日元,削减了 37%。这就是在探讨 PFI 方式时使用的物有所值(Value for Money)的概念。

此外,作为激励措施,市政府从地区交流设施内土特产商店的营业额中拨出 20%~40%,以销售手续费的形式返给民营企业。

(4) 密佑高架桥:运用民间资金进行地方基础设施建设

密佑高架桥[Viaduc de Millau(法语),Millau Viaduct(英语)]是连接巴黎和法国南部 A75 高速公路的一部分,长 2460m 的大型斜拉桥。桥塔的最高点高 343m,是世界最高的高架桥。

密佑高架桥采取特许经营的方式进行建设和运营。法国政府选定承包商并赋予承包商一定期间的工程实施权,该承包商负责筹资、建设及运营,约定期间结束后将所有权转移给政府(BOT 方式)。法国本地的大型建筑公司埃法日集团(Eiffage)获得工程权。

埃法日集团全额出资设立了特别目的的公司(SPC)作为工程主体。高架桥的总工程款约 4 亿欧元(约合 400 亿日元),SPC 从欧洲投资银行(EIB,European Investment Bank)进行了全额贷款。这项融资,就是把未来的工程收入作为资金来源进行偿还的项目融资。

法国政府和 SPC 之间缔结了 78 年特许经营合约期,其中包括 3 年建设、75 年运营。收费标准由 SPC 决定,目前的收费标准为夏季繁忙期 8.2 欧元,其他时期 6.4 欧元(二者均为轿车)。每天的交通量在 2 万辆左右,在特许经营合约期满前就可以还清全部贷款。政府为了 SPC 在 2045 年之后无法获得超额利润,要求承包商在能够预见还清建设投资时,通知政府解除特许经营合约。

该案例属于长期巨额投资,承包商一方也要慎重地制定风险对策。例如资金规划分为两个阶段,第一阶段是最初的五年,进行设计、建设以及运营,仅在这一阶段埃法日集团无条件接受 SPC 的工程风险(完工风险以及开业初期运营不稳定的风险)。与此相对,第二阶段,也就是运营第 6 年之后,规定埃法日集团在通告委托人法国政府之后,可以自由出售最高 49.9% 的 SPC 股份。也就是说,如果该项目在开始运营后 5 年内步入正轨,之后埃法日集团就可以得到 SPC 股票上涨带来的利润(资本收益)。因为合约中包含了这样的优惠条款,所以埃法日集团才决定负担(担保) SPC 在初期阶段的工程风险。

从这个案例中可以明白,通过适当分配风险和回报(收益),可以设计出各种各样的资金筹集方案。

第3章 参考资料

详见原著,此处略。

第4章

基础设施规划与决策

> 交通所带来的社会变革犹如流,润物无声,但根深蒂固。这种力量穿越了贫富贵贱,决定着人类社会的兴衰。
>
> 岛崎藤村
>
> 出自明治时代大文豪岛崎藤村的小说《黎明之前》中木增街道站长青山半藏的语录。

第 1 节
基础设施的投资规划

1) 制定投资规划的目的和意义

投资规划事关基础设施工程的构思,实际上是做出是否进行投资决定所需要的基础资料。因此,在制定投资规划时一般具有以下目的:

① 确定其社会效益:明确该投资具有的社会效益。
② 确定工程内容:明确最适宜的工程内容以及投资额。
③ 评价投资效果:明确与投资额相称的利润或收益。
④ 把握注意事项:预先探讨对于该工程实施有无致命的阻碍因素。

并且,相对于以自治体和民营企业等为工程主体的基础设施投资,投资规划也可以作为补助等公共支援决策时的基础资料。在该种情况下,除上面所提到的 4 点以外,还需要从多种视角出发,明确该投资是否值得进行公共支援。

2) 投资规划的共识达成和决策

在进行基础设施投资决策之际,必须和利益攸关者(stakeholder)达成共识。具体的利益攸关者包括拥有工程主体决策权以及工程所实施地区的两类群体。

前者相当于民营企业(股份有限公司)中的股东。在公共机构(中央和地方政府)中指作为纳税人并且是权利主体的国民和地区居民,以及代表权利主体的议员和由议员所构成的最高决策机构——议会(以下称"最终决策权相关的利益攸关者")。

而后者是指在工程实施过程中所必需的权利相关方(地权人和租赁人等)、受到工程直接影响的周边居民(道路的沿线居民等),以及该地区具有发言权的权威人士和作为居民代表的议员(以下称"工程实施方面的利益攸关者")。在本章中,如没有特别说明,"与最终决策权相关的利益攸关者"一律简称为"利益攸关者"。

第4章 基础设施规划与决策

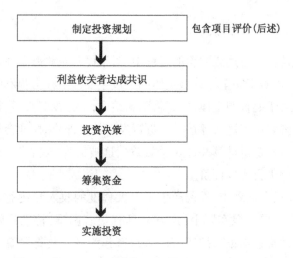

图 4-1 从制定投资规划到实施投资的流程

在制定投资规划之际,为了能够和利益攸关者之间顺利地达成共识,在投资规划的内容当中,有必要把利益攸关者高度关注的事项作为重中之重。换句话说,在民营企业为工程主体的情况下,股东所关注的投资收益性即为投资规划的重点。在公共机构为工程主体的情况下,地区居民所关注的社会福利(基础设施投资所带来的对社会、经济、生活的效益和影响的总和)的提高即为投资规划的重点。

若与利益攸关者达成共识,基于该投资规划,便进入签订基础设施投资决策手续的阶段。针对基础设施投资的最终决策,民营企业由董事会对相关投资议案来表决通过,公共机构由相关议会对预算案(包含公共支援)进行决议(具体请参照第6节)。

基础设施投资一旦确定,工程主体实际上就要开始筹集资金,进行设计等的建设准备并正式实施投资。

以上内容表明了工程主体所进行的基础设施投资的社会效益、工程内容、投资额和投资效果,也可以说,投资规划是取得利益攸关者的认可、达成投资决策共识的工具。

3) 投资规划的制定过程

在与利益攸关者达成共识的过程中，对于民营企业型主体应该主要评估投资收益，而对于完全公共型主体则应该主要评估社会福利的增长以及经济效益。对于混合型主体，应当将两者结合，根据投资收益、社会福利的增长以及经济效益来进行评估。在进行经济效益评价时，社会福利的增长要利用货币换算定量计算并计入总效益。这被称为"效益"。然后将此种效益与投资额进行比较评价。

因此，在投资规划中，投资产生了多大程度的收入和效益需要定量分析，这点尤为重要。但实际上，这方面具有很多困难，特别是效益很难测算。目前的评价技术很难把所有的效果都作为效益进行测算。即便可以测算，也不过是在一定的假定条件下进行的。因此，在测算效益时，需要制定操作指南确定各种各样的共同假设条件和规则。

第 2 节
投资规划的内容

工程主体为了恰当得到与其目的相对的效果,需要在基础设施建设概况即 5W1H(干什么、谁来干、何时干、何处干、为何干、如何干)的基础上,制定具有明确日程和预算的投资规划,以作为投资判断或为了与利益攸关者达成共识的基础资料。这时制定的投资规划,会成为投资决定后进行各种详细研讨的基础资料。

1) 基本记载事项

基础设施投资规划中应当记载的基本事项有 4 项,分别为:①项目意义;②投资内容;③预期效果及影响;④注意事项。

项目意义主要有解决社会课题,以及工程主体为民营企业时实现新的收益机会等。投资内容指的是为了达成上述目的而作为实现手段的基础设施投资的内容、投资额以及相应的资金筹集方法等。预期效果及影响包括基础设施投入使用之后所带来的社会福利的增加,以及民营项目情况下的投资收益性等内容。注意事项虽然会因项目而不同,但需要特别说明从对环境的考虑以及地区生活等角度出发应当注意的要点。

工程主体为了做出投资决策,必须对这些问题逐一进行判断。也就是说,①对利益攸关者来说该项目是否十分有意义、②投资内容(设施计划、资金计划等)是否妥当、③预期效果是否能够期待、④是否有重大的阻碍因素等都是投资判断(决策)的构成要素。

为了做出恰当准确的决策,就必须参照各项目的客观评价结果。比如为了了解该项目的成本效益比的高低,需要计算它的实际值,据此比较替代方案或者与其他的类似项目进行对比。这一工作实际上是在投资规划的决策过程中由工程主体来完成的。换句话说,作为决策依据的投资规划,反映着一定的项目评价结果。从这个意义上来讲,可以说投资规划和项目评价是一个整体。

上述方法在工程主体为民营企业的情况下,是毋庸置疑的,但是在以公共项目(在本书当中,公共项目指代完全公共型项目和公私混合型项目)为对象的情况下,则需要若干的补充说明。

举例来讲,针对行政部门所制定的基础设施投资规划,作为第三方的专家学者会提出意见,并就投入产出的分析结果、计算顺序以及替代方案比较等相关问题进行各种各样的讨论。这些外部意见被称作评估。这种情况下得到的各种各样的见解和修改意见等都会通过工程主体反映到投资规划当中,成为最终决策的对象。也就是说,在规划制定阶段来自外部的意见(评估),从全局上看构成了面向形成社会共识和决策的投资规划制定过程中的一环。

2) 与投资规划内容相关的公私双方异同

基于工程主体(民营企业或政府机构)的不同以及政府援助的有无,利益攸关者所关心的问题各不相同,因此投资规划的内容也有异同。

不管工程主体是政府机构还是民营企业,共通之处在于两者都致力于通过基础设施投资来解决社会课题。政府机构的目的是解决作为利益攸关者的地区居民等所关心的问题,即通过解决社会课题来实现社会福利的最大化和提高经济效率。另一方面,民营企业的目的是解决作为利益攸关者的股东所关心的问题,即通过解决社会课题来达到利益最大化(财务效率性)以及实现企业价值即股票价值的最大化。

在此基础上,以下介绍民营企业和政府机构在投资规划内容方面的异同。

(1) 公共型和民营型工程的共通事项

投资规划中需要明确背景和目的、预期效果和影响等,以正当理由指出为何该基础设施投资规划是必要的。此外,还要明确在围绕基础设施的外部条件下,需要发挥什么样的作用(所需性能),以及实现这些目的所需要的规划内容、投资额和资金调配方法。

第4章 基础设施规划与决策

接下来要判断这些内容的妥当性,并公布为做出适当的投资决策所需的项目评价结果。首先要根据需求预测来推断该基础设施的使用人数会是多少。除此以外,还要测算包含使用者在内的受到其多样效果、影响的人的数量,也就是受益人数。在此测算出的使用人数和受益人数用于财务评价和经济评价。

比如在私营铁路新线路建设项目的财务评价中,会利用旅客数量来计算运费收入,用以进行财务评价。在一般公路建设项目的经济评价中,利用旅客数量来测算缩短所需时间、削减行驶费用等乘客所受到的效益(称为"使用者效益"),评估经济效率性。在河川堤坝的治水工程中,因为个人不可能因为治水目的自行主动的使用或者放弃使用河川堤坝,因此无法进行需求预测。另一方面,河水泛滥时房屋被淹以及由于经济活动的停止所带来的危害等都是靠着河川堤坝来进行预防的,这种效益可以通过在泛滥区域内拥有住宅、工程所或农地等的受益人数来进行测算,进而评估经济效率性。

另外,作为进行该投资的大前提,还需要明确该基础设施工程是否处于能够顺利实施的环境当中(工程实施环境),以及为了让工程顺利进行的应当留意的事项(注意事项)。

(2) 完全公共型

对于作为利益攸关者的国民和地区居民来说,对基础设施的投资,重点应当放在公示税金用途的妥当性上,具体来讲,就是有没有用于增加社会福利和经济效率性。

比如,在进行一般公路的建设方面,本来就不会征收任何费用,所以也谈不上财务效率性。另一方面,对于公路使用者来说,城市间的移动能够变得多便利、能够在多大程度上致力于防灾和拥堵等地区性课题的解决,以及产生的效果是否与投资相称(经济效率性),都是在进行决策时需要重点讨论的问题。之所以这样说,是因为一旦批准了于社会无用的公路投资,在税金的用途上就无法得到纳税人的认可,政府也会走上滥用税金的歧途,从国会到政府机构就容易受到来自社会的批判。因此,在新项目选定评价❶时要评估其投资的必要性和意义、经济效率性以及社会福利的增加,并通过由专家学者组成的委员会(以国土交通省为例,即其所辖各地区建设局当中的项目评价监视委员会)等进行审议。

(3) 民营企业型

对于作为利益攸关者的股东来说,主要关心的是能否通过基础设施投资来解决社会课题,能否确保收益、收益率的高水准以及会如何助力于企业价值的增长。

比如,在进行私营铁路新线路的建设投资时,无论该线路会给沿线居民的出行带来多大的便利,只要无法预估到与投资相称的收益(财务效率性),私营铁路的经营者就不会决定对这条新线路进行投资。究其原因,是因为一旦做出这样的投资决策,经营者恐怕会受到来自利益攸关者的股东的严厉批判。但是,这里所提到的收益并不一定是仅仅来自铁路本身的运费收入,例如商业设施、酒店、旅游设施、私营铁路并行推进的相关产业以及单独经营的已有产业,这些产业当中也包含了可预期的额外收入,同样会得到相关探讨(被称为外部性的内在化)。

(4) 公私混合型

公私混合型表现出了完全公共型和民营企业型双方的特征。也就是说,其中体现出的重点是,公共资金投入的程度(金额和占比)很高,或者说,政府所制定的许可对国民和地区居民的影响很大。除了工程主体的股东所关心的财务效率性以外,还有国民和地区居民所关心的社会福利的增加以及经济效率性的高低。

例如,公路国营公司在进行收费公路的建设投资时,要同时重视民营企业和公共工程双方。也就是说,为了和利益攸关者达成共识,财务效率性、社

---

❶ 在公共项目的评价制度当中,为了判断基础设施投资状况,会根据"新项目选定评价"来评估投资中税收使用是否妥当。此外,在决定投资后,还会有跟踪监测税收使用妥当性的规定。也就是说,以那些在工程开始后经过一定期限仍未开工的,或者经过很长时间仍未投入使用的工程为对象,对工程必要性和经济效率性实施"再评估",或者在投入使用后对当初的评估内容进行验证的"事后评估"。

会福利的增加和经济效率性这两方面的观点都会成为投资决策的焦点。

综合以上所述投资规划的内容,得到表 4-1。表中完全公共型和民营企业型所共有的内容代表双方的共通事项。

表 4-1　基础设施投资规划当中所记载的事项

项目		投资规划当中的记述内容(例)	
		完全公共型	民营企业型
①社会意义	背景和目的	背景:明确国家和地区所面临的社会课题及其原因; 目的:解决该课题	
	达成目标	用 KPI(Key Performance Indicator)表示解决上述社会课题后所带来的直接效果和影响(数值目标)	
	外部条件	从市场环境、安全保障、环境保护、景观和历史文化的视角出发,整合围绕该基础设施的外部条件	
	性能要求	基于上述外部条件,明确该基础设施所需的性能(所需性能)	
②投资内容	计划内容	基于所需性能,明确设施和设备规划、建设规划、投入使用目标年份、使用年限(提供服务时间)、保养管理规划、运营组织规划等	
	投资额	总额、分年度的投资额(初始成本、运营成本)	
	资金调配方法	税、政府债券、补助金等。PFI 的可适用性。国家、都道府县、市町村等按比例负担费用以及该方法的妥当性评估*	自有资本、贷款、发行公司债券、补助金等。借款的条件(金额、借款时间、利息、还款方法等)以及该方法的妥当性、还款可能性评估。补助的必要条件
③工程评价	需求预测	测算受益人数	设定使用费和测算使用人数
	财务效率性	—	基于财务分析展示该工程的盈亏状况和该投资的收益水准(投资收益性)。除此之外,与该工程同时实施的相关工程和已有工程的多个工程主体的财务分析也很重要
	社会福利增加	在宏观方面对该投资的效果和影响进行定量或定性分析	—
	经济效率性	基于经济分析,对该投资的社会效益进行分析	—
	实施环境	需要记载该地区居民是否同意和法律手续等相关状况(工程可行性)、上位规划和其他工程的关联(工程成立性)、技术的难易程度	
④注意事项	注意事项	考虑在工程实施方面利益攸关者的预期反应,明确对于环境、景观和历史文化的影响和应对措施,对地区的贡献对策,与地区居民达成共识的对策等	
	其他	期望有与替代方案的对比评估结果	

注:*在基础设施建设工程中,根据受益人负担原则,一般会提前确定相关主体间的费用负担比例。

此外,对于公私混合型,有必要记载该共通事项,以及完全公共型和民营企业型各自所具有的项目。

3) 各个项目的内容

(1) 背景和目的

在该基础设施投资的背景方面,要明确所面临的社会课题以及解决该课题的重要性。随后还要明示投资的目的是解决该课题。

(2) 达成目标

在完成投资目的的目标方面,设定一个 KPI (Key Performance Indicator) 指标,用来表示效果、影响等基础设施投资的意图。根据这一指标,可以定量或在一定情况下定性地分析该种效果和影响是如何体现并如何为解决作为投资目的的课题做出贡献的。KPI 通过指标和目标值的组合来表示。比如,"因为缓解了交通拥堵,××区间的通行时间缩短了××min""××年根据降雨概率安全进行了泄洪工作""向××地区的所有居民稳定供给安全饮用水"等。

KPI 可以用来向利益攸关者保证达成该基础设施项目投资规划的目标,在投入公共资金的情况下,还可以作为证明该规划妥当性的一个依据。因此,在基础设施投资的规划(Plan)、实施(Do)、效果验证(Check)、改善(Action)这一统称为 PDCA 的管理周期当中,自始至终都会测量并使用 KPI 指标。

(3) 外部条件

在此,梳理一下该基础设施项目面临的外部条件。在下面的(4)中,这是明确该基础设施项目的性能要求(也就是服务供给、安全保障、环境保护、景观和历史文化)所需的准备工作。

①工程环境。

为了明确和服务供给相关的性能要求,需要梳理相关地区的人口、产业、土地使用和布局规制的状况。此外,作为相关基础设施项目,还需要整理与该基础设施项目构成网络的其他基础设施项目、处于相互补充或竞争关系的已有或规划中的基础设施项目的现状信息,以及对未来情况的预测。

②安全保障。

对于与安全性相关的性能,有这样几个角度,例如基础设施构造上的安全性(包含长期使用后的年久退化)、使用情况下的安全性、设想大规模自然灾害的防灾。

为了预防这些,需要梳理自然环境(地势地形的现状以及变迁、地质、气象、海洋的自然现象)、所预测的大规模自然灾害(地震、海啸、火山爆发、风灾水灾、山崩)、基于使用者的负担以及其他会对安全性带来影响的因素。此外,关于平时的使用安全性,根据基础设施种类和特性的不同,多利用法律制度和指导方针制定一定的规则。因此,除去会对平时的使用安全造成影响的特别条件(地形、气象等)之外,一般没有必要在规划的每个阶段都进行个别的探讨。

并且,对于基础设施本身在发生灾害时给使用者带来的直接或间接影响的可能性,以及在周边地区中为防灾做出贡献的可能性,需要提前有所把握。例如在东日本大地震当中,仙台市东部道路的填土区间在阻止海啸侵蚀内陆地区的同时,也发挥了作为避难场所躲避海啸的作用,拯救了许多宝贵的生命。这虽不是高速公路所要求的应有的功能,但是在技术层面上,配备这样附加的功能是完全可以做到的。在地区居民对此有所期望的情况下,还是值得对该种附加功能进行探讨的。

③环境保护。

为了明确和环境保护有关的功能,除②当中所展示的自然环境外,还需要对相关地区的大气、水质、土壤、地下水位、植被和生态系统的现状等进行梳理。

④景观和历史文化。

在与景观、历史文化相关的功能方面,通过基础设施建设,追求在不破坏风景等地域共同价值的基础上恰当维持原状,并使建设后的基础设施样貌符合该地的风土人情从而得到接受。为了做到这些,就需要理清该地区人与人之间的联系,探究该地区的人们从过去一直努力守护的共同价值以及其经过。在决定投资前的阶段,深入目标地区进行实地考察有诸多困难,所以主要是通过文献调查来进行的。

此外,还有必要考虑保护埋葬在地下的文化遗产。因此,需要提前掌握基础设施建设地区是否存在文化遗产保护法上所规定的埋藏在地下的文化遗产,该地区是不是属于"众所周知的地下文化遗产埋葬地(全国约46万处)"。对此问题,需要咨询市町村教育委员会来了解相关情况。

(4) 功能要求

基于(3)中明确的外部条件,与服务供给相关的功能、安全性方面的功能、关于环境保护的功能、对于景观和历史文化的考虑等都是该基础设施项目所要求的功能。

(5) 规划内容

为了满足(4)中要求的功能,需要在某种程度上预测具体的规模、配置、手段以及施工方法,并在此基础上明确大致的5W1H(干什么、谁来干、何时干、何处干、为何干、如何干)。也就是说,要制定大概的设施设备规划以及建设规划。还要设定包含预计投入使用年份以及中期目标日期(milestone,里程碑)在内的整体的大概日程。这里所制定的大致规划,会成为决定实施投资后进行正式详细探讨的基础。

此外,还需要设定投入使用后的服务提供期限(使用年限),明确大致的保养管理规划和运营组织规划,以期在投入使用期间该基础设施项目能够满足所需的功能要求并持续发挥作用。

(6) 投资额

基于(5)的计划内容,设定不同年份的大致原始成本(设计、建设)与未来的运营成本(运营、保养管理)。通过总合这里所设定的每一年的费用,就能够制定大致的投资总额。并且,在决定实施投资之后,每一年的费用也会成为探讨正式详细费用的基础。

(7) 资金调配方法

即预想如何筹集在(6)中设定的投资额。对于完全公共型主体,需要从国家和地方公共团体这些工程主体的税收当中支出,或发行政府债券,或者接收来自其他机关的补助或分摊费用,同时需要明示如何对这些资金进行整合和调配。也要探讨根据来自民营企业的资金筹集而实施的 PFI 是否具有适用性。此外,还需要研究国家、都道府县、市町村、使用者等各自的分摊比例是否妥当❶。

对于民营企业型主体,需要具体探讨如何将工程主体的自由资本、来自市区金融机构和政府方面金融机构的借款、发行的公司债券、来自行政的补助和分摊费用、利息补助金等进行组合调配。在此之际,必须仔细研究来自不同放款方的借款金额、借款时限、利息、还款方法等借贷条件(对于公司债券则是发行条件)是否妥当、是否能够还款。在以工程主体的信用和所拥有的资产作为合作资金的情况下,资金筹集若遇到困难,就需要研究以该基础设施投资所产生的资金流动为担保的项目资金筹集方法。

(8) 项目评价

明确按照上述规划所进行投资时所得到的效果和影响。并且,还要记述作为大前提的"地区居民同意情况和法律手续状况(项目的可行性)""高级规划以及与其他项目之间的关联(项目的成立性)""技术层面的难易程度等工程的实施环境"。之后,明确基于内容的项目评价。

对于项目评价有以下三个方面。一是以项目主体的收入和支出进行的评价(财务评价),二是在一定假设条件下,以靠货币价值测算出的计量效果进行的评价(经济评价),三是对用现有的效益评价技术难以通过货币价值来测算的非计量效果和工程实施环境进行的评价(综合评价)(图4-2)。图4-3是评价对象的概念图。

财务评价和经济评价会在第 3 节中予以详述,综合评价会在第 4 节中予以详述。

---

❶ 在基础设施建设工程中,根据受益人负担原则,一般会提前确定相关主体间的费用负担比例。

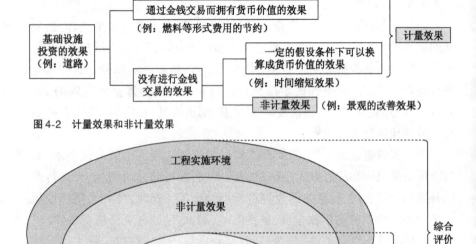

图4-2 计量效果和非计量效果

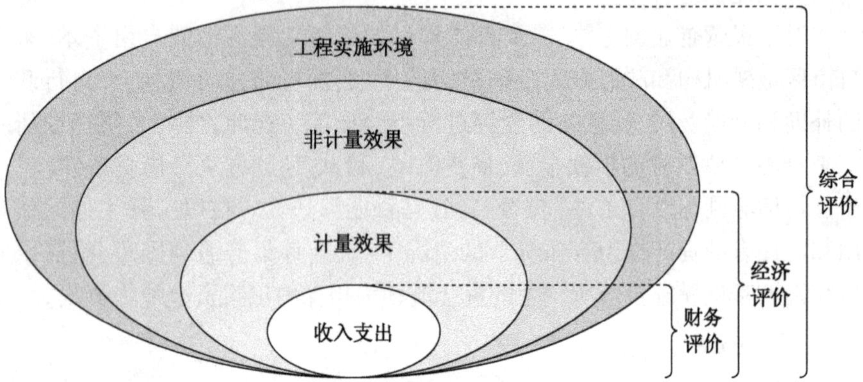

图4-3 以财务评价、经济评价和综合评价为对象的效果

(9) 注意事项

在立足于工程实施环境的基础上,还应特别明示为征得地区居民同意需要探讨的注意事项。具体来说,要预想工程实施上的利益攸关者会如何拒绝投资该基础设施,并在此基础上列举出对环境、景观和历史文化带来的影响的对策,造福该地区的方法,与地区居民达成共识的方法等。该问题会在第5节进行详细说明。

(10) 其他

关于上述的投资规划,为了谋求顺利地达成共识以及进行决策,还需要与两种替代方案对比评估后的结果,分别是技术性的替代方案,以及站在各利益攸关者的立场上考虑出的最适宜的替代方案。关于替代方案评估,会在第3节中详细说明。

第3节
财务评价与经济评价

为了做出与基础设施投资相关的恰当的判断和决策,在项目评价当中有以计量效果(tangible effect)为对象的财务评价和经济评价,以下将对这两种评价的要点进行整理。

1) 基本思路

(1) 基础设施投资的效果体系和公私双方的着眼点

在基础设施投资的项目评价方面,通常对投资判断造成最大影响的是和投资效果相关的部分。投资效果的内容根据基础设施的种类、建设对象地区的特性、工程主体的存在方式等的不同而千差万别,即便如此,人们也进行了多种多样的分类和体系化尝试。在本书当中,我们重视基础设施的工程主体的多样性(主要是从官方到民营的展开),首先会按照图4-4所示的大致框架进行说明。

①工程效果和设施效果。

基础设施投资的效果主要分成两类:一类是投资等建设活动所带来的经济影响,即工程效果;另一类是投入使用的设施在运行后所带来的设施效果。工程效果是对从各种活动中不断派生出的经济活动连锁的总称,例如为了建造桥梁而购入器材,为了进行建设作业而雇佣工人并付给其酬劳,也被称为流动(flow)效果或者经济波及效果。对于工程效果,即便基础设施没有完成,只要产生金钱的变动,其效果就会立即显现出来❶。相反,当该基础设施完工以后,金钱的变动就会消失或者变小,该效果也会相应地急速缩小。

---

❶ 由于这种立即生效性,也会以行情回升为目标,出于政治性的考虑来建设公共工程。1929年美国经济大危机之际,按照英国经济学家约翰·梅纳德·凯恩斯的理论,采取新政政策,进行了大规模的公共项目建设(财政政策),以此来改善经济状况,应对经济恐慌。日本在经济振兴政策方面,从1932年到1934年在各地大兴土木工程,被称作"时局救国工程"。这种为了刺激经济增长而实施的财政政策被称为凯恩斯政策(中文称凯恩斯主义)。

设施效果是基础设施在运行之后产生的效果,也被称为储存(stock)效果。其大致分为内部效果和外部效果。

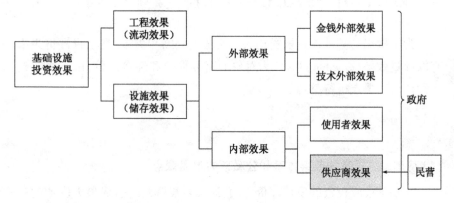

图4-4 基础设施投资效果的分类和公私双方的着眼点

②内部效果和外部效果。

内部效果指的是在以该基础设施投资的对象为服务市场的内部所展现出来的效果。比如在铁路新线路的投资方面,在交通服务市场中,铁路会给使用者带来缩短出行时间的使用者效果,给提供铁路服务的主体也会带来收益等供应商效果。

外部效果指的是作为投资对象的服务市场的外部产生的效果。比如,在因为高速公路出入口的建设而使得到达各地的通达性提高的地区,随着地区优势性的提高,地价同时也会上涨(住宅、不动产市场)。

外部效果分为通过市场机构传播的金钱外部效果和技术外部效果。金钱外部效果的典型案例是伴随着新火车站的建设与产生开发效益,火车站周边的土地价格也开始上升。开发效益被认为是铁路使用者享受的消费者剩余(相当于从移动便利性的评价额当中减去所承担的运费之后的利润)反映在土地市场中的产物。技术外部效果包括环境改善方面的效果,例如得益于新铁路的建成使用,人们会逐渐从汽车转换到铁路,从而使已有公路上的噪声和振动以及大气污染(NO_x等)减少。另一方面,新铁路沿线则会产生噪声和振动等的负面效果。此外,也包含高架桥所带来的阳光遮蔽问题。但是,关于这种负面的技术外部效果,工程主体会通过经济方式进行补偿,外部效果也会内部化,作为负面供应商效果列入其中。

③公私双方着眼点的不同。

如图4-4那样,将基础设施投资的效果进行分类的好处在于,使我们更容易理解关于投资规划评价的工程主体的不同着眼点。

对于民营工程,即便在供应商效果当中,占主体地位的还是金钱交易的收入和支出的财务评价。并且,私营铁路和所属集团企业在各个火车站开展商业设施建设等,积极地致力于发挥相关工程和已有工程的效果和影响,这样的对策可以说是把外部效果在企业集团内部化的方式。在包含相关工程和已有工程在内的众多工程群体的财务评价方面,通过将作为评价对象的工程范围扩大到企业集团全体的众多工程群当中,就将外部效果的一部分作为内部效果(供应商效果)计算在内了。

对于公共项目,主要是基于社会福利增加的评价。也就是说,要着眼于能够考虑到的广泛的效果和影响,进行以计量效果为中心的财务评价(征收费用的情况)和经济评价,以及包含非计量效果和工程实施环境的综合评价。

(2) 评价原则

基础设施投资不管以完全公共型、民营企业型、公私混合型当中的哪一种形式进行,对于投资规划的评价,以下的事项都是共通的原则。

①With-Without 比较。

基础设施投资评价不是基础设施实施投资的前后比较(Before-After 比较),必须按照有无比较(With-Without 比较)来进行。

比如,若新的汽车辅助道路得到建设,未来交通拥堵状况就可以得到改善,高峰时段该区间所需要的通行时间也会相应缩短。但是,若不实施道路投资,那么未来交通拥堵状况会更加恶化,高峰时段的通行时间也会延长,高峰时段会更长。关于此种道路投资,通过运用 Before-After 比较法评价现状和改善后的高峰状况,的确可以看到对交通拥堵状况有所改善的评价,但是其中并没有对未实施道路投资的情况下交通拥堵的恶化进行评价。也就是所谓的评价过低。要想进行适当的评价,就必须对未来各个时间节点上投资道路后拥堵得到改善的状况(With)和未投资道路的情况下拥堵更加严重的状况(Without)进行比较评价。当然,关于费用也必须进行 With-Without 比较评价。

②货币价值的评价。

基础设施投资的效果和影响,会以收取手续费的方式进行金钱交易,但其并不仅仅只明确金钱方面的数额。然而,在想要评价基础设施投资的经济效率性的情况下,就必须用以金钱来表示的金额和通用的尺度来对效果和影响进行比较评价。因此,货币价值作为一个通用的尺度得到了应用。换言之,要想明了基础设施投资的效果和影响用货币价值来表示相当于多少数额,就要在一定的假定条件下将其作为效益进行测算和评价。

③折现值评价。

由于基础设施项目投资的收入和支出在长期范围内会随着时间发生变化,因此在进行财务评价和经济评价时,需要设定一个基准时间节点(多作为评价时间节点),之后将每年度的收支和效益情况等换算成基准时间节点的价值。

民营企业作为工程主体进行基础设施项目投资时,工程主体一般会利用来自金融机构的贷款和通过股票市场筹集的资金,并通过工程项目来获得收入。筹集到的资金,直到还清贷款前都会耗费资金筹集成本(利息和所需股息等)。举例来说,资金筹集成本或者年利息 $r=5\%$ 的话,对于当年所筹集的 $x=100$ 万日元来说,就只会产生 $x=100$ 万日元的还款义务,而来年就会产生 $x(1+r)=105$ 万日元的还款义务。这就意味着现在的 $x=100$ 万日元在一年后拥有了 $x(1+r)=105$ 万日元的价值。反过来讲,一年后的 $x=100$ 万日元只相当于现在的 $x/(1+r)=100/1.05$ 万日元 ≈ 95 万日元的价值。也就是说,比起未来的资金,现在的资金具有更大的价值,这称为"时间偏好"。

这样就能够通过 $1/(1+r)$ 的折现方法来计算一年后的资金在现阶段的价值。以此类推,n 年后的资金在现阶段的价值就可以基于复利计算,以 $1/(1+r)^n$ 的折现来进行评价。资金筹集成本 r 称为折现率(discount rate),$1/(1+r)$ 称为折现参数(discount factor)。此外,未来时段的资金通过折现率得出的现阶段的价值叫作"折现值(present value)",换算成折现值的操作叫作折现值化。

折现率就是资金筹集成本 r。因为工程主体会通过各种各样的手段来筹集资金,所以对于该工程主体来说,折现率有必要作为平均的资金筹集成本。因此,需要把各种借款和资本金在筹集资金中所占的比例 ω_i(i 为资金调配手段)作为权重,对利率和股东要求的收益率 r_i 进行加权平均得到加权平均资本成本 WACC(Weighted Average Cost of Capital),作为折现率 r 来使用,如公式所示。

$$r = \text{WACC} = \sum_{i=1}^{n} \omega_i r_i \ (n\text{ 为资金调配手段})$$

与支出相同,将效果和影响作为货币价值来评估的效益也需要进行折现。将时间喜好的概念导入效益评估中有很多理由,其中最容易理解的一种理由是,没有一个人可以很肯定地说自己在将来时段(即便是一个月后或者一年后)处于确切的生存状态。因此,有可能无法享受将来时段所产生的效益。因此,比起在将来时段不确定是否可以享受的效益来说,现阶段能够确实享受到的效益具有更大的价值。

这里的问题是折现时所使用的折现率的确定方法。工程主体通过与使用者及其他相关主体进行直接的金钱交易来产生收入和支出,与此种方式不同的是,受益者多种多样,而且其效益不一定通过金钱交易而产生。因此,不能再使用利用以 WACC 的思考方式所算出的折现率。需要使用反映社会的时间喜好的社会折现率(social discount rate),而不是反映某个人或企业的时间喜好的折现率。

对于社会折现率的理论设定方法有诸多解释,但对于实际的业务来说,一般将市场利率(社会机会费用率),也就是在不承担风险的情况下所得到的利率(risk-free rate)作为社会折现率来使用。可以大致将其看作投资长期国债所能得到的利率。因此,日本的社会折现率(社会机会费用率)以 10 年国债的实质收益率(risk-free rate)作为参考而设定。

社会折现率设定过大的话,未来的效益就会被过低评估,从而导致本来应该实施的基础设施投资可能无法实施。相反,如果社会折现率设定过小的话,未来的效益就会被过大估计,从而导致本来不应该实施的基础设施投资被实施。近年来,10 年国债的实施收益率处于持续走低的状态,由原运输省(1999 年)❶正式设定的 4% 的社会折现率,在严峻的财政状况下,即便在 2017 年仍旧继续使用。

并且,关于二氧化碳的排放削减效果等与环境质量相关的效果方面,有一种意见认为,为了能够产生长期持续的效果,在效益的评估方面所适用的社会折现率应当设置为较小的值。

此外,对于工程主体来说的支出和社会费用即便在名目基准上是同等金额,但是因为财务评价和经济评价所适用的折现率各不相同,所以必须留意在当下价值基准方面会形成不同的金额。

④重复计算的排除。

基础设施投资除了产生预期的效果和影响外,也会产生对周边环境和地球环境的次要效果和影响(技术外部效果),以及由于直接效果而引发的影响产品和服务市场供需变化的各种间接效果和影响(金钱外部效果)。金钱外部效果也会进一步通过其他市场产生连锁性的其他形式的外部效果。

效益评估分成两种:一种是着眼于效果和影响的发生源而进行的关于发生基准的评估,另一种是着眼于效果和影响的归结点而进行的关于归结基准的评估。在如今的评估技术下,通过发生基准来进行的效益测算较多。这是因为多数情况下,通过发生基准能够更容易地进行效益测算。

---

❶ 运输省(关于运输相关社会资本建设项目的成本效益分析方针,1999 年)。

处于效果和影响分析链中的金钱外部效果,包含直接效果以及之前的一部分或者全部处于分析链中的金钱外部效果。因此通过合算直接效果和处于分析链中的金钱外部效果来评估效益的话,效果和影响就会被重复计算(double count),从而产生过大评估的风险。因此,在评估效益之际,为了排除重复计算,不能将直接效果和金钱外部效果进行合算。并且,因为将直接效果和技术外部效果进行合算不会造成双重计算,所以通过合算两者的方式来评估效益。

比如,农产品的生产地和远方的消费地因为高速公路连通,消费地的农产品价格下跌,消费者就能够以比较便宜的价格购买到农产品。接下来让我们着眼于运输费用,分析一下该效果从发生到归结的过程。

由于高速公路的建设,农产品从生产地运输到消费地所需的时间缩短了。因此,驾驶员的劳务费也会减少(时间短缩效益)。此外,实际的运输距离缩短,行驶速度提高,燃烧消耗率得到改善,节约了燃料费用(行驶费用削减效益)。这些都是发生基准方面的效益,降低了运输公司的运输价格。运输公司的运输价格降低的一部分或者全部,在消费地零售店的进货成本上有所体现,并且因为其中的一部分或者全部反映在农产品的零售价格中,所以消费地的消费者的购买价格就会降低。也就是说,基于高速公路的建设所产生的一部分或者全部的发生基准方面的效益(时间短缩效益和行驶费用削减效益),经过运输公司的运输价格、零售店的进货成本以及零售价格的下降,最终反映在了该消费地降低的消费者农产品购买价格这一归结基准方面的效益上。因此,将发生基准方面的效益和处于分析链上的效益或者归结基准方面的效益进行合算的话,效益就会被重复计算。

并且,基于项目特性的不同,也会使用归结基准来评估效益。比如会带来多种多样内部效果和外部效果的土地区划整理工程以及市区再开发工程等。因此,基于基础设施投资的效益会在一定条件下全部归结于地价上升这一假说(资本化假说),会用到从宅基地价格的变化当中评估效益的hedonic模型法(价格法和效用评估法)。在国土交通省的成本效益分析手册中,此类项目的效益均基于hedonic模型法用归结基准进行评估。

⑤评估对象期限。

基础设施并不是一旦建成就能永久持续发挥作用。即便根据规划进行恰当的维护管理,基础设施也会因为受到物理的、化学的外力作用而劣化,因此基础设施有一个能够耐受物理使用的年限(物理使用年限)。投资规划是在投资实施前所进行的,评估对象期限需要在工程实施期(建设期)之上考虑使用年限而制定。具体来说,在建设工期的基础上,各类基础设施项目的评估期限为:道路工程增加 40 年,河川堤坝工程增加 50 年,港湾工程以及机场建设工程增加 50 年,铁路工程增加 30 年或者 50 年❶。

⑥全生命周期成本。

在投资规划的评估方面所需要预想到的费用不仅仅是初期投资,还有包含整个评估对象期限的运营维护、大规模修缮或者清除等费用在内的全生命周期成本(LCC,Life Cycle Cost)。

2)需求预测

预测基础设施使用者数量是财务评价和经济评价的出发点。对于地区独占性的基础设施(电力、天然气、上下水道)项目,多数情况下能够以其影响范围的人口测算值为基础来预测使用者数量。但是,在大型交通项目等方面,使用者数量不仅仅是该大型交通设施所连接的地区间有移动需求的数量,同时受所需时间、收费水平和其他的有竞争关系的交通设施的影响而发生较大变化。因此,为了把握使用者数量,就需要使用复杂模型进行需求预测。

在对预测评估对象期限内各个年度进行需求预测时,有必要把对使用者数量产生影响的人口和 GDP 增长率作为外部变量进行设定。此外,对

---

❶ 在《铁路项目评估方法手册》中,对于评估对象期间(计算期间)使用 30 年和 50 年两种年限的理由如下所述。虽然计算期间应该考虑使用年限后来决定,但是本手册当中将计算期间设定为 30 年和 50 年的理由为:①在铁路建设工程的财务分析方面,习惯将 30 年用作计算期间;②近年来,技术层面的耐久性提高,使用年限逐渐增长,使用寿命为 50 年的设施构成要素多了起来;③关于 31 年以上 50 年以下的计算期间,通过插入 30 年和 50 年的结果,在某种程度上能够对评估结果进行推测。不管从哪一点来看,在考虑工程使用寿命的基础上,都应当设定为 30 年和 50 年。如此,在基础设施的技术革新不断前进的过程中,即便关于计算期间也要根据实际情况进行不断思考和尝试。

第4章 基础设施规划与决策

于收费基础设施项目,因为使用人数会因费用设定的不同而发生变化(需求价格弹性),所以需要同时进行费用设定和需求预测。

(1) 未来情景的设定

为了预测基础设施的使用者数量,需要根据必要的参数(未来人口等外部产生的变量)来设定评估对象期间的未来情景。这种变量可以是地区的人口和经济增长率(GDP增长率)等。关于利用何种变量来设定未来情景,会因基础设施的种类不同而有所差异。

比如,在大型交通项目的需求预测当中,对于实际业务一般使用"四阶段预测法"(图4-5)。这种方法首先把全国范围内的所有交通方式所产生的交通量(出行次数)进行年度合计得到生成交通量,在此基础上,按顺序分别计算出发和到达地产生的交通量(发生与吸引交通量)、出发地和到达

预备阶段:将预测对象区域划分为若干小区(zone)
第1阶段:预测小区的发生与吸引交通量
第2阶段:预测小区间的分布交通量
第3阶段:预测小区间的交通方式分担量
第4阶段:预测小区间的各径路的交通量分配

图4-5 四阶段预测法
图片来源:(公财)铁道技术综合研究所《铁路需求预测》,2010年

地之间的交通量[分布交通量(OD 交通量)]、不同交通方式的交通量(交通方式划分)以及不同线路的交通量,以此方法预测该交通项目的使用者数量。作为需求预测最基础的生成交通量,通常使用以总人口和经济增长率为说明变量的回归方程进行预测。因此,在预测生成交通量时,有必要在整个评估对象期间设定总人口及经济增长率的未来愿景。总人口指标采用未来50年左右的测算值❶,通常利用国立社会保障和人口问题研究所对外发布的《日本未来人口测算》结果(出生中位与死亡中位),而经济增长率多数使用日本政府发布的《关于中长期财政经济的估算》结果。

在预测电力、煤气和上下水道的使用者数时,需要根据服务供给区域内的人口、家庭数、从业人员数量等来设定未来情景。由于服务供给区域和行政区域并不一致,所以为了设定人口和家庭数量的未来情景,必须进行独自的群组研究(cohort study)。即基于同一年龄段的人口社会和自然增减状况,对区域内的人口进行测算。从业人员数量的未来愿景则需要基于未来产业动向的预测进行设定。

(2) 收费标准的设定

对于收费项目,使用人数会根据收费标准发生较大变动。在预测使用人数时,如何设定收费标准非常重要。但是,如第3章中所提到的,由于许多基础设施项目是收费规制对象,所以实际上难以设定实现工程主体收益最大化的收费标准。因此,收费标准应当采用基于规制的费用设定方式,或者参考已有同类基础设施项目的收费标准。

(3) 使用人数、受益人数的推定

使用人数和受益人数的推定方法,需要根据基础设施的特性进行分别制定。

---

❶ 作为测算参考,其后50年的数据也已发表(合计100年)。

例如,大型交通设施使用人数的预测,在实际业务中会根据上述的四阶段推定法来进行。在设定适当的收费标准的基础上,需要与其他交通设施和线路同时进行需求预测。对电力、煤气、上下水道等项目,通常根据不同用途(生活用、业务用、工厂用等)使用量的历史数据来设定单位使用量(每人每天的使用量等),之后将此单位使用量应用于服务供给区域内的人口、家庭数、从业人数、产业动向等未来情景,从而预测未来使用量。

3)财务评价

如上所述,民营企业的投资规划主要是根据投资收益性来进行评价,而投资收益性是基于每一年度的费用和收入来进行计算的。

收入可以通过需求预测得出的收费标准和使用人数来计算。利用折现率(WACC)对每一年度的收入进行折现,通过整个评价对象期间的合算,进而计算总收入的折现值。

此外,评价对象期间会产生初期投资以及维护管理费用和大规模修缮⋯⋯费用也利用折现率将其折现,通过整个评价对象期间的合算,进⋯⋯的折现值。

⋯⋯现后的总收入和总费用,进行基于财务分析的投资收益性

⋯⋯(含预算)的年份设为第一年,工程主体的折现率(WACC)⋯⋯基础设施项目在计算年限(共 T 年)的第 t 年($1 \leq t \leq T$)所产生⋯⋯R_t以及费用 C_t 进行折现,分别计算总收入和总费用的折现值。

⋯⋯总收入的折现值 $R = \sum_{t=1}^{T} \dfrac{R_t}{(1+r)^{t-1}}$,总费用的折现值 $C = \sum_{t=1}^{T} \dfrac{C_t}{(1+r)^{t-1}}$

净现值(NPV,Net Present Value)作为总收入的现值和总支出的现值的差,由以下公式进行计算。此处的折现率即工程主体的 WACC。

表4-2 现值以及财务内部收益率的算例（折现率 $r=5\%$）

年度	第1年	第2年	第3年	第4年	第5年	…	第28年	第29年	第30年		合计
年度收入 R_t	0	0	30	40	50	…	50	50	50	总收入 $R=$	1370
年度支出 C_t	150	100	2	2	2	…	2	2	10	总支出 $C=$	330
年度收支 $R_t - C_t$	-150	-100	28	38	48	…	48	48	40	全体收支 $R-C=$	1040
年度收入 R_t 之PV	0.0	0.0	27.2	34.6	41.1	…	13.4	12.8	12.1	总收入 R 之PV=	682.66
年度支出 C_t 之PV	150.0	95.2	1.8	1.7	1.6	…	0.5	0.5	2.4	总支出 C 之PV=	283.88
年度收支 $(R_t - C_t)$ 之PV	-150	-95.2	25.4	32.8	39.5	…	12.9	12.2	9.7	NPV=	398.8
										FIRR	10.1%

注：PV 指现值（Present Value）。

$$NPV = R - C = \sum_{t=1}^{T} \frac{R_t}{(1+r)^{t-1}} - \sum_{t=1}^{T} \frac{C_t}{(1+r)^{t-1}} = \sum_{t=1}^{T} \frac{R_t - C_t}{(1+r)^{t-1}}$$

此外，折现率不是 WACC，而是如下公式所示，当总收入的现值与总费用的现值相等时，即净现值为 0 时算出的折现率 r' 是财务内部收[益率]（FIRR，Financial Internal Rate of Return）。

$$\sum_{t=1}^{T} \frac{R_t}{(1+r')^{t-1}} = \sum_{t=1}^{T} \frac{C_t}{(1+r')^{t-1}}$$

纯现值以及财务内部收益率的算例见表4-2。虽然[没有]解析公式，但 Microsoke Excel 和具有高级函数功能的计算[器都有内]部收益率的函数，所以计算内部收益率并不困难。此外，[⋯]时，不能仅仅考虑该基础设施项目本身，还要整体考虑同时[建设的项]目（商业、住宅等）联合体，以及既有相关工程的影响在内的财务[⋯]。

（2）投资判断基准

为了使该基础设施项目投资从财务角度得以通过，必须满足表4-3[所]示的与净现值和财务内部收益率相关的投资判断基准。此外，这两个基准具有一个满足则另一个也会满足的等价关系。

表4-3 与财务效率性(财务分析)相关的投资判断基准

指标	计算方法	投资判断标准(阈值)
净现值(NPV) (NPV = 收入的现值 – 费用的现值)	自由资金流动(free cash flow)的现值	净现值为正(NPV > 0)
财务内部收益率 (FIRR)	收入的现值与费用的现值相等时的折现率	财务内部收益率大于折现率(FIRR > WACC)

并且,在民间工程的情况下,因为财务内部收益率FIRR的大小与工程规模无关,与资金筹集成本WACC相比较为简单,所以格外受到重视。关于FIRR,有些企业会设定难度等级,作为衡量适合本公司投资收益率的水准。在本书执笔时,在设定难度等级时,有些企业参考WACC设定为5%,有些企业从事收益性较高的工程项目而设定为7%~8%,外资企业会达到10%甚至12%。

由于未来收入和费用的预测伴随着很多不确定性,所以有必要根据下述的敏感性分析法来确认财务分析结果的稳健性。

(3)敏感性分析和假设等的记录

在制定基础设施投资规划时,对于规划阶段暂不明确的各种事项,会基于各种假定和预想设定数值。比如规定所需性能的外部条件、日程、费用、手续费和使用者人数。当然,这个设定值是基于一定的考虑和依据而设定的最确切的数值。但是,由于必然存在的不确定性,常常会产生与现实情况不同的数值。

因此,针对对投资收益性影响较大的设定值,需要把握该值变化时投资收益性的相应变化,并确认评价结果的稳健性。这叫作"敏感性分析"。敏感性分析的结果会成为投资决策的一个判断资料。

敏感性分析有两种方法:一种是对影响投资收益性较大的某个设定值进行变化,另一种是对主要设定值同时进行变化,见表4-4。在实际业务中,敏感性分析一般是对该基础设施项目的使用者数量和收费标准进行

±10%的浮动,然后分析在此情境下投资收益性和经济效率性的变化程度。此外,通过变化上述设定值以确定盈亏点的盈亏分析也常常使用。

基于这样的假定和设想的设定值,以及在进行敏感性分析时各设定值的变化比例和变化值,要与相应背景下的思考方式和依据等一起做好记录。这些记录,在以后的阶段当中,会在当初的投资规划产生差异的情况下,作为一个有益的资料用以进行原因分析。并且,未来在探讨类似的基础设施项目投资之际,这些记录还可以作为设定各种设想和数值的参考资料。

表4-4　敏感性分析方法

方　法	概　　要	输　出
单变量分析	在主要设定值中,只变化一个变量(比如仅初期投资额、仅供用年份、仅费用)的比例或者取值,评价其对于分析结果的影响的方法	某个设定值在发生变化时的分析结果所能得到的值的范围(该设定值的变化给分析结果带来的影响)
上下限分析	在变动全部设定值的情况下,设定分析结果的最好情况(上限情景)和最坏情况(下限情景),把握分析结果的变化幅度的方法	主要的全部设定值发生变化时的分析结果的变化范围

注:基于国土交通省《关于公共工程项目评估的成本效益分析的技术指南(通用篇)》,2009年6月制作。

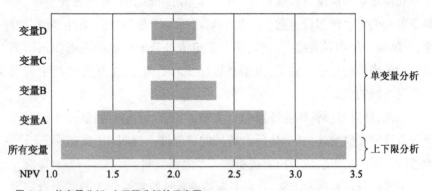

图4-6　单变量分析、上下限分析的示意图
注:基于国土交通省《关于公共工程项目评估的成本效益分析的技术指南(通用篇)》,2009年6月制作。

(4) 替代方案比较

在讨论投资规划的过程中,会对满足所需性能的各种各样的替代方案进行比较。既有选址、规模、配置、构造、工法等物理替代方案,也有考虑不确定需求的分阶段投资建设过程的替代方案。针对决策者和利益攸关者所设定的替代方案,认真讨论以顺利达成共识非常重要。此外,利益攸关者既包括具有最终决策权的利益攸关者,也包含工程实施方面的利益攸关者(特别是可能会持反对意见的相关主体)。

但是,在有限的资源(预算、人员、时间)中,将所有的替代方案均作为投资规划方案进行研讨不仅困难,而且缺乏效率。因此,在起草投资规划的过程中只是对替代方案进行简要的比选,排除明显逊色的草案。在此基础上,针对保留方案,在保持与其他方案差异的同时,强化优势,补足劣势,通过深入探讨,逐步更新方案。

在比较替代方案时,针对更新后的各个方案,还要从解决问题的有效性、技术难易程度、成本、当地居民的可接受性等多个视角进行定性评价,明确各个方案的优势和劣势。最后,将最优方案作为首选方案,制定详细的投资规划。

替代方案比选的意义在于,通过对不同方案进行比较,明确首选方案的依据,提高决策透明性,并把首选方案中劣于其他替代方案的事项作为今后讨论的重点课题。

(5) 探讨补助金等的确保可能性

仅仅因为不满足财务分析的投资判断基准这一理由就废弃基础设施投资方案,这种做法不一定妥当。基于后面将要提到的经济分析,如果该基础设施工程在社会经济方面的重要意义能够被认同的话,就有可能确保来自中央和地方政府的补助、享受税制优惠,或者确保能从政策金融机构得到低息融资。

如果能够得到补助,就可以节约工程主体的支出。如果能够确保低息融资,就可以减少基础设施项目的筹资费用(WACC),用于财务分析的贴现率也因此而降低。这些因素都可以增加净现值(NPV),降低作为财务内部收益率(FIRR)的投资判断标准的阈值(WACC),使得该基础设施项目的投资规划方案能够满足财务分析的投资判断。

当然,补助和低息融资的利息补给虽然会成为公共负担,但是这种费用负担比例的变化对经济结果的分析是没有影响的。在进行经济分析时,只要基础设施投资能够得到社会经济的认同与肯定,通过补助和低息融资的投入所产生的费用负担比例的变化,可以改善工程主体的财务分析的结果。

4) 经济评价

(1) 工程效果(流动效果)的评价

工程效果(流动效果)可以应用投入产出表进行计算。为了便于理解,以下通过一个最简化的投入产出表来说明其计算方法。

投入产出表,是用表格的形式来表示国家或某一地区的产业部门间交易额的一种方式。表4-5(交易基本表)、表4-6(投入系数表)是将假设地区的建筑业和其他产业这两部门之间的交易额整理后得到的最简化的投入产出表的案例。交易基本表的产业部门这一列,是投入到各产业部门的商品、服务生产当中的中间投入(原材料等)所需要的各产业部门的费用(费用构成)。以建筑业为例,每建设 250 亿日元的建筑物(比如建设 10km 的高速公路),建筑业本身就包含 100 亿日元,因购入器材投入到其他产业中 50 亿日元,除此以外,还有 100 亿日元的粗附加价值(雇佣者所得及营业剩余等)。表中的行表示各产业部门的不同产业所生产的商品、服务的销售额(销路构成)。比如,250 亿日元的建筑物,会销售给建筑业 100 亿日元,作为中间需求销售给其他产业 100 亿日元,作为最终需求销售 50 亿日元。投入系数表由投入系数组成,该系数是指各产业部门的投入额与该部门

表 4-5 交易基本表(单位:亿日元)

		中间需求		最终需求 F	生产额 X
		建筑业	其他产业		
中间投入	建筑业	100	100	50	250
	其他产业	50	150	300	500
粗附加价值		100	250		
生产额		250	500		

表 4-6 投入系数表

		中间需求 A	
		建筑业	其他产业
中间投入	建筑业	100	$0.2\left(=\dfrac{100}{500}\right)$
	其他产业	$0.2\left(=\dfrac{50}{250}\right)$	$0.3\left(=\dfrac{150}{500}\right)$
粗附加价值		$0.4\left(=\dfrac{100}{250}\right)$	$0.5\left(=\dfrac{250}{500}\right)$
生产额		$1.0\left(=\dfrac{250}{250}\right)$	$1.0\left(=\dfrac{500}{500}\right)$

的生产额之比,表示某产业部门进行一个单位的生产需要投入的费用。例如,建设 1 个单位的建筑物,投入建筑业和其他产业的费用分别为 0.4 个单位和 0.2 个单位。

接下来,假设在建筑业中产生 1 个单位的新的最终需求(新需求),让我们通过生产所必需的商品、服务的需求,来考虑一下各产业部门能有多大程度的生产。例如,在建筑业新产生 1 个单位的建筑物的情况下,建筑业的生产本身也会增加 1 个单位(直接效果)。如果基于该投资系数表,作为中间投入,会导致建筑业的产出增加 0.4 个单位,其他产业增加 0.2 个单位(第一次间接波及效果)。紧接着,因为建筑业和其他产业分别增加了 0.4 个和 0.2 个单位的产出,两者会有继续增加的必要(第二次间接波及效果)。如表 4-7 所示,通过投入系数计算各产业部门的连锁波及效果,并以表格形式进行表示的被称为逆矩阵系数表。

表 4-7 逆矩阵系数表

	建筑业	其他产业
建筑业	1.842	0.526
其他产业	0.526	1.579
列之和	2.368	2.105

下面会对为什么该表被称为逆矩阵系数表进行说明。现在,把表4-6中的与建筑业和其他产业的中间投入和中间需求相关的 2×2 行列作为 A,把表4-5中最终需求的列向量作为 F,把生产额的列向量作为 X,即:

$$A = \begin{pmatrix} 0.4 & 0.2 \\ 0.2 & 0.3 \end{pmatrix}, F = \begin{pmatrix} 50 \\ 300 \end{pmatrix}, X = \begin{pmatrix} 250 \\ 500 \end{pmatrix}$$

表4-5中的中间投入的两行使用这些行列和向量的话,得到以下方程:

$AX + F = X$

将其关于 X 进行求解:

$X - AX = F$

$(I - A)X = F$

$X = (I - A)^{-1} F$

在这里,I 是单位矩阵 $\begin{pmatrix} 1 & 0 \\ 0 & 1 \end{pmatrix}$,$(I - A)^{-1}$ 是 $(I - A)$ 的逆矩阵。

当 $F = \begin{pmatrix} 1 \\ 1 \end{pmatrix}$ 时,$X = (I - A)^{-1}$。

也就是说,在各产业部门(建筑业和其他产业)的需求增加1个单位时,这个逆矩阵可以表示诱发了哪个部门多大程度的生产。因此,表4-7被称为逆矩阵系数表。

实际上,$(I - A)^{-1}$ 的计算如下所示:

$$(I-A)^{-1} = \left(\begin{pmatrix} 1 & 0 \\ 0 & 1 \end{pmatrix} - \begin{pmatrix} 0.4 & 0.2 \\ 0.2 & 0.3 \end{pmatrix}\right)^{-1} = \begin{pmatrix} 0.6 & -0.2 \\ -0.2 & 0.7 \end{pmatrix}^{-1}$$

$$= \frac{1}{0.6 \times 0.7 - (-0.2) \times (-0.2)} \begin{pmatrix} 0.7 & 0.2 \\ 0.2 & 0.6 \end{pmatrix} = \begin{pmatrix} 1.842 & 0.526 \\ 0.526 & 1.579 \end{pmatrix}$$

以此得到表4-7中的建筑业和其他产业的 2×2 矩阵。

通过使用这种逆矩阵系数表,我们可以得出在建筑业和其他产业产生1个单位的新需求时,直接效果为1个单位,而建筑业和其他产业的波及效果分别为2.368和2.105个单位。

第4章 基础设施规划与决策

基于这种思考方式,将基础设施投资额按产业部门进行分割,作为投入产出表各产业部门的投入额 P(向量),通过乘以逆矩阵系数,再将基于该投资所产生的生产诱发效果作为 $(I-A)^{-1}P$ 进行计算,这种分析方法就是投入产出分析。此外,在上述例子中没有说明,当各产业部门的最终需求增加1个单位时,各产业部门所需要的劳动力需求大小的系数被称为劳动诱发指数。利用劳动诱发指数,可以算出基础设施投资的雇佣创造效果。

在计算工程效果(流动效果)时,是以全国为基础计算投资给全国带来的效果,还是以都道府县为基础计算投资给地区经济带来的效果,需要根据这两种不同的目的,选择不同的投入产出表。前者要使用全国投入产出表,后者要使用都道府县投入产出表。

并且,根据使用用途的不同,投入产出表也会按照不同级别的产业部门进行分类。以全国投入产出表为例,在13个部门分类的基础上,有37个

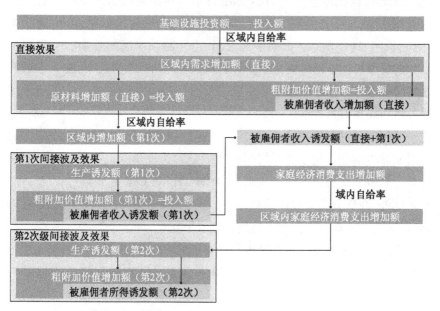

图 4-7 工程效果(流动效果)的计算过程
图片来源:山口县《投入产出表分析工具》。

大分类、105中分类和184个小分类等多种分类方式。在计算基础设施投资的经济波及效果时,通常针对建筑业这一大类的产业部门进行投入产出分析,所以没有必要再细分产业部门,一般大分类就足够。

基于投入产出分析的工程效果(流动效果)的计算过程如图4-7所示。

(2)个别设施效果(储存效果)的评估

基础设施投资的经济效率性是根据每年度的费用和效益来进行计算的。效益的计算方法,会因为基础设施的特性、效益计算对象的效果和影响的特性的不同而有较大差异。

效益的表现形式多种多样,比较容易的有金钱评估,但也有许多经济评价的对象不能直接用金钱来评价(非计量效益),因此在用货币价值来评估这些对象方面做了很多尝试。下面举例说明。

以交通基础设施工程为例(如绕行市区拥堵路段的汽车辅助道路),为了用货币价值评估该工程所带来的移动时间的短缩效果,广泛使用了"时间价值"这一概念。如同字面意思,由于移动时间的短缩所节省的一小时的货币价值就是时间价值。计算该值的方法有许多提案,在日本通常是用所节省的时间用于生产时所获得的收入(小时工资)来计算。这种计算方法叫作偏好接近法。

公园等公共设施建成后,在利用这些设施的居民中,到达新设施的通行时间减少的居民就享受了时间缩短效益。这种效益也可用时间价值来计算。这种方法被称为旅行成本法(TCM,Travel Cost Method)。

此外,在现有的效益评估技术下,在(3)所阐述的成本效益法中可以列入总效益的,在精度上只能达到上述水平。

因为修建堤坝所带来的减少自然灾害的效益,要根据洪水的有无进行仿真模拟,由此测算有可能遭受水灾的房屋数量和农田面积,并乘以单位费用(平均修复费用),以求得受灾额的减少部分。这叫作单位费用法(UCM,Unit Cost Method)。

公园和滨水开发提高了舒适性,公路建设和交通事故对策减少了交通事故,防灾政策的实施改进了防灾性能从而提高了安心程度,这些心理层面的效益,很难用货币价值来评价。因此作为一种建议方法,可以通过问卷调查的方式,询问人们对于这种效益的支付意愿额(WTP,Willingness to Pay)。比如在问卷调查中设计"如果在该地区建造一个公园可以提高大家的舒适性,你愿意为此支付多少费用?"这样的问题。这被称为条件价值评估法(CVM,Contingent Valuation Method),是计算市场中没有被交易的效益的一种方法。

除了以上这种用发生基准来测量效益的方法外,还有用归结基准计算整体效益的方法。在有多种计量和非计量效益产生的土地区划整理项目中,不分别计算个别效益,而是根据1)(2)④中提到的基于地价上升假说的特征价格法(又称 hedonic 模型法),利用把地价变动作为整体效益的归结基准进行计算。

虽然对这些方法的精度也有疑问,但在讨论与基础设施投资相关的社会共识达成时,毫无疑问,非计量效益的计量化还是有用的。今后,期待对各种方法的先进性和信赖性进行改进。

(3)经济分析

根据效果项目分类算出的个别效益按照不同年份合算得出的年度效益 B_t(t 为年份)用社会折现率换算成净现值,然后对整个评价期间进行求和,即可得出如下所示的总效益 B 的现值。

$$B = \sum_{t=1}^{T} \frac{B_t}{(1+r)^{t-1}}$$

另一方面,在整个对象评估期间,将初期投资以及对象评估期间的运营费用、维护费用和大规模修缮费用等按照不同年份合算出来的年度费用 C_t 用社会折现率进行折现,并通过下式计算总费用 C 的现值。

$$C = \sum_{t=1}^{T} \frac{C_t}{(1+r)^{t-1}}$$

与财务分析一样,可以使用这个总费用和总效益,进行基于经济分析的经济效率性评估。

净现值(NPV,Net Present Value)是总效益 B 的现值与总费用 C 的现值之差。

$$NPV = B - C$$

费用效益比(CBR,Cost Benefit Ratio)是按照下面的方程用总效益 B 的现值除以总费用 C 的现值而得出。

$$CBR = B/C$$

经济内部收益率(EIRR,Economic Internal Rate of Return),并不是把折现率当作社会折现率,而是按照下面的方程那样使总效益的现值与总费用的现值保持一致,也就是使用 NPV 等于 0 时的折现率 r'。

$$\sum_{t=1}^{T} \frac{B_t}{(1+r')^{t-1}} = \sum_{t=1}^{T} \frac{C_t}{(1+r')^{t-1}}$$

此外,EIRR 与 FIRR 一样,可以使用 Microsoft Excel 或具有函数功能的高级计算器计算。

(4)投资判断基准

通过经济分析来评估该投资是否与投资额相称。为了使基础设施项目从社会经济的角度得到认可,有必要满足表 4-8 所示的净现值(NPV)、费用效益比(CBR)、经济内部收益率(EIRR)相关的投资判断标准。

表 4-8　与经济效率性(经济分析)相关的投资判断基准

指标	计算方法	投资判断基准(阈值)
净现值(NPV)	效益的现值和费用的现值之差(NPV = B − C)	净现值为正(NPV > 0)
费用效益比(CBR)	效益的现值和费用的现值之比(CBR = B/C)	费用效益比大于 1 (CBR > 1)
经济内部收益率 (EIRR)	效益的现值与费用的现值相等时的社会折现率	经济内部收益率大于社会折现率(EIRR > 社会折现率)

并且,这三个基准具有一个满足则另两个也会满足的等价关系。此外,虽然净现值以及费用效益比是使用社会折现率计算的,但严密设定社会折现率还是比较困难的。因此,不用社会折现率就能算出的经济内部收益率 EIRR 用于投资判断基准也具有一定意义。

对将来效益和费用进行预测当然伴随着一定的不确定性,所以有必要根据(5)中所述的敏感性分析来确认经济分析结果的稳健性。

(5) 敏感性分析和假定等的记录

经济效率性(经济分析)的评估结果,就算考虑工程环境的不确定性,也还要根据敏感性分析来评估是否可以说是值得投资。也就是说,和 3)(3)中一样,关于给经济效率性带来较大影响的设定值,要把握该值变化时经济效率性是怎样变化的,确认评估结果的稳健性,并作为投资决策的一个判断资料。

并且,基于这种假定和设想的设定值,以及在进行敏感性分析时设定值的变化比例和值,都要与该背景下的思考方式和依据一同记录下来。

(6) 工程的风险评估

如果敏感性分析发现投资效率性(经济分析)的评估结果并不稳健,可以针对主要设定值的不确定性规定如何处理以提高不确定性的稳健性。此外,还可以根据需要对投资内容进行修正和改善。与基础设施项目风险体系相关的内容可参考第 6 章。

(7) 比较替代方案

如同3)(4)中所述,只有在比较了所有满足所需性能的替代方案,选出作为最优方案的首选方案后,才能制定详细的规划方案。因此,对于旨在削减费用和减轻公共财政负担而导入民间资本的 PFI(Private Finance Initiative)项目,进行方案比选也是有益的。

国土交通省管辖的公共工程项目,于2012年开始在规划阶段的"规划阶段评价"中实施替代方案比选。

5) 注意事项

(1) 与时俱进的评估

公共投资评估是为得到作为利益攸关者的国民和地区居民的认可并达成共识的工具。在评价体系和评价方法等方面,有必要加以设定使其能够反映国民和地区居民多样的价值意识。国民和地区居民的价值意识,会随着时代背景和社会系统以及社会所面临的课题的不同而变化,并且也会受到来自技术动向等的影响。因此,包含第5节所述的综合评价,为了使评估体系和评估方法能够适应时局的要求,有必要适当地寻求一些灵活的修改。实际上,即便在日本,评估方法和需要重点评估的项目从过去到现在也是在一直变化的,每个国家也各有不同。

比如,在日本高度经济增长期,由于活跃的社会经济活动,对于各种基础设施的需求异常旺盛。对此,因为在有限的财政资源之下基于公共投资的供给无法满足,所以在评估或达成共识之前迅速扩大基础设施的数量就成为一个至关重要的命题。因为经济增长的成效,作为本来的利益攸关者的国民和地区居民,出于对国家和自治体的信赖而将投资决定的权利委托给了它们。在经历了公开问题和石油冲击之后,国民对于环境和增长的意识虽然有所变化,但是在基础设施的投资决策方面,国民还是保持一种"交给它们没问题"的想法。因此,在进行基础设施投资评价时,只有少数进行了经济波及效果等方面的定量评价,大多数仍然停留在定性分析或定量的梳理这种不成熟的方法上。

到了20世纪90年代后期,由于泡沫经济的影响,日本经济一直无法好转,陷入长期的萧条之中,国民对于"无用的公共工程"的批判越发高涨。这实质上是对公共投资缺乏投资效率性的批判。为了应对这个问题,1997年桥本龙太郎首相作出指示,引进公共工程的再评价体系。从此之后,颁布了关于各种公共工程的成本效益分析的评价指南,从投资效率性角度进行评估的方法也得到了广泛应用。特别是基于成本效益的投资效率性评价,不仅表示其分析结果的数值指标简洁明了,也在理论方面使得社会经济的投资基准变得通俗易懂了。并且,在国家和地方政府的巨大债务问题受到关注时,应用基于投资效率性的投资基准有助于财政的健全化。因此,基于成本效益分析的投资效率性作为公共投资评价的重要评价指标成为一种潮流。

近年来,从较大范围的效果、影响和投资效率性、工程实施环境等方面进行公共设施综合评价正在实施。

放眼海外,新西兰实施了以成本效益分析为主的公共投资评估体系。由于财政困难,许多当时社会所需要的基础设施工程都超出了可能的投资规模。为了解决这个问题,按照基础投资效率性的一元评价模式进行了工程选择。具体来说,就是根据成本效益比(B/C)的排序,在预算范围内进行基础设施项目投资。实际进行投资的基础设施建设工程的成本效益比的最低限度为$B/C = 3 \sim 4$。由于采用了这种评估,因此通过积极开发与改良评估技术,尽力将各种效果作为效益进行评估。新西兰的评估技术,对日本公共基础设施项目评估产生了重大影响。但是,受效益评估技术所限,如今在新西兰,以工程的成本效益比超过1的情况为前提($B/C > 1$),也在进行包含多种效果和影响在内的综合评价。

此外，近年来，英国和法国的道路工程评估中，也在实施包含多种效果和影响的综合评价，即使在成本效益比低于1($B/C<1$)时也可以采用。并且，在英国，以年轻人为主的高失业率已经成为一个严重的社会问题，所以也在将目光着眼于雇佣创造效果和税收效果、区域内经济波及效果(区域内GDP增长)进行评价。

(2) 经济评价(成本效益分析)的技术限界

多数基础设施项目的预算都是将国民缴纳的税金作为原始资本，然后投入巨资进行建设。因此，将有限的预算用于对国民最有意义的事情上是理所当然的，在决定预算用途时，需要在预算的制约下努力达到最大效果。为了建设某项基础设施而纳入预算后，一定存在最终无法实施的其他项目，这些项目中既有其他基础设施项目，也有教育、福祉和防卫领域的项目。如果将该预算用于这些项目对国民来讲更有意义，那么就不能说该预算得到了有效使用。因此，为了决定真正有效的预算用途，最理想的方法是把所有工程按照不同领域进行对比评估。

作为这种效率性的评价尺度，目前最有力的方法是基于成本效益分析的经济评价。但是，在目前的评估技术下，许多评价项目很难进行效益评估，因此即使效益评估是可行的，评估项目之间的精度也会参差不齐。因此，对于迂回道路的建设(提高道路交通的效率性)和地下电线杆工程的推进(改善景观)等项目，虽属于同一领域的工程，但在应用同一评价尺度进行经济评价时，仍然很难分出高低。更不用说，迂回道路的建设和教育信息化的推进、特殊养老院的建设、战斗机的购入等，对不同领域的工程进行基于经济评价的比较评估是不可能的。但是，对于迂回道路和地下电线杆工程，只要是同一领域的工程，就可以基于经济分析结果(B/C等)进行相对比较评估。

如前所述，对于基础设施项目而言，以现在的评估技术对项目效益进行评估分析比较困难，且只能进行部分的效益评估，某些指标的评估精度也存在问题。因此，在基于经济分析评估基础设施项目投资效率性时，需要认识到评估技术的局限性并考虑存在无法通过经济分析计算其效益的某些指标。

比如,在对基础设施项目的投资效益难以评估时,如果将效益评估限定在若干可行的指标上进行经济分析的话,即使是社会非常需要的基础设施项目,其效益评估结果也可能不会超过阈值(限度值)。那么以此结果来判定该基础设施项目投资不具有效率性是否妥当呢?

某些效果在技术层面难以进行评估并不等于这些效果不存在。但是,仅仅从经济分析的结果来评判投资的效率性,效益评估在技术层面是比较困难的,这等同于这种效果不存在。如果这个评价结果导致社会需要的基础设施项目未能投资实施的话,那才是社会的损失。因此,基于经济分析的效率性评价,并不能作为基于阈值的绝对基准,而是应当逐渐认识评估技术的局限性,确认与基础设施项目投资相关的效率性这一侧面,并将其作为评价项目之一进行灵活运用。

(3) 评价的客观性、合理性、公正性、决策过程的透明性

对公共投资规划而言,为具有多样价值观和利害关系的纳税人和居民提供正确必要的信息并得到他们的理解十分重要。因此,有必要基于科学的手法对评估的客观性、合理性和公正性进行担保,确保决策过程的透明性。关于效果、影响和经济效率性的评估手法,在国土交通省、农林水产省、经济产业省(工业用水道)、厚生劳动省(上水道)的网站主页上,都公开了各自所管理的共通事项和每项工程详细的操作指南,还登载了关于个别工程评估结果的概要。普通国民和地区居民可以据此查看评估方法和个别工程的评估结果。但是,对于效果、影响和经济效率性方面的问题,没有专业知识的人在理解和判断投资的社会经济妥当性方面有一定困难。因此,一般由专家学者组成的审议会或委员会进行探讨。

第 4 节
综合评价

为了对基础设施项目投资做出合理判断与决策而实施的项目评估,包含了非计量效果和工程实施环境,以下介绍包括这些评估对象在内的综合评价要点。

1) 多维评价

对于作为公共工程而实施的基础设施项目投资,在作为利益攸关者的国民和地区居民中,既有重视税金投资效率性的群体,也有重视是否能有效解决所面临的社会课题的群体,还有关心环境、景观和历史文化的群体。

此外,不管公共工程还是民营工程,在工程实施时,在技术层面有什么困难,是否和相关单位达成了共识,是否得到了当地居民的理解与配合等(比如来自地区居民的反对与支持,对征地的配合情况)问题非常重要。如果工程实施没有一个良好的环境,那么无论财务评估或经济评估得到了多么理想的结果,该工程都是纸上谈兵。

在基础设施项目(特别是公共工程)投资评价时,需要针对利益攸关者多样的价值观,在充分考虑作为投资大前提的工程实施环境后,从多维视角对项目进行评价。

表 4-9 列出了两种多维评价方法,详细内容如下:

表 4-9 多维评价方法

多维评价方法	概要
评估结果中易于理解的提示	通过用定型的一览表这一便于理解的形式来提示所有评估项目的评估结果,帮助利益攸关者和决策者对是否可以实施投资进行综合性判断
综合评价	在给所有评估项目进行 5 阶段评分的同时,在评估项目之间设置重要性,通过计算出评分中的综合评分(加权平均与加权和等),帮助利益攸关者和决策者对是否可以实施投资进行综合性判断

2）综合评价的方法

在进行综合评价时，在确定了作为评估对象的评估项目体系后，如何设定关于全部项目的评估指标，如何统一评分标准以及如何设定项目的权重至关重要。

(1) 评价体系的明确化

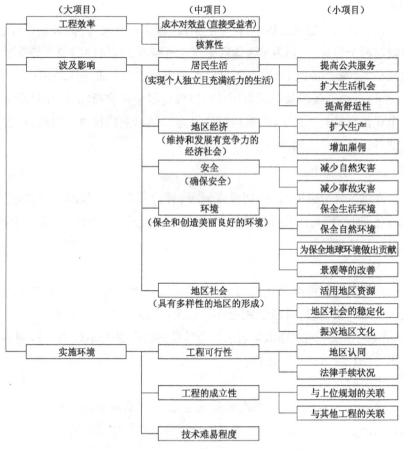

图 4-8　评估体系示例
图片来源：国土交通省《公共工程评估的基本思考方式》，2002 年 8 月

首先,需要对作为评估对象的评估项目进行系统的梳理。为了能够恰当地评估上位的评估项目,需要确认其下位评估项目是否齐全。此外,在整个评估体系当中,还要确认处于同一级别的评估项目的水准(作为概念的抽象度)是否一致。图4-8是基础设施项目投资的评价体系的示意图。

(2) 评价指标的设定

作为某一评估项目的评价指标,应当能够明确表示投资的效果和影响。

比如在道路建设工程中,作为子项目"减少自然灾害"的评估指标,可以设定两个指标,分别为是否能够提高该道路所在地区的防御火势蔓延的空间功能(宽25m以上)和是否可以在地震时作为避难场所使用(宽广的绿化带建设)。虽然某个评估项目可以设定多个评价指标,但和只设定了一个评价指标的项目相比,该项目应设定一倍以上的权重。因此,有必要调整各评估项目之间的权重。

(3) 确定评分标准

在确定评分标准时,如何设定满分、评分基准以及基准点非常重要。满分、5阶段评分,以及各个阶段(1分、2分、…、5分)的评价基准要明确,并且要易于评价。

①评分基准。

在评估指标可以量化时,评分基准可以用数值变化的程度来表示幅度。在难以量化时,可以使用记述性词语(如非常大、大、说不上大或小、小、非常小)以不同水准值来表示作为效果的状况变化情况,列出所期待的效果并用相应数值进行评估。

②基准点的设定。

在探讨如何设定评估基准的基础上,还要明确基准点的设定方式。在设定基准点时,需要根据评估项目来选择恰当的方式,通常有以下两种:一种方式是将工程实施后和实施前同种状态的状况作为基准点(比如3分);另一种方式是根据工程的主要目的,将应当达成的最低限度效果达成时的情况作为基准点(比如3分)。

以前述的道路工程中的"减少自然灾害"为例,因为它并不是道路建设的最初期望的效果,而是如能达到这种效果的话更为理想,所以与工程实施前同样的状态作为基准点(3分)比较合理。此外,还有一种情况同时对应两个评估项目,如提高防御火势蔓延的空间功能和作为避难场所使用,如果同时具有两种效果基准点为5分,只有一种效果为4分,两种效果均没有则为3分。

(4) 评估项目之间的重要性设置

①基于阶层分析法(AHP)的重要性设置概要。

评估项目的权重,对于利益攸关者和决策者来说,应当在预想各个评估项目的重要程度以后再进行设定。这种方法当中,虽然也有在各个评估项目之间直接设定权重的办法,但是评估项目一旦增多,与其重要性相符的量化权重设置恐怕会变得困难。被认为客观性较高的设置权重的方法有阶层分析法(AHP, Analytic Hierarchy Process)。

根据AHP法,位于同样的上位评估项目之下的评估项目(例如,在图4-8的体系中,工程可行性下包含的地区认同及法律手续状况这两个项目等)的权重设置,是根据②中所述的一对比较法进行的。然后关于上位阶层的评估项目(例如,实施环境下包含的工程可行性、工程的成立性和技术难易程度这三个项目,最上层的工程效率、波及影响与实施环境这三个项目),同样要设定量化权重。

通过将包含评估项目在内的所有阶层的权重相乘,能够算出各个评估项目的权重。比如,地区认同的最终的重要性是用最上层的工程可行性的权重、第二阶层的实施环境的权重和第三阶层的地区认同的权重这三者的乘积算出的。

②基于一对比较法的权重计算方法。

在组合比较法中,关于评估项目的所有组合,要以"同等重要""些许重要""重要""相当重要""绝对重要"来对每一个项目的重要程度进行定性评估。对于这种定性的重要程度,要提前分配好分数,对某一项的重要性倍数进行评估(一对比较值)。

作为例子,让我们基于一对比较法,对图 4-8 的评估体系当中最上层的工程效率、波及影响、实施环境这三项的重要性进行假想的求解。首先,为不同的定性评价分配不同的分数,"同等重要"1 分,"些许重要"3 分,"重要"5 分,"相当重要"7 分,"绝对重要"9 分。之后进行评估项目之间的一对比较。在这里,波及影响对于工程效率来说是"重要"(3 倍重要),对于实施环境来说是"绝对重要"(9 倍重要),实施环境对于波及影响来说是"些许重要"(3 倍重要)。关于相反的组合,重要度的倍数会成为倒数。比如,工程效率对于波及影响的重要程度为三分之一。当然,与相同项目间的重要度就是"同等重要",重要度是 1 倍。

对于这些评估项目之间所有的组合,评估项目 j 对评估项目 i 的重要度 x_{ij}(一对比较值),整理为如表 4-10 所示的一对比较表。

表 4-10　一对比较例表

j \ i	工程效率	波及影响	实施环境
工程效率	1	1/5	1/9
波及影响	5	1	1/3
实施环境	9	3	1

表 4-11　各评估项目重要性的计算例

i \ j	工程效率	波及影响	实施环境	几何平均	备注
工程效率	1	1/5	1/9	$\sqrt[3]{1 \times 1/5 \times 1/9} = 0.281$	$0.281/4.467 = 0.063$
波及影响	5	1	1/3	$\sqrt[3]{5 \times 1 \times 1/3} = 1.186$	$1.186/4.467 = 0.265$
实施环境	9	3	1	$\sqrt[3]{9 \times 3 \times 1} = 3.000$	$3.000/4.467 = 0.672$
			合计	4.467	1.000

此外,将一对比较值 x_{ij} 作为要素的矩阵 X 叫作一对比较行列式。

$$X = \begin{pmatrix} 1 & 1/5 & 1/9 \\ 5 & 1 & 1/3 \\ 9 & 3 & 1 \end{pmatrix}$$

工程效率、波及影响、实施环境三种项目各自的重要性,如表 4-11 所示,通过算出各行的一对比较值的立方根(乘以数据值,取得数据的乘方根),将其标准化为 1 可以求得。

根据一对比较值的立方根计算重要性的方法,可以解释为假设一对比较值存在误差,就通过对数最小二乘法将该误差最小化,然后推定其重要性。对于重要性的计算方法,也有计算一对比较行列的固有向量的方法。在评估项目有三个的情况下(一对比较矩阵为三维矩阵的场合),一对比较矩阵 X 的固有向量与一对比较值的立方根相一致。

(5)综合评分的计算

关于所有的评估项目 i,如果重要性(ω_i)和评分(s_i)被设定了的话,则像下面的公式一样,可以通过给评分赋予重要性之后利用加权求和获得综合评分。

$$综合评分 = \sum_{i=1}^{T} \omega_i \cdot s_i$$

3)综合评价的案例

在高速道路(汽车专用道路)的建设方面,在决定高速公路公司进行收费的区段和国家建设的免费区段(新直辖区段)时,在外部效果的评估方面会用到综合评价。关于这个案例,在适当修正后如图 4-9 所示。并且,在这个案例当中,对经济评价和财务评价是否超过了一定的阈值(临界值)、高速公路的工程主体是高速公路公司还是国家(民间工程)这两个问题进行了暂时划分。在此基础上,根据外部效果的综合评价决定优先次序,一方面在应当优先实施的工程(优先工程)上国家投入补助金并以高速公路公司作为工程主体实施(公私混合型基础设施),另一方面

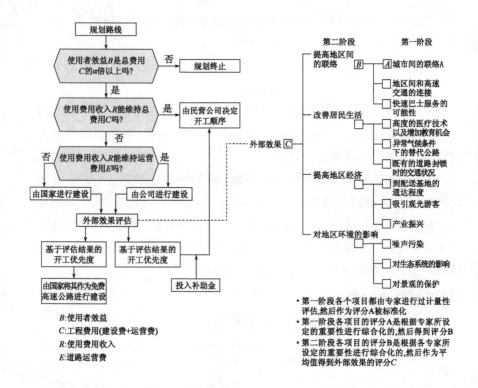

图 4-9 用于高速公路民营化的综合评价的案例
图片来源:中村英夫《19 世纪法国工程师经济学家和 Jules Dupuit 的成就》,2016 年 9 月

作为追加的应当实施的工程(追加工程),要以国家作为工程主体进行免费高速公路进行建设实施(完全公共型基础设施)。

以下是对图 4-9 所示的方法进行的补充说明。

在这个案例当中,为了满足目标会分成下面的 4 个阶段进行评价。即:

①评估使用者得到的效益 B 是否是工程费用 C 的 α 倍,只在 $B/C \geq \alpha$ 的区间投资。若 $B/C < \alpha$ 的话,就不进行建设。这个案例中,虽然 $\alpha = 1$,但是一般像刚才法国的例子所讲的那样,将 α 取作 0.8 的阈值比较合适。

②判定工程方收入 R 能否维持工程费用 C,如果 $R/C \geq 1$ 的话,高速公路公司会推进这项工程(民营企业型)。如果 $R - C < 0$ 的话,国家会介入其中,道路公司会进行建设或者国家会将其作为免费高速公路进行建设。

③靠工程方收入不能够维持费用的情况下($R-C<0$),要判定工程方收入 R 是否能够维持道路的运营费用 E。$R/E \geq 1$ 的时候国家会投入补助资金,由道路公司进行建设(民间工程的初期推送型)。$R/E<1$ 的话,国家就要将其作为免费高速公路进行建设(完全公共型)。

④将各线路所带来的外部效果使用多个项目中的评估的加权平均数通过评分进行整合,基于结果决定各项线路建设的开工次序。

外部效果包括如图 4-9 所示的第二阶段的四个效果,也就是提高地区间联络、改善居民生活、提高地区经济、注重对地区环境的影响,这其中的每一个效果又由第一阶段所示的三个项目构成。从专业的角度来看,要按 1~5 分的这五个阶段对各线路所带来的第一阶段的效果进行评判,然后将合计的 10 分分配给各个项目,使用根据多个评估人员所交付的重要性评估结果对其进行整合,然后作为第二阶段项目的评分。这种重要性的判定首先要基于代表不同立场的评估人员进行,然后才能求得第二阶段项目的重要性。以此来排除重要性分数当中最高和最低的极端值。之后将以这种方式求得的第二阶段的项目的重要性,作为该线路所带来的外部效果的综合价值。

不进行前面所述的基于一对比较的重要性核算,而是单纯依赖评估人员观点的这种重要性判定方法,从科学客观的立场来看虽然会存在疑问,但是在对难以使用统一尺度进行综合评价的效果方面,不失为一个简便的方法。就像对学校入学考试中不同科目的成绩综合化的情况一样,在社会中这往往也是一种容易得到使用且被认可的方法。

第 5 节
区域共识的达成

1) 与地区居民达成共识

通过基础设施投资来解决社会问题并以此来达到社会福利的最大化(完全公共型)和利益的最大化(民营企业型),其重要前提是要在该地区达成广泛共识。

基础设施一般会有助于建设地区的社会福利的增长,也应该会得到大众的接受和欢迎。但是,即使这个基础设施项目对于该地区来说是必需并且受到欢迎的,但是对于在基础设施建设的周边地区,以及受到该基础设施运行影响的居民来说,并不可能会被马上接受。因为生活环境会受到损害,根据不同情况,资产价值也容易有不同程度的减少。特别会受到排斥的是污水处理厂和废弃物处理场等这种会带来心理和环境影响的基础设施,像铁路、高速公路、港湾等的运输设施一般也不太受欢迎。这样的基础设施被称作"邻避效应"设施(NIMBY, Not In My Back Yard, 不要建在我家后院)。

在这种基础设施的建设方面,特别是从建造构想的初期阶段开始就要和附近居民持续保持密切对话,就地区居民所关心的问题进行构造和运用方面的变更,除此以外,还要设计补足设施(例如附设公园等)来打消居民对该设施的厌恶感,排除困难,寻求共识。

即便是在实施非"邻避效应"设施的基础设施投资当中,也要就工程实施方面利益攸关者所关心的事情进行考虑,准确地寻求与环境、景观、历史文化等的影响和对策,对地区的贡献方案,考虑事项(对地区社会的考虑)相关的实施对策,谋求区域共识的达成。

在各个地区社会当中,有很多像环境、景观、历史文化经过各种各样的过程才形成的,作为共同的价值得到大家的珍惜和爱护的事物,仅以一种技术性的方法来处理比较困难。因此,有必要根据文献调查和对地区自治会长的采访调查等来仔细整理地区居民之间的联络与汇集(community, 社区)以及该地区的人们从过去到现在一直坚守的共同价值和其原委,并在此基础上,通过举办居民研讨会等形式,从与该地区居民的对话交流中找出解决的办法。把握地区居民的意见,并将其准确地反映在设计当中,不仅可以使对于基础设施建设的区域共识的达成顺利进行,还可以使该基础设施成为该地区新的共同价值,得到保护和爱惜。

考虑到近年来国民对基础设施建设工程的严格要求,以及在社交媒体上发送和共享个人信息功能的飞速发展和渗透,准确把握地区社会的诉求就显得尤为重要。

在民营企业为工程主体的情况下,通过认真细致的工作,不仅可以保障工程的顺利实施,而且还可以提高企业声誉,为提升企业价值做出贡献。

2) 和许可权人共识的达成

在实现基础设施投资时,从工程的适时实施、有序开发和土地利用、对周边居民生活的影响等视角出发,在很多情况下都必须从国家和地方政府获得具有法律效力的各种各样的许可。例如,由民营企业进行的基础设施建设,对于伴随着一定规模以上的土地区划性质变更(开发行为)的情况,基于都市规划法,县知事(地方政府)的开发许可就变得尤为必要。并且,在必须将农业用地转为其他用地的情况下,基于农地法,需要获得县知事和指定市町村长的许可。在填海造地时,基于公共水域填埋法,需要获得县知事的填埋许可。此外,如果要修建铁路,工程主体需要基于铁路工程法,从国土交通大臣(交通运输部)获得铁路工程许可(第一种~第三种铁路工程)。

对于许可来说,虽然为了给予许可需要设置一定的客观条件,但在具体判断该基础设施是否符合那个条件时,也存在责任机构在运用上的决定。因此,与许可相关的审查一般都需要一些时间。并且,还要依赖发放许可的国家和自治体的政策动向。比如,在提出坚决保护自然环境口号的自治中,哪怕已经满足了相关条件,在基础设施投资会对自然环境造成较大改变的情况下,也有无法获得许可的可能性。

为了能够顺利取得相关许可,需要把握相关政策动向,并在此基础上,从较早阶段预留时间与相关部门进行磋商,对该基础设施项目的投资目的和意义、解决问题的有效性及效果、投资规划的内容和依据等进行说明,让相关部门了解该项目的相关内容并给予许可。通过这种交流并取得理解,如果能够达到获取许可的大致共识的话,之后就可以集中精力讨论如何满足许可的必要条件。在得到许可的大致共识后,还可以期待从主管部门得到满足许可必要条件的各种各样的建议。

第6节
工程投资的决策

1）工程主体的决策

(1) 民营企业的决策

在民营企业中，基础设施项目主管部门的规划人员负责起草该项目的投资规划。此后，尽管各企业的组织形态不同，还需要与征地和维护管理等工程部门、运营管理和宣传部门等公司内部相关部门进行协调。为了谋求决策的圆满和决策后工程的顺利实施，在使这些相关部门理解投资规划内容的同时，还要以相关部门的意见为基础，根据需要对投资规划内容进行修正。

该投资方案需要列入经营规划和企业预算。作为公司决策机构的董事会，要对预算是否可行进行相关的审议和决策。

(2) 公共决策

①计划决策。

过去以"道路建设五年规划"为主，分别制定了河川、港湾、机场等9个不同领域的长期建设规划，工程项目也一直在稳步推进。但在这些长期规划中，各项规划相互独立，各项工程之间的合作并不充分，每个领域的项目分配也比较僵硬，获得预算的手段也有一定问题。

因此，在2003年实行的社会资本建设重点规划法中，这些不同领域的工程规划都被综合到了社会资本建设重点规划当中（规划期限为5年），关于规划期间的社会资本建设，从什么角度出发在什么领域进行工程建设，作为投资方向必须予以明确（在编写本书时，2015—2020年度的第4次社会资本建设重点规划已经开始策划）。

具体来讲，为了完成与计划期间社会资本建设工程的实施相关的重点目标，设定了在规划期间应当具有效果和效率地实施的社会资本建设工程概要以及为此需要采取的措施。因此,根据工程的实施应该达成的成果(out come)需要被设定为重点目标(KPI,Key Performance Indicator),而不是以前的工程费用。

此外,基于社会资本建设重点规划,针对从北海道到冲绳的全国10个区域,根据不同区域的特性,进行有重点、有效率、有效果的建设,在谋求和不同区域的广域规划进行协调的同时,作为社会资本建设的具体规划,还要策划好本区域内的社会资本建设重点规划。这一规划是为了实现各区域的未来愿景,将每个区域的指标和具体工程等以项目形式进行汇总而形成的,其中记载了现状和主要课题、未来愿景和社会资本建设的基本战略、社会资本建设的重点目标和项目等。

区域社会资本建设重点规划具有以下三个特征:
- 明确项目规划中主要对策的时间轴;
- 通过项目规划实施后的可视化储存效果;
- 主要对策分类为"既有设施的有效利用和软对策的推进""选择和集中的贯彻始终""既有设施的汇总和重组"。

a. 社会资本建设重点规划。

社会资本建设重点规划的策划,并不是像从前的长期规划那样由国家单方面决定,而是谋求信息公开,通过透明手续,在公共工程改造、社会资本建设的方向和重点目标的内容上,根据国民的需求和地方的实际情况与愿望来进行。

具体来说,由国土交通大臣向专家学者组成的社会资本建设审议会及交通政策审议会(以下统称"审议会")咨询社会资本建设重点规划的修改方案。

首先,国土交通省秘书处起草的社会资本建设重点规划(草案)会通过审议会的规划分会会议进行实质性的审议。以该次审议为基础,完成社会资本建设重点规划(原案)。之后,基于社会资本建设重点规划法第4条第4项,在国土交通省的网站上公开原案,在一定的期限内,广泛听取国民对于原案的意见的同时,还要听取都道府县的意见。根据这些意见,在审议会的规划分会会议上进行审议的同时,与相关部门合作完成社会资本建设重点规划(案)。将其在审议会的规划分会会议、相关科会议以及审议会上审议批准,之后上报国土交通大臣。最后由国土交通大臣提交内阁会议审议决定后作为政府规划实施。

b. 区域社会资本建设重点规划。

基于内阁会议通过的社会资本建设重点规划来制定区域社会资本建设重点规划。

首先,国土交通省直辖的各地方建设局听取都道府县、政令指定都市、经济界和专家学者的意见。接下来,与基于国土形成规划法而制定的各区域的广域地方规划进行协调,与各区域的其他规划协同,推进形成具有高度可行性的规划。然后,各地方建设局秘书处要制定各区域社会资本建设重点规划的方案。将其公布在各地方建设局的网站上,经过一定时间,广泛听取区域内居民对方案的意见,同时也要听取来自市町村的意见。在综合这些意见的基础上,各区域社会资本建设重点规划交由国土交通大臣和农林水产大臣来决定。

②工程的决策。

在公共基础设施项目的实施决策时,处于优先地位的是各区域社会资本建设重点规划和各区域广域地方规划,以及根据不同基础设施类别所制定的工程规划和地方政府的综合规划,以及紧急建设项目。

至于具体项目的决策手续,国家和地方政府是类似的。也就是说,作为探讨对象的基础设施所管辖的政府担当处室(地方政府所辖的相应部门)负责起草投资规划。在投资规划中,包括经过由专家学者组成的委员会等商讨过的工程评价结果。之后,根据需要,会通过发放介绍材料或者在网络上发布信息,以公众参与的形式向一般大众征求意见。近年,为了促进在规划阶段对投资的理解和项目参与,举办面向利益攸关者的说明会和研讨会(公众参与)也越来越多。

在确定工程投资规划之后,就进入了取得预算手续的阶段。在政府各个部门内部,经过与其他投资方案以及必要经费之间的预算调整,完成所辖部委的概算要求(预算原案)。基于这个概算要求(预算原案),所辖部委担当部门(所辖科室)要对财政部进行重复说明,谋求财政部对投资该工程的理解。财政部(预算担当部门)经过评定,完成政府的预算案。预算案通过国会(地方议会)审议和表决后,该投资规划的预算才能得以确保。不过,国会(地方议会)的审议和表决是在预算科目中表示预算目的、功能以及投资方向等的条款和项目层面上进行的。也就是说,并不一定针对单个基础设施项目进行审议和表决。

在预算获批后,由地方建设局和事务所等负责工程执行事务的地方支部和分局(担当处室),根据预算科目中的项目和子项目制定该基础设施规划的预算执行计划,然后得到财政部(预算担当部门)的承认后执行预算。

地方支部分局(担当科)在执行基础设施工程的预算时,根据该工程所面临的具体情况,有时会按照计划扎实推进,有时会根据紧急性和政策的优先性,暂时挪用同类基础设施工程的预算[预算科目下的某一项目的预算挪用不经国会(地方议会)审议也可以得到承认],以期该基础设施早日投入使用。

2) 金融机构、投资人的意见决策

负责融资的金融机构可以在契约中预先设定利息得到利润,这样可以规避融资无法回收导致呆账的风险,其主要考虑的是如何提高资金回收确定性。而投资人则是用风险来换取利润。

(1) 企业融资

民营企业在通过企业融资的方式向金融机构筹集基础设施投资必要的资金时,金融机构为了规避呆账风险,会对投资规划进行仔细审查,通过其收益性来判断融资回收的确定性。在此基础上,即使投资的收益性大幅低于投资规划也能够确实地进行融资回收,将企业的信用和该企业所拥有的以不动产为主的资产作为担保,以担保的评估额上限来进行融资。在不满足必要资金的情况下,要摸索从不同融资政策的金融机构多方筹资的方法和基于多数金融机构的协调融资(syndicate loan,辛迪加贷款/企业联合组织贷款)等措施。

(2) 项目融资

针对必须筹集巨资的基础设施项目,民营企业一般很难通过公司融资筹资。这种情况下就有必要根据将该基础设施项目所产生的未来资金流作为偿还本金的项目融资来探讨资金筹集。

没有资产等担保的项目融资,对于金融机构来说,是风险比较高的融资方法。因此,金融机构在决定项目融资是否可行之前,需要调查其是否为值得探讨的投资案件。在此基础上,对投资规划进行认真审查,判断融资回收的确实性。

在评估投资规划时,基于项目产生的资金流的融资回收最重要的因素是确实性。因此,在确认净现值(NPV)和财务内部收益率(FIRR)等指标具有足够水准的同时,也要确认作为债务返还能力指标的偿债备付率(DSCR,Debt Service Coverage Ratio)是否足够充裕。此外,要根据敏感性分析确认其稳健性。DSCR 是各年度可用于还本付息的资金与当期应还本付息金额的比值。也就是说,在 DSCR 中,各年度的还本付息的资金流表示了还本付息金额的倍数,意味着各年度的债务返还能力。一般 DSCR 取值为 1.2 左右。

此外,对于金融机构来说,因为基础设施工程所带来的资金流是全部的还款本金,所以会要求工程主体在降低对此具有威胁的风险方面做出努力,金融机构自身也应该根据财政方案分散该类风险。

例如,可以采用成熟技术(proven technology)作为融资条件,或在有实际经验的工程相关者之间通过契约来担保可预见风险,或安排替补操作人员等,工程主体可以在工程规划方面做出多种努力。并且,通过设定基于金融机构和投资家风险喜好的优先顺序(比如,设定将还款本金优先用于清偿本利的低风险低回报的优先贷款,以及将优先贷款还款后的返款本利用于清偿的高风险高回报的滞后贷款)和基于多个金融机构的协调融资(特别是在日本要纳入政策金融),分散金融机构方面的风险,在财政方案方面做出努力。

在与该投资相关的所有契约缔结之后,金融机构还要和工程主体缔结融资契约(financial close)。

第4章 参考资料

详见原著,此处略。

第5章

基础设施建设

我坚信科学技术能够为人类福祉做出巨大贡献。

David E. Lilienthal

田纳西河流域综合开发项目（TVA）的领导者。

第1节
基础设施的设计

1）测量和调查

　　基础设施是固定在地面上的建筑物，因此在建设当中最重要的一点就是地形状况。大范围的宏观地形图的制作主要运用航空摄影测量方法，采用1∶25000～1∶10000这样相对较小的比例尺。小范围较微观的模拟及数字化地形图多运用实地测量方法，采用1∶2500～1∶200此类较大的比例尺。土地利用状况在基础设施的设计环节是不可或缺的重要信息，而地形图是获悉和记录土地使用状况的最常见工具。在河川、海洋中开展基础设施的建设工程时，也必须预先对河床和海底的地形状况进行测量，并绘制相应的地形图。

　　地质条件在基础设施的设计及施工建设过程中也是极其重要的信息。在设计之前要利用地质钻探技术对地质状况进行调查，并制作柱状图、N值图来分别使地下不同深度的地质构造、地基的强度得以可视化。

　　另外，风速和风向，气温及降雨降雪量等气象状况，河川水流量和海流、浪涛等河流、海洋状况也是不可忽视的信息。除了以往的状况信息，根据需要，也必须及时进行新的调查测量。调查植被和不同地区野生动物的分布和活动状况对于很多的基础设施建设来说都是很重要的。不管是在规划设计还是在施工建设环节，这类调查都能提供必要的信息。另外，基础设施建设的相关技术人员也应该提前对这些动植物的生长生存条件进行一定的了解和掌握。

　　就如第4章所提及的，在埋有地下文物的地区开展基础设施建设时，根据文物保护法的相关要求，要对当地文物进行现状调查、记录和保护。

　　这里所说的调查、测量通常是由备有必要的器材和技术人员的专业调查测量公司或者建筑咨询公司来实施展开的。

2）基础设施的设计

　　在工业制品的生产，即所谓的产品制作中，要想使产品的性能达到要求的标准,必需的原材料、外观、动力装置等一系列决定性设计元素必不可少,同样,基础设施的建设也必须先设计再施工。

单纯依靠私营企业对基础设施进行投资建设,往往很难保证长期稳定地进行,况且置有专业设计部门的私人企业也仅在少数。因此,根据需要,私人企业往往是和被称作建筑咨询公司的建筑设计院(设计公司)及负责施工的建筑公司合作来进行设计建设。另外,归政府及国有企业所有、管理的基础设施,并不是由建筑公司的设计部门进行设计,而是一般依托于独立的设计公司进行。

自1959年日本建设省条例公布(官方文件)以来,公共项目的设计和施工采取分离原则。政府及国有企业发起的工程招标中,一般根据设计公司绘制的设计图纸(计算书、设计图等),由中标的建筑公司施工建设。设计方要检查施工方的工程是否符合设计要求,如需要,可以调整设计。此外,设计方还需调查工程的进展状况并及时向招标单位报告说明,即承担所谓的工程监理业务。

工程的设计和施工都由同一企业负责(即 design and build),招标方困于对业务的监理,这种情况下一般由建筑咨询公司代招标方进行对设计、施工的全程监理(基础设施的维护管理)。

基础设施的种类不同,设计的方法和内容也不同,每种都有其固定的方法,在这里只对各类基础设施设计中共通的思维方法进行一般说明。

设计首先要考虑外部变量(条件)。比如在河川工程设计中要考虑河川流量,公路设计中要考虑通行量及地质条件等。在考虑这些外部变量的同时,规划阶段还应明确此基础设施要达到的性能标准。另外,设计也是决定基础设施能否增大其经济性能这一设计参数(变量)的关键一步。这里所说的设计参数是指材料、结构构造、施工步骤等。性能并不是变量,而是作为应该达到的标准被赋予的已知条件。因此,未达到性能标准的设计并不能作为合格的设计成果被大众认可。

必须要达到的性能标准,在这里分为两种:一种是在规划阶段所明确的建造基础设施的目的,即充分发挥其功能。例如,高水位情况下,河川工程能阻止河水不泛滥;道路工程能确保必要的通行量并保持交通顺畅。另一种是基础设施作为建筑物要保证安全。

性能的满足度一般是基于物理学理论并运用数学模型进行设计运算而得出的。算出满足性能条件的材料、形式、施工步骤等一系列设计参数后,再基于此计算出工程量和基础设施的费用(即建设成本和维护成本)。最初设定得出的设计参数在满足设施必要性能的同时,为降低建设和维护成本还需对此进行顺序校正,最终的理想设计成果是能够使成本最小化。

可以通过设计图和计算书的形式使设计得以可视化。除经济性要素以外,设施对周围景观环境的影响也是决定设计方案可行性的一大重要因素。当然在必须考虑这一因素的情况下,事先会把这一要素作为要求的性能标准纳入方案设计。

要想获取最合适最近乎完美的设计方案,通常会比较多个设计参数的组合方案,从中选取经济性较高的一个。

大多数外部条件都源自对自然环境的考量,且很难预测在现实情况下,自然环境的破坏性有多大。而且,仅利用物理模型推算外部条件对设施产生的影响,精确度也未必很高。因此,为避免这些不确定性带来的危险,工程学中使用安全系数这一概念来推算工程的安全性。例如,假设预测到洪水流量值为110%,破坏性应力的1/3作为容许值,即能推算出设施的物理安全性。

模型计算及设计图的绘制等设计作业一般利用CAD(Computer Aided Design)完成。尤其是设计参数需要变更时,只需把变更的数据输入计算机,就能迅速进行处理并对结果进行图示。另外,也能进行多个设计方案的比较。因此,CAD在提高设计作业效率的同时也提高了设计内容的质量。

近年来,CAD进一步进化,甚至可以称之为CAD二代的CIM(Construction Information Modeling)的研发也在日新月异地发展着。CIM不仅能利用二维图呈现设计内容,而且能进一步把设计的细节部分图示在计算机三维空间里。除此之外,对检测零部件之间的干扰进而减小设计误差、估算设计的细节部分也很有效。同时也能利用立体模型生动地图示洪水水流的样态、模拟地震晃动等情景,而二维的 CAD 是不可能做到这种程度的分析的。并且,设计结果作为三维模型,在工程的规划、工程进展的推算、施工和监理环节都发挥着重要作用,在之后对工程的长期检测、检修等维护管理环节中也能广泛利用。

设计中的失误可能对设施的施工或运营造成重大的事故灾害。引起重大过失灾害的负责人要承担民事或刑事责任。设计负责人必须充分认识到自己所承担的社会责任并严谨地付诸行动。

考虑到因某些设计失误给公司造成损失的情况,建筑咨询公司一般都会设立赔偿责任保险制度,以保证顺利承担瑕疵担保责任。

第 2 节
环境评估

1) 制度

基础设施的建设和运营势必会对环境造成一定的影响。基础设施是为提高人民的生活水平而修建的,尽管如此,如果对环境造成恶劣影响的话,反而会降低人民生活水平,这就与项目设立的初衷背道而驰了。破坏了自然环境,就要花费大量的时间和金钱去修复,而且很难完全恢复原状。

因此,在基础设施工程项目实施之前,要求调查、预测项目可能对环境产生的影响,并设置相应的环境改善措施。另外,需要对外公布调查结果及环境评估细则,积极听取作为利益攸关方的当地居民的意见,并及时反映项目的相关内容。

日本在 1993 年制定通过了环境基本法,其基本理念如下:尽可能杜绝人为活动对环境造成的恶劣影响,要使当代人和后代人都能正常享受得天独厚的环境资源,致力于发展环境负荷小、经济健全、可持续发展的社会。

在那之后,又经过几年的曲折,日本在 1999 年全面实施了环境影响评估法。基础设施建设也必须依从此法的规定手续进行。开发商需对手中的项目进行环境影响评估,其评估结果应在法律允许的范围之内。

2) 环境评估的实施对象

根据环境影响评估法,应该接受评估的对象为国家或地方政府实施的项目以及获得国家或政府批准、得到津贴补助的项目。简而言之,就是规模较大并很可能给环境带来重大影响的工程项目。因此,像公路、铁路、水利工程及土地规划整治项目等基础设施建设项目都在评估范围内。这些评估对象可分为两种,规模比较小的,例如总里程未满 7.5km 的双车道公路项目就属于第二类,其他归于第一类。属于第二类的项目工程是基于筛选这一评估流程确定其是否应为环境评价的实施对象。另外,必须对第一类的项目实施评估。

3) 评估流程

根据环境影响评估法,评估流程如图 5-1 所示,项目开发商需做出各个阶段的环境影响报告。

即①明示项目实施时应考虑的环境因素,制作注意事项书;②确定应实施评估的环境事项及评估方法,制定评估方法说明书(即界定范围);③公示出评估结果,拟定环境影响评估说明书草案;④修订草案,定稿环境影响评估说明书——经过这四个阶段,经相关审查部门审核通过后方可进行项目施工建设。

上述的各个阶段,如图 5-1 所示,需及时听取当地居民、知事和政令市市长、主管大臣(国土交通大臣)及环境大臣的意见,对评估说明书进行相应的修订。

4) 调查、预测及评估的基本事项

与环境影响评估相关的调查、预测及评估等一系列作业的基本事项有:①作为评估对象的环境要素(大气、水质、土壤等);②工程活动领域(施工、建筑物的存在、施工活动);③调查、预测及评估的工作流程由环境保护省明示具体的相关事项。

举一例,表 5-1 表示的是北海道新干线工程项目中环境评估事项及工程活动领域。

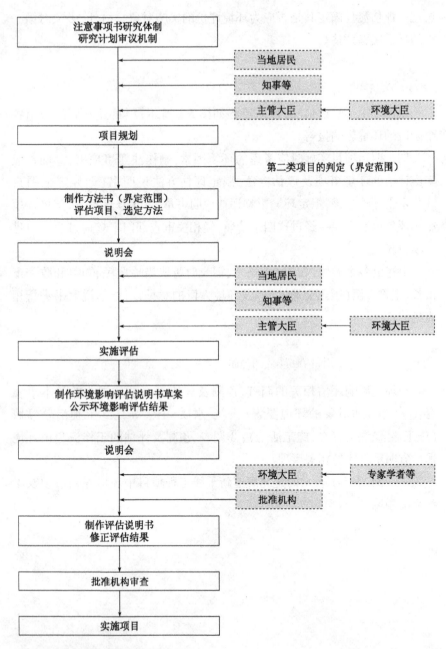

图 5-1 环境影响评价法中的评价程序

表 5-1　北海道新干线(新青森—札幌)建设的环境影响评价项目

环境要素的分类		影响因素的区分		施工					建筑机械及车辆运输					
				建筑机械的工作	搬运建材车辆的运输	弃土渣及原建筑物的清理	隧道工程	施工地及施工车辆用道的设置	铁路设施(隧道)	铁路设施(地表式及挖掘式)	铁路设施(架空式)	铁路设施(车站或车辆基地)	列车运行(非经地下通道型)	列车运行(只限经过地下通道型)
以保持环境的自然构成要素呈良好状态为宗旨进行调查预测	大气环境	大气质量	粉尘等	○	○						○			
		噪声	噪声										○	
		振动	振动	○	○							○		
		微气压波	微气压波											○
	水环境	水质	水泄漏			○								
			水污染				○							
		水底的沉淀物	水底的沉淀物			○								
		地下水	地下水的水质及水位				○		○					
		水资源	水资源				○							
	与土壤相关的环境及其他环境	地形及地质	重要的地形及地质					○	○					
		地面	地面下沉			○						○		
		土壤	土壤污染			○								
		其他环境要素	日照危害								○			
			电磁危害								○			
			文物财产					○						
以保护生物多样性及维持生态系统平衡为宗旨进行调查预测		动物	重要物种及栖息地					○		○				
		植物	重要物种及生长区域					○		○				
		生态系统	地域特征显著的生态系统					○		○				
以保证人与自然的大量接触机会为目的进行调查预测		景观	主要的眺望位置和景观资源								○			
		人与自然接触的活动场所	主要的人与自然接触的活动场所								○			
对环境的负荷影响进行量化预测		废弃物等	施工作业产生的废弃物			○								

第3节
征地

　　无论空中、地面还是地下,基础设施都必须固定在土地上,因此用地显得尤为重要。换言之,倘若不能确保用地,基础设施的建设以及后期的运营使用都无从谈起。因此,征地是基础设施项目中最根本的业务,基础设施建设的所有相关人员都需要及时了解并掌握与此相关的知识。本节首先论述关于土地的基本事宜,接着对征地相关的问题进行说明。

1) 土地特性及土地登记

　　土地作为财产可以交易买卖,但土地有它异于其他财物的特性。即土地并不是独立存在的个体,也不能从它的物理状态将其划分,只能依据人为意识将其划分开来。因此,在土地的分割或合并中,其界线的变更呈自由状态。既然土地作为财物在市场流通,就有必要及时进行地籍调查确认、登记地界来保障土地所有者的权利。

　　以笔(译者注:日本土地划分的单位)为单位区划土地并编上地号,确认位置并测量出土地范围,最后在地图(日本房地产登记法第14条规定的地图)上呈现出来,这就是地籍调查的大体内容。土地划分除了用地图,也可在坐标轴上用数字表示。日本的地籍调查目前尚未在全国各个区域展开,因此也可能存在不准确的地籍划分。这种情况在明治初期制作的土地簿附属地图(即公图)中出现过,相关从业人员需谨慎留意。

　　每一笔土地都需把土地编号、土地名目、面积等信息同土地所有者的姓名一并登记在土地登记簿上,以确保土地所有者的权利。土地所有者对土地行使特有支配权,享有自由使用、收益、处理的权利,因此,土地归谁所有必须进行公示。

　　土地买卖时需进行所有权转移登记,土地抵押时需进行抵押登记。

2）土地所有权及权限

　　土地为有限资源,土地利用具有外延效应,简而言之,会对其他区域的土地利用及周边区域的社会经济产生影响。因此,基于宪法及土地基本法的基本理念,从公共福利的角度出发,对土地所有权设定了一定的限制。这些限制在征地法、城市规划法、耕地法、河流法、建筑标准法等国家法律中都有体现。

　　民法中指出在法律范围内,土地所有权包括地上及地下部分。但在关于高深度地下公共空间使用的特殊措施法中提到,对超过地下深度40m的公共空间进行开发使用,无须征得土地所有者的同意,也不用支付土地所有者补偿。根据此法,即便是私有土地,在无须征得土地所有者的同意也无须给予补偿的情况下,可以在建筑物的地下室及地基桩一定深度以下的地下空间内修建铁路。

3）地上权

　　地上权是指在他人的土地上因有建筑物或其他工作物而可以行使的他物权。地上权可根据地役权合同或遗嘱设定,可在目标范围内行使土地权利。

　　在地下或地上的一定空间范围内设定的地上权称为区分地上权。例如,地铁所在的地下空间、桥梁所在的地上空间等都设定了区分地上权。但如前文所述的那种高深度的地下公共空间,在使用上是无须设定区分地上权的。

4）用地收购

　　获取基础设施的建设用地一般可以通过任意收购。任意收购是指在开发单位与土地所有者达成共识签订土地买卖合同的基础之上,开发单位向土地所有者支付等价酬金来获取土地所有权。这里的等价酬金是指正常的土地买卖价格,基于道路价值评估方法推算获取。

虽说土地在基础设施项目中被看得尤为重要,无须对在其上的建筑物进行收购,但建筑物向其他土地转移时也需支付转移补偿。

5)土地征用

获取基础设施项目用地的一般原则为任意收购,但也存在开发单位与土地所有者难以达成共识的情况。像公路、铁路等基础设施项目中,即便有一位土地所有者不同意收购,项目就难以进行,此种情况下很可能造成极大的公共损失。

日本宪法中也有针对此矛盾的规定:私有财产在获取正当补偿的情况下可为公用。根据土地征用法,私人财产权虽归权利者所有,国家或地方政府有权通过必要手段强制征得。土地征用法明确规定了土地征用的条件、手续、效果及相应的损失补偿。征收来的土地适用于哪些基础设施建设在公路法、铁路事业法、河流法及供水法中都有明确规定。

关于土地征用必要性的认定工作需经过几条必要的手续。

首先,需得到国土交通大臣及都道府县知事的项目认定许可,在此之前需举办听证会,说明各利益相关方的事项内容。得到项目认定许可后,开发单位需向该土地所属的当地都道府县的征收委员会提出征用申请。征收委员会了解项目相关的经过、内容后开始受理申请。关于审理结果,征收委员会需做出判决,最终决定驳回申请还是审核通过申请。若审核通过,征收委员会需对应征用的土地区域、损失补偿、征用时期等信息做出公示。对其审核裁决不服者,可向上级国土交通省提出审核复查申请。

如上所述,关于与公共利益密切相关的项目用地的强制征收,其方法在法律中都有明确规定说明。尽管如此,从提出申请到得到征收委员会的裁决往往需要很长时间。因此,《公共用地的征收特别措施法》应运而生,适用于与公共利益密切相关并急需施工建设的工程项目。当年新东京国际机场(现成田国际机场)的建设就是受惠于此制度。

6) 土地减量

变更土地规划,整修道路、公园等公共设施,优化住宅地周边环境,这些工作都隶属土地规划整治项目。在整治项目中对部分用地进行公共设施用地整改,需按一定的比例从各个住宅用地中抽出以确保设施用地的使用。已有土地的价格会因道路等公共设施整改项目的进行而提高,相应的土地增值差额原则上由土地所有者承担。

把土地抽出作为公共用地称为土地减量,减量的土地面积与原面积之比称为减量率。

土地减量有公共减量和保留地减量之分,前者用于道路、公园等公共设施建设,后者用于土地买卖之后规划整治项目用的资金补给。

参考土地改良法,为提高农业生产的效率、改善农业结构,农业用地的规划也需要调整改良,同样需要进行土地减量,以保证农业公路及灌水线路等土地整改项目有条不紊地进行。

公路项目也常常会采用土地减量来获取用地。特别是在城市公路项目的建设中,再开发活动力求公路可与周边地区一体化,多数情况下都需要靠土地减量来获取公路用地。

7) 公共用地和地下街

公路、广场、公园、河流等大多数用地称为公共用地,由国家或地方政府管辖。这些公共用地除它本来的用途外,往往同时建有基础设施,例如公路用地内的电线杆、地下管道、地下街等。这些设施不具有分割所有权,而作为占用物需要向管理者支付占用费用。另外,地下街中的通道面积原则上需要比店铺面积大,通道作为公共空间由道路管理局管理,只有店铺本身被视为占用物。

8) 填海造陆和排水开垦

土地资源虽然有限,但人类也可以通过填海造陆或者排水开垦等方法来开疆拓土。

填海造陆是指将河流的淤泥沙土、建设用废弃沙土、废弃物等倾倒在浅海湾、湖面从而扩大陆地面积。排水开垦是指围截浅水域海面或湖沼,人工把水抽干使之陆地化的工程措施。

这类土地在日本分布广泛,仅是填海造陆就大约占到国土总面积的0.5%。但是,填海造陆和排水开垦都会破坏原生态系统,给自然环境带来极大的负面影响。因此,现在依据公共水域填海法,在河流、湖沼、沿海海域等公共水域进行填海造陆受到严格管制,必须得到当地州长/省长的许可方可进行填海造陆活动。另外,从环境影响评估的角度来看,这也隶属应该接受评估的对象项目,需要获得环境影响评估的认可。

第 4 节
工程签约

1) 签约的必要性和意义

基础设施具有较高的唯一性,往往需要长期巨额投资,涉及多个相关部门及从业人员。因此,一般情况下,承担基础设施建设的主要开发单位,并不具有独立完成基础设施建设的能力。主要开发单位需把基础设施建设的主要或部分工作承包给其他具有建设执行能力的组织单位。

购物时可以当场确定物品的质量,与此不同,在基础设施建设项目签约时,合同签约方虽会表示务必确保设施的质量(所要求的性能),但也不能保证项目在预算之内如期竣工。从这点来看,基础设施建设项目受合同签约方工程技术的影响很大。因此,作为项目主开发单位的招标方需要明确基础设施项目的具体限制条件和注意事项,在此基础上,合同签约方也应承担起社会责任,遵守合同条约,保证项目如期有序进行。

另外,需要做好项目未能保时保量保质完成的风险评估,合同签约方和项目招标方需提前就发生此情况下的对应措施、赔偿标准、合同的解约或存续达成共识,以防届时因双方发生纠纷而白白浪费时间、金钱和工人的劳力。除此之外,也必须提前明确工程如约完成后,项目招标方应向合同签约方等额支付的工程款数额、支付方式以及支付时间。

项目招标方与合同签约方之间就项目的相关事宜达成共识签订合同,与此同时,双方形成相互的权利义务关系,具有法律约束力。就大型的基础设施项目而言,一般情况下,项目投标方不会把项目的全部建设、维护管理业务一次性统一对外放标。所谓术业有专攻,投标方大多会根据不同技术领域分割工程量,签订多个合同。这样一来,项目投标方对基础设施的全部建设、维护管理业务可实行综合管理。设施品质的保障、设施如约正常运营的保障也都在合同中明确规定,受到法律保护,具有极大意义。

在日本,有很多像这样认真履行合同规定、对基础设施建设也具有较高水平执行能力的项目开发单位。而对项目招标方而言,必须让这些开发单位通过竞争的方式,从中挑选出一家有利条件最多、最合适的开发单位。甚至有时就专业技术能力而言,与某基础设施项目建设相匹配的开发单位只有一家,这种情况下也需保证选定开发单位过程的透明化。尤其是涉及公共项目的,必须明确需要专业技术能力的原因及符合要求的开发单位只此一家的原因,还有与此开发单位签订合同的条件、手续等具体内容。这种遴选签约对象的方式、手续称为招投标签约。

2) 合同范围和签约时机

根据合同范围(scope)涉及的工程阶段不同,签约时间也随之变化。

现在,公共项目一般都会采用招投标签约方式,分别签订项目的设计合同和施工合同,这是前述的设计和施工分离原则(根据1959年日本建设省条例而制定)的具体体现。施工合同在设计合同之后签约。但是,当合同范围包括项目设计及施工两部分时,即所谓的设计-实施一览式招投标方式(DB,Design Build)和PFI(Private Finance Initiative)式(合同范围涉及工程项目的运营、维修管理及资金筹措等内容)的招投标过程中,项目招标方在规划和基本设计阶段,需要强化合同范围内项目内容的招标意向,一般在基本设计工作完成后签订合同。项目设计签约完成后,就不可能进行实质上的DB或PFI方式的签约了。因此,在规划阶段或者基本设计阶段必须做好招投标方案,即关于项目的设计和施工是分别进行招投标签约还是把两部分总括起来采取一览式招投标签约方式。

国土交通省在《有关公共项目的投投标签约方式指南》中提到,招投标方式的选择要在预备设计阶段进行研究,在其后的设计、招投标各个阶段也要重新评估。

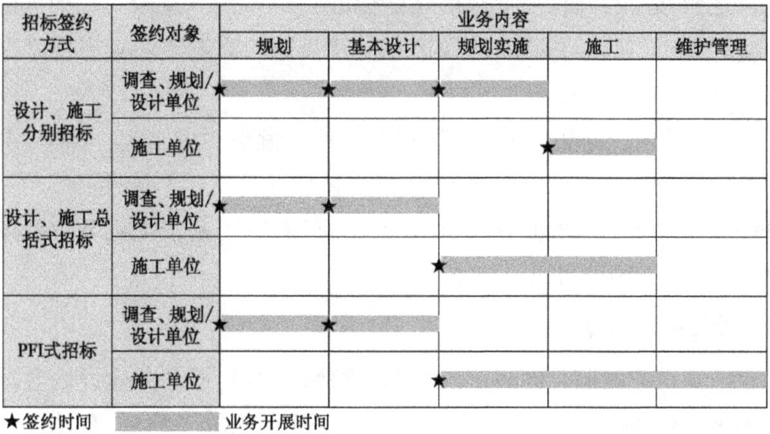

招标签约方式	签约对象	业务内容				
		规划	基本设计	规划实施	施工	维护管理
设计、施工分别招标	调查、规划/设计单位	★	★	★		
	施工单位				★	
设计、施工总括式招标	调查、规划/设计单位	★	★			
	施工单位			★		
PFI式招标	调查、规划/设计单位	★	★			
	施工单位			★		

★签约时间　　业务开展时间

图 5-2　合同范围和招投标签约方式

从合同范围这一角度出发,对招投标和签约方式做了整理,如图 5-2 所示。除此之外,根据工程项目的招标单位不同,还有综合招标和多年合约等方式。

3)合同的主要内容

(1)基础设施项目的工程指标

合同书中明确规定了有关基础设施建设的各项指标(包括建设什么样的基础设施、有哪些限制条件及注意事项等)。简而言之,为合格完成基础设施项目的建设任务,需将此建设项目所要求的建筑材料、外形轮廓、施工步骤、施工技术等指标在设计图纸(设计图、规格表、施工说明书)中做详细说明,并将设计图纸附着于合同书中。

建设项目的指标可以由招标单位根据实际情况参考建筑顾问公司的意见而制定。也存在另一种情况,招标单位提供某建设项目需要满足的性能指标要求,在参与投标竞选的各个方案中择优筛选出签约对象,招标单位再根据此签约对象所提供的方案制定具体的指标要求。

(2)限制条件和注意事项

合同书中也对基础设施建设的限制条件和注意事项做了明文规定。

简而言之,对建设品质(所要求的性能标准)、经费预算及竣工日期等限制条件,以及施工现场的安全、对周边环境及交通的影响等注意事项都做了明确的规定。

关于经费预算、竣工日期等限制条件和注意事项的制定,一种情况是招标单位预先把所有事项都制定好,另一种情况是招标单位只提供相关制约条件和注意事项的最低要求,在进行招标筛选后,基于中标单位提供的建设方案再规定相关事项的具体要求。

(3) 等额工程款结算

合同签约方按照合同规定,如期完成建设项目,或部分建设内容取得一定的进展时,项目招标单位需向签约对象等额结算工程款,具体工程款的数额、结算时间、结算方式在合同书中也有明文规定。

根据工程款的计算方法不同,主要有固定总价合同、单价协商型总价合同、实际成本调整合同、酬金加算型实际成本调整合同(cost + fee)等几种合同类型,见表 5-2,项目的招标单位在综合考虑工程款变动的风险承担、奖励的授予,以及责任承担的单双向性等多方因素基础上选择最终的计算方法。

表 5-2 合同分类表(根据工程款的计算方法分类)

合同分类	概要
固定总价合同	●工程款总金额为固定数值的合同形式 ●原则上签约后工程款金额不得更改
单价协商型总价合同	●总价承包及改价时,事先对各项工程的单价进行协商达成共识再进行签约 ●可有效保证设计更改及部分借款时的灵活应变
工程量清单合同	●基于签订的合同数量以确定各个工种单价的合同形式 ●合同数量可根据实际合同完成数量而修改,最终应支付的工程款根据实际合同完成数量而定
实际成本调整合同	●为严格履行合同,实际成本作为应支付工程款精算的合同形式 ●实际上把所有费用都精算的实例很少,实际费用精算的对象只限于直接工程成本,经费等间接成本多为预先确定
成本加酬金合同	●最终的工程款金额由实际成本加一定比例的报酬计算 ●报酬主要是指固定费用、固定比例费用、奖金等

表5-3 合同分类表(根据工程款的结算方式分类)

合同分类	概要
集中结算	● 工程任务全部完成后将工程款集中全额结算的合同类型
部分预结算	● 承包合同签订后作为预付款结算支付工程款的40%,剩下的款额在工程全部完成后结算支付的合同类型 ● 考虑到承包单位的资金周转问题
部分结算	● 根据工程进展状况定期进行部分结算支付的合同类型 ● 考虑到承包单位的资金周转问题,也有利于降低延工风险,同时作为提前竣工奖励发放

注:来源于国土交通省《结算方式实施要领》,2010年9月。

如表5-3所示,工程款的结算方式有集中结算、部分预结算(考虑到资金周转)和部分结算(考虑到资金周转、降低延工风险及提前竣工奖励等因素)三种。

(4)风险对应

为保证合同的严格执行,合同书中也对履约担保做了相关规定。中标建设单位因己方的某些原因不能如约完成建设任务,又难以承担债务的情况下,为保证对招标单位进行经济弥补(钱款保证),也为保证担保人能顺利选定代理建设单位把剩下的施工任务完成(业务保证),制定履约担保书。

为防止中标建设单位不能如约履行合同内容,在合同书中也对招标单位施行的监理检查职责做了相关规定。另外,因合同未能严格履行造成风险发生,合同的签约双方需对此情况下的应对措施预先协商并达成共识,以便紧急情况下及时采取应对措施。这也可以有效防止因双方产生纠纷而白白浪费时间、金钱和劳力情况的发生。

具体来讲,根据合同的签约双方各自应履行的职责,合同书中对事后应对措施、相关赔偿(工期延误赔偿、损坏赔偿、瑕疵担保等)以及解约事宜都有规定。非合同当事人的责任造成风险发生,例如战争、暴动、恐怖活动、罢工发生的情况下或者地震、海啸等不可抗的严重自然灾害发生的情况下(force majeure),一般由具有较高风险承担能力的招标单位来承担风险损失。当然,面临这些不可抗的灾难风险时,根据保险公司提供的建筑工程险来获取免责处理的情况也很多。

(5) 分包

一般情况下,在基础设施项目的整修项目中,与招标单位具有直接合约关系的原承包商,即总建筑公司(总承包商)会把总承包的工程量细化,分别又与多个专业承包商(分包商)签订分包合同。也存在分包商把承担的工程量进一步细化,进行二次分包的情况。即便在上述的多层分包体系中,基于招标单位和总承包商签订的合同而形成的这种权利义务关系在分包合约中也同样适用,关于分包的有关事宜在合同书中也有明确规定。

(6) 合同的双方当事人

合同的双方当事人是招标单位和中标建设单位双方的组织代表,是在合同的签订和履行中承担法律责任的裁决者。

根据国家会计法和地方自治法,国家主管部长、州长以及市町村的最高领导人首选为合同当事人。但也不乏财政部部长(或地方整治局局长)分管部分事务的情况。在国家项目中,也存在财政部部长把相关事务分给下级财政长官(事务所长等)管理的情况。但这只属于合同相关事务的委任行为,最终责任人终将是国家主管部长、州长以及市町村的最高领导人。

私营公司签约时,合同当事人往往首选代表董事会的最高领导人。据组织相关规定,可根据合同涉及的钱款数额、重要程度及施工地域等不同实际情况,将项目的部分责任分配给下级管理者(子公司董事长)。但和前述的情况一样,最终责任人始终是代表董事会的最高领导人。

(7) 合同的标准化

对每一个工程项目的合同内容都逐条达成共识并进行编写耗时耗力,不是很有效率。为提高合同编写的效率,关于工程项目的一般合同内容逐步走向标准化。分别适用于公共项目、私营项目以及分包工程的公共建设标准合同协议、私人建筑施工标准合同以及分包合同协议由中央建筑业委员会制定。

由国际咨询工程师联盟(FIDIC)制定的 FIDIC 合同条款在海外建筑项目中发挥着重要作用。FIDIC 合同条款作为国际建设合同条款的实际标准被广泛使用。以日本的国际协力机构(JICA)为首,世界银行(WB)、亚洲开发银行(ADB)等各大国际金融机构的投标书样本也被收列其中,以做参考。

4)招投标签约方式

(1)原则

基础设施建设项目的原则,往往是在合同可执行范围内筛选出最佳方案提出者作为签约对象。选择哪种有利方案往往也能反映出招标单位的意向。简而言之,就是通过对限制条件(预算、工期、工程质量)、注意事项(工地安全保证、对周边环境和交通的影响)以及其他条件(地域经济的灵活性,对当地就业的促进、责任人的确保等)的权衡,间接体现招标单位对某一领域的重视程度,然后在招投标签约方式或招投标签约条件中加以反映。

在完全公共型项目及公司混合型项目中,为了得到利益相关方纳税人的理解,需要确保投标单位的机会平等且竞标过程的透明化。这是以会计法中关于常规竞争的规定为原则而进行招投标活动的。

完全私营型项目中,也存在这种情况。参考利益相关者股东的意向,从共同经营的视点出发,招标单位无须进行招标竞争活动,直接从旗下的集团公司中选取签约对象进行签约即可。

(2)关于相关技术要求的规定

投标项目单位要想中标成为签约对象,需在商讨建设方案时按照招标方提出的技术要求条件,在投标计划书中明确标注方案的限制条件和注意事项。技术要求事项主要有性能规定和规格规定。

①性能规定。

提到技术要求事项,它规定了基础设施应该达到的性能标准。在项目设计合同及 DB、PFI 招标方式中,项目设计的前半段往往很难确定具体的规格标准。因此,招投标单位在技术要求事项中提出该工程需达到的性能要求,竞标单位根据要求提出设计方案。同时,相关安全措施及环保措施也需严格同步,符合该工程项目的性能要求。在此过程中,严格符合性能标准的设计方案,作为标准设计样本得以保留。而当这些设计方案未达到性能标准时,也存在由招标单位制定设计样本规格的情况。总之,在项目设计的前半段招投标签约中,有关工程项目的性能规定不一定就是项目的所有技术要求事项。

另一方面,为了能让竞标项目单位提出最佳规格标准方案,即便在招标单位可自行对规格进行制定的情况下,也只把技术要求事项限制在工程项目的性能标准上。例如,关于施工方法,就允许以特许或技术能力的匹配为由,只利用某特定的企业。完全公共型项目中一般是在具有多项技术能力的企业团体中通过公平竞争的方式筛选出签约对象。因此,多数团体往往是只能指定最有可能符合招标方标准的施工方法。但是,在私营型项目中,招标方想让用于项目的施工技术达到效果最优化(降低成本、缩短工期、降低对环境的影响、降低风险等),也会通过规定工程所需达到的性能标准(规定性能)而非指定施工方法,寻求最佳设计方案。

②标准规定。

项目要求事项也规定了基础设施项目的建设规格标准(建设中需采用什么材质、形状、尺寸的材料,需采用何种施工技术等细节方面的标准规定)。施工合同是在项目设计确定后才进行招投标签约,因此,招标单位需根据实情,参考建设咨询公司提供的意见,制定出可以使基础设施的功能最大化的规格标准。

在第1节讲到过,在达到要求的性能标准方案中(材料的材质、形状、尺寸和施工技术及这些规格的组合)可以有多种选项。前文所述的性能规定中,竞标项目单位在这些具有多样选择性的标准方案中择优决定最终的投标竞选方案。而在标准规定中,招标单位在多个选择项中选取最佳组合来制定规格标准方案,使其作为技术要求事项供竞标项目单位参考。

(3)招投标签约的参加者

招投标签约的竞争单位设定方式主要有常规竞争、指名竞争及协商合同签订。常规竞争中,凡是符合竞标资格的单位都可以参加招标竞选。指名竞争中,招标单位对参加招标竞选的单位进行指名选定,换句话说,不被指名的单位不能参加招标竞选。协商签约是指招标单位和特定的签约对象递交合同书。授权协商合同的签订不单局限于专利持有的特定对象,例如公开规划提案式(企划大赛)的竞争方式也是无须根据价格竞争的结果来选定签约对象,此种竞争方式也属于协商签约。

  常规竞争中,由于凡是符合竞标资格的单位都可以参加招标竞选,工作量庞大费时费力。同样,在要求技术提案的招投标签约中,竞争参加者数量过多的话,不管对招标单位还是对竞标单位来说都是沉重的负担,会降低效率。这种情况下,为提高竞标效率,招标单位一般会通过经营条件审查(经审)、法律条规遵守状况、社会保险的适用情况以及与合同内容相关的实际业绩等考核标准对竞标单位进行参加资格的条件筛选。

  另外,对符合竞标条件的单位进行限定选择,并需要对选定结果进行客观公示的情况下,事先对参加对象进行甄选再进行指名竞争比较合适。同样,需要客观公示符合条件的签约单位只有一家公司时,与这家指定公司签订协商合同更为合适。

  为保证合同的切实履行,多家企业同时中标签订一份合同,作为合资企业(JV,Joint Venture)成为招标单位的签约对象。JV 可以确保合同的切实履行,构成 JV 的各个企业之间可优势互补,分担一定的风险。另外,也有多个同行公司为分担工程量而组成 JV 的情况。

(4)招投标签约方式

根据会计法和地方自治法的相关规定,在买卖、贷款借款及承包合同的签订中选定签约对象时需以最低价中标制度为原则。即只参考价格对参选方案进行评定,出示最低价格参选方案的提供者成为签约对象。

如前文所述,基础设施的签约、建设与我们平时购物时能即时确认商品质量的这种情况不同,它受施工建设者的技术能力影响很大,因此,只参考价格确定最佳方案着实不妥。基于此,《关于提高基础设施的质量保障的法律》(公共项目品质确保法)应运而生,除参考价格外,综合考虑其他

```
筛选方法
 竞争性方式
  先评价技术后协商价格的方式
   ○技术方案竞争、价格协商的混合方式:技术性要求较高,灵活运用民间智慧及方法,通过对话协商谈判灵活调整,公开招标筛选技术水平高的企业,优先与该企业进行相关技术、价格的协商后再进行签约。
  技术和价格双方评估的方式
   ○综合评估招标方式:除价格要素以外,也把工期、功能、安全性等要素考虑在内的综合评估中标单位的方式。
    ▷国土交通省直属的项目中有两种评定样式,一种是评估施工能力的方式,即根据招标单位提供的规格要求,对施工能力进行评估;另一种是评估技术方案的方式,即在对施工能力进行评估的基础上,对构造上的细节、独特的施工技术等高标准的技术方案进行评估。
  只对价格进行评估的方式 难于对施工能力、技术能力加以评估的小型常见工程
   ○价格评估式一般竞争招标:发布公告吸引众多参选竞标单位,在这些竞标单位中再进行价格竞争评选,最终确定中标单位。
   ○价格评估式指名竞争招标:在招标单位指名的竞选单位中施行价格评估确定中标单位。
  ※阶段性筛选方式:为招标方和竞标方减负
   ・第一阶段,只对技术进行评估,确立竞标参选单位
   ・第二阶段I,综合评估技术和价格确定中标单位的方式
    ※基于技术方案筛选出数家竞标参选单位,之后进行对话协商确定工程规格,再基于这几家参选单位的价格进行评估最终确立合同签约对象的竞争对话协商方式。
   ・第二阶段II,只对价格进行评估确定中标单位的方式
    ※确认每项工程的竞标参与意向,为把握和此工程相关的技术特性需要参选单位提交技术方案,在这之后进行指名竞争(公开指名竞争方式)
  评价方法 从确保历时性较长的公共工程质量及提高施工和技术能力的视点出发对评估方法进行补充
   例:○对年轻技术人员的评定:年轻技术人员和技术人员的灵活调配、雇佣状况的评估
    ○对当地企业实际业绩的评估:公司总部所在地、地域贡献(防灾协定的加入情况等)等实际业绩的评估
    ※在评估中也考虑到招标和中标双方的负担问题
 非竞争性方式
   ○协商签约(非竞争型):无须招标竞争,与企业进行协商签约的方式
```

图 5-3 多样的招投标签约方式(筛选方法)
图片来源:国土交通省资料,2013 年 9 月 18 日

评定方式的中标制度逐步被应用起来。在那之后,公共项目品质确保法得到了进一步的修改,更加重视起了参选提案、合作方式中的技术要素。

随着公共项目品质确保法的修改,阶段性的筛选方式逐步得到应用,招标单位和竞标单位的工作任务也在逐步减轻。与此同时,更加有效的招标方式与时俱进,不仅明确反映了招标单位的招标意向,确保了公共项目的品质,还为签约对象的中长期培育做出了巨大贡献。另外,为确保企业对当地社会资产的支持,也灵活运用多年合约、综合招标、共同中标等方式进行招投标签约(保护当地经济型签约方式)。这种方式有效保护了当地的中小型企业,同时增加了相关领域的技术新手和女性技术员的录用机会,签约方式逐步走向人性化。

(5) 招标单位的支持

为弥补招标单位在技术人员数量、技术能力方面的不足,确保招标方履行义务,招标单位往往会把部分业务委任给其他组织。具体来说,有 CM (Construction Management) 式和 PPP 式 (在东日本大地震的灾后重建复兴工程中曾用过)。CM 式,简而言之,就是私营建设咨询公司成为招标方代理,作为施工经理 (CMR) 在基础设施的设计、招投标、施工的各个阶段承担各种管理业务的支持招标单位的方式。PPP 式的支援方式主要是指民间技术者团队和招标方一起分担施工建设前的准备工作。

(6) PFI 方式

近几年国家财政比较紧张,投放民间资金在基础设施项目上的 PFI 式公共建设中逐渐活跃起来。通过表 5-4 可以看出,即便在 PFI 式中,招标合同的要素也是在一般公共项目建设中比较常见的那几项,例如性能规定、一般竞争、综合评估竞标方式等。但把这些要素组合起来,并把资金的筹措、项目工程的后期管理都囊括其内的话,就是与一般公共项目相当不同的招投标签约方式了。

目前为止,日本的公共设施(即公共建筑)建设很多都采用了 PFI 式签约方式。

表 5-4　PFI 式签约的特征

项目	内容
范围	规划期之后的设计、施工、运营、维护管理
技术要求事项的规定	原则、性能规定
竞争参加者	一般竞争
筛选方式	综合评估签约及公开报价签约→技术提案、谈判协商方式
等额结算支付	与基础设施修建完全等额的结算方式并不能行得通，往往通过基础设施运营提供服务来回收投资 ● 独立盈利型：通过提供服务，从使用者那里收取费用来回收成本 ● 混合型：只通过收取使用费难以回收成本时，招标方予以津贴补助 ● 服务购买型：通过招标方支付与基础设施提供的服务等价的款额

根据 2011 年修订后的 PFI 法新编入的"特许权"这一条，对飞机场等现有的基础设施，私人企业、民间团体可通过缴纳运营费来获取"公共设施运营权"。自此，基础设施的运营管理也纳入了民间的资金和经营方式。

另外，对于包含 PFI 在内的官民合作方式所提供的公共服务（PPP 式），国家制定了相关行动计划（2016 年 5 月修订），大力推行多样化的 PPP/PFI 式的基础设施建设。具体来讲，制定了 2013—2022 十年间的基础设施规模达到 21 兆日元的目标，国土交通省及相关部门要优先商讨在所有人口数量超过 20 万人的自治州县推行 PPP/PFI 式基础设施建设。

第 5 节
施工

1) 概要

招标单位受利益相关方的嘱托,要切实履行和基础设施建设相关的合同,承担对基础设施项目建设的管理和监督职责(招标方的责任)。具体来说,针对工人是否有技术错误、是否有偷工减料的情况对施工现场进行监督管理,另一方面,还要促进相关领域施工者之间的协调合作,对基础设施建设进行全局性综合性管理。

中标单位在招标单位的管理监督下,要按照合同规定履行职责,而项目管理为履行职责提供了技术支撑。

2) 招标单位的职责

为确保合同的切实履行,招标单位需对中标单位进行管理监督。因此,确保监督管理的严格执行以及人员充足、确保内部体制健全尤为重要。在缺少管理人员、能力不足的情况下,需采用 CM(Construction Management)方法将建设管理任务委托给私营企业,同时也必须进一步建立健全体制。

管理监督工作包括对施工阶段的合同履行情况的确认,以及对多方之间的合作协调给出必要的指导。当然,为尽量避免风险,防患于未然,监督管理者应有一定的风险预估能力,以便及时作出应对措施。

风险一旦发生,应与中标单位进行深入的沟通,基于合同规定协商事后应对策略,以便及时有效施行应对措施。完全公共型基础设施项目建设中,在给第三方造成损失的情况下,根据国家赔偿法由招标方承担主要赔偿责任。但如果是因中标单位的失误给第三方造成损失,此种情况下,招标方有权要求中标单位给予赔偿。

建设项目对第三方造成损失的相关事项或项目建设中应该注意的环境事项,根据时代的不同也会有相应变化。第二次世界大战后不久,在大型隧道和大坝的修建过程中就有很多工人为此牺牲。从这点就可以看出,也会有很多生命在修建基础设施时遭受威胁。

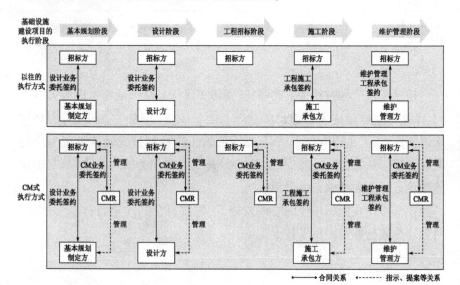

图 5-4　CM 系统(纯 CM)业务执行系统
图片来源:(一般社团法人)建筑咨询协会《支持使用 CM 系统的指南(草案)》,2012 年 6 月

另外,对建筑施工造成的大气污染、噪声污染、烟尘粉尘污染、水质污染以及地下水位降低等不良环境影响也没有考虑得很周全。但是,随着时代的变迁,从施工现场的安全保障、公害预防到环境的保护、与周边道路交通及环境景观的协调等各个方面的相关制度都在不断完善健全。招标单位应当在合同书中强调这些方面的注意事项,在施工现场严格监督管理,同时中标单位也应严格遵守合同的相关规定。

招标单位在竣工时要施行检查,确认建筑是否符合合同规定。只有完全按照合同标准建造的基础设施,才能充分发挥它的性能价值。

3)中标单位的责任

中标单位要投入大量的技术、方法、能力于项目的建设中,严格进行工程管理,切实履行合同内容。

就当前形势而言,中标单位要比招标方掌握更高的技术能力,在施工现场执行工作的中标单位掌握更多的即时信息。也就是说,在招标方和中标单位之间存在信息不对称的情况。也正因如此,中标单位有向招标方及时报告相关动态信息的义务,必须及时向招标方反映工程的进展状况及今后的计划信息,以及需要关注的问题(风险要因和预测评估)、工程事故、灾害发生等状况。

尤其要严格把关风险预估,在风险可预测时及时向招标方报告、协商,努力做到防患于未然。若风险不可避免地发生了,中标单位需同招标方进行深入交流,基于合同规定共同商讨事后应对策略,以便及时采取应对措施,把风险损失降到最低。

第5章 参考资料

详见原著,此处略。

第6章

基础设施的运营管理与运用

天灾源于疏忽。
寺田寅彦
地球物理学家、散文作家。

第1节

基础设施的维护管理

1) 基础设施维护管理的意义

因为基础设施为社会提供服务，所以具有存在的意义。并且其所能提供的服务，也就是其可供使用的时间，一般来说是很长的。从法定耐用年限来看，比如像柏油路、铺路路面等设施，耐用年限较短，一般为 10~15 年。但是这些基础设施的实际使用时间远远超过其法定耐用年限，最长的可能会超过 100 年。这其中有英国著名的福斯桥。这座桥虽然是在 1890 年竣工的，但直到现在仍然作为铁路桥在使用。此外，日本的东海道干线铁路，于 1889 年全面开通了新桥—神户的线路，至今仍是日本最重要的铁路干线。

上述基础设施的寿命虽然很长，但随着时间的推移，会由于物理化学反应等原因而退化，在使用上也会存在跟不上时代要求的情况出现。因此，为了使基础设施更好地保持其自身的功能，必须对其进行定期的检查、管理以及维护和修复。再者，为了使基础设施顺应时代变化的要求，提供更全面的服务，有必要进行大的整修工程。

由于管理、修复的不足和不完备而引起的基础设施的功能不全会给社会带来很大的损失，有的时候还会造成大型事故。因此，如何切实地对基础设施进行维护管理，能否将功能不全和大型事故等问题防患于未然是极其重要的。

关于维护管理的对象和方法，每种基础设施又存在着不同。企业家需要分别制定相应的规则，按照规则来开展作业。下面，我们将结合两三个实例来说明关于基础设施的维护管理的方法和见解。

需要进行维护管理的基础设施，不仅经历了物理反应等过程的退化，而且也不再符合社会的要求，所以有必要对这些基础设施进行更换等大规模修复作业。这种情况下，对基础设施的功能进行改良是需要大型投资的，因此财务也是重要的讨论课题。关于这个问题笔者会重点在第 2 节中论述。

2）维护管理的现状和课题

近年来，日本很重视基础设施的维护管理工作。2003年在关于国家道路结构维护管理的报告书中，出现了资产管理（Asset Management）一词，2005年，日本土木学会又出版了《引进资产管理的挑战》一书。日本在经历了经济高度成长期之后，很多基础设施在短期内集中相继建成，而在数十年后的今天，基础设施的老龄化和欠缺检查这两个重大的课题一下子变得艰巨起来。

2012年12月，在中央汽车专用道的笹子隧道发生了顶棚脱落事故。此次事故是因为通风用的顶棚脱落，导致了9人死亡、2人受伤的惨案。国土交通省的事故调查委员会指出，此次事故除了因施工时连接顶棚与钢板的螺钉的强度不够之外，还有事故前的设施检查、维护管理体制的不充分等原因。

在中日本高速公路公司这样庞大机构的管理下尚且发生了这样的事故，对规模较小的地方公共团体来说，基础设施的潜在风险会更大。日本的基础设施大部分都是由都道府县和市町村管理。以道路（桥梁、隧道、铺装路面）为代表的很多基础设施，它们的平均使用年数已经超过了30年，老朽化程度在不断加深。另一方面，以市町村管理的基础设施为中心，普遍存在着人员不足、预算不足等问题，所以未对基础设施进行巡视或者日常检查，更甚者两种检查都不进行的情况是很多的。也就是说，基础设施的欠检查问题是很严重的。

在美国，关于基础设施的维护管理这一社会问题比日本更早出现。美国真正意义上开始规范基础设施的维护是在1920年末的新政政策之后，在20世纪60—70年代迎来了基础设施的建设高潮，领先日本大约30年。因此，可以推断出美国的很多道路基础设施早已在20世纪80年代初期就开始不断老朽化了。1981年经济学家帕特·乔特（Pat Choate）和苏珊·沃尔特（Susan Walter）就写了《废墟中的美国：腐朽的基础设施》这篇论文，给基础设施的退化状况敲响了警钟。

表 6-1　美国土木工程师学会对全美现存的基础设施的评估

领域	1988 年	1998 年	2001 年	2005 年	2009 年	2013 年
航空	B -	C -	D	D +	D	D
桥梁	—	C -	C	C	C	C +
水库	—	D	D	D +	D	D
饮用水	B -	D	D	D +	D	D
能源	—	—	D +	D	D +	D +
有害废弃物	D	D -	D +	D	D	D
内陆水路	B -	—	D +	D -	D -	D -
堤坝	—	—	—	—	D -	D -
道路	C +	D -	D +	D	D -	D
学校	D	F	D -	D	D	D
固体废弃物	C -	C -	C +	C +	C +	B -
运输	C -	C -	C -	D +	D	D
排水	C	D +	D	D -	D -	D
港口	—	—	—	—	—	C
美国的基础设施评价平均值	C	D	D +	D	D	D +
改良成本	—	—	1.3 万亿美元	1.6 万亿美元	2.2 万亿美元	3.6 万亿美元

A:优秀,还能继续供应未来的使用;B:良好,能够支撑当前的使用;C:一般,要引起注意;D:状况不好,存在风险;F:严重,不再适应目的要求。
表格来源:《2013 年美国基础设施报告(ASCE)》

此后,美国政府通过汽油税的增税来扩充财源,一边制定长期的、战略性的计划,一边致力于对基础设施的维护管理和更新。其中的措施之一,便是由美国土木工程师学会(ASCE, American Society of Civil Engineers)所制作的对现有的基础设施的评估(表 6-1)。ASCE 不仅评估了桥梁、道路、铁路、供水设备及排水管道、能源、堤坝、港湾、机场等全美基础设施的状况,还估算了基础设施进行维护管理及改良所需花费的成本。在这次 ASCE 对基础设施的评估中,很多设施都处于五个阶段中的第四阶段,即"D(存在风险)"阶段,这在一定程度上有利于促进国民对于维护管理的紧急性的理解。此外,ASCE 为了使美国基础设施系统的水准处于"B(良好)"等级,还计算出了所必需的投资金额。改良成本的估算金额在年年增加,从 2013 年的估算来看,到 2020 年投资金额将合计达到 3.6 兆美元(相当于 360 兆日元),目前来看,在财源上还差 1.6 兆美元才能补齐(约为

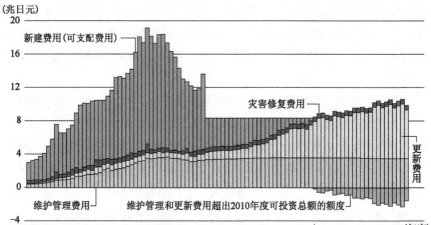

图 6-1 关于日本基础设施的维护更新费用的预测
（基于过去的维护管理更新费用）
图片来源：日本国土交通省

160兆日元）。虽然有人批判这种估算方法太过于粗略，但是不得不承认的是，这种估算方法在一定程度上体现了基础设施维护管理所必需的预算规模，并且能让美国国民认识到基础设施的维护管理的重要性和规模性。

日本国土交通省也预估了未来基础设施的维护更新费用，在国土交通白皮书中列出了直接管理的公路、港口、机场、公共租赁住宅、下水道、城市公园、治水、海岸今后所需的维护管理和更新费用（图6-1）。2011—2060年的50年间必要的更新费用预计约达到190兆日元，以过去的支出标准计算，预计会有30兆日元的资金缺口。

3）维护管理的实务

(1) 资产管理

在严峻的财政制约下，为了让基础设施的维护管理有计划地切实进行，"资产管理"一词备受瞩目。

资产管理本来是指通过对存款、股票等个人金融资产进行风险性及收益性的评估来有效运用资本,使其资产价值实现最大化的投资行为。近年来,资产管理也开始适用于基础设施,被解释为在一定的预算限制下,为了实现基础设施资产价值的最大化而展开的一系列维护管理工作。

资产管理的一个重要工作方法就是预防保全管理。一直以来,维护管理的手段只是通过日常检查和定期检查来发现基础设施的损坏和劣化,根据受损程度采取必要措施。这只是确保基础设施安全性和可使用性的事后保全管理(对症下药疗法)。与此相对的预防保全管理,则是指根据设施的损坏原因和劣化特性来预测将来,为了实现全生命周期成本的最小化,使用最先进的耐久性技术,在适当的时期提前采取必要的对策。

此外,资产管理还参照国际标准化组织(ISO, International Organization for Standardization)所采用的 PDCA 循环❶,制定了与设施运营和维护管理相关的四个阶段的基准,即计划、实施、评估和改善。各个阶段的主要程序如下。

- ●第一阶段:计划(Plan)
  - 制定管理目标和预算限制条件
  - 检查、判断、检测
  - 全生命周期成本(LCC)的计算和管理水准的分析
  - 必要的维护和修复费用的计算
  - 修复优先等级的建议
  - 预算计划的制定
  - 拟定维护和修复计划
- ●第二阶段:执行(Do)
  - 维护和修复工程的实施

---

❶ 在业务活动中顺利推进生产管理和质量管理等管理工作的方法之一。通过重复计划→执行→评估→改善4个阶段,尝试持续改善业务。

- 第三阶段：评估（Check）
  - 关于维护和修复计划的事后评估
  - 资产信息的更新
- 第四阶段：改善（Act）
  - 对维护和修复方针的评估和重新评估

(2) 设施状态数据的集中式管理

在预防保全管理中，特别重要的是第一阶段的计划制定。所谓计划制定，就是预测从现在到将来需要进行的关于设施的维护和修复的具体内容和设施的更新需要，从而计算出必要的全生命周期成本（LCC，Life Cycle Cost），之后再根据计算结果来制定维护和修复计划。

对于基础设施状况的把握是制定计划的基础。无论预防保全管理还是目前为止采取的事后保全管理，首先要对设施劣化的状态进行准确的判断，这一点非常重要。

此外，有必要掌握关于设施的一些基本信息，如设施名称、所在地、建设年份等"基础数据"，还有如设计图纸、遵循基准、施工记录、设计者等"竣工时的资料"，再有就是对基础设施的检查记录、诊断信息、修复记录等一系列"维护管理数据"等。一直以来，这些信息都是作为资产总账被记录保存在纸质媒介当中，但是近年来在不断朝着数字化和数据库化前进。

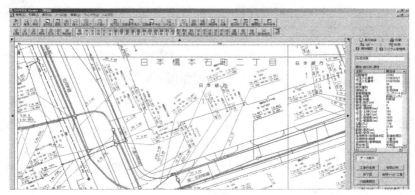

图6-2　东京都下水道管理局信息管理系统的某个界面
图片来源：东京都下水道管理局

例如,东京都下水道管理局利用带有曲面镜的电视摄像机(只需直行即可进行360°摄影的特殊相机)对下水道进行摄影、制图和自动诊断,并把下水道损伤的种类、程度、规模等信息存储在下水道管理信息系统里。这些信息采集集中式管理,根据需要可以随时获取,这对于预防保全型的维护管理、修复、重修等工程的方案制定及施工招标等非常有用。

(3)状态监视、检测

围绕基础设施展开的状态监视和检测等的检查工作,根据所需要的技术等级和检查频率,可以分为三种。分别是:①日常检查工作;②有专业性要求的一般工作;③依赖高度技术判断的技术工作。在这当中,最基本的作业就是通过目测来进行的日常检查工作,以此为基础的资产管理原理也纷纷被全国的地方政府、企业家所引入。尤其是近年来,除了一直以来的目测检查方式外,一些利用超声波、电磁波、红外线等的检查技术也被开发出来。

比如在都市基础整顿方面领先的东京,超过提供使用年数50年的高龄化桥梁的比例比全国其他地方要高,因此这些最早一批的高龄化桥梁需要一些相应的措施。东京为了监测桥梁状态,进行了以下三种检查作业。

第一种是日常检查。员工进行道路巡视和目测检查,确认栏杆、防护栏、路面铺装以及有无异常声音等。第二种是每隔5年进行的定期检查。工程咨询人员徒步或者乘船进行近距离目测检查,确认各种部件是否存在龟裂、腐蚀、变形、歪斜、剥落、漏水、异常声音等情况。第三种则是在发生4级以上地震时所进行的异常情况检查。地震时,员工乘坐巡逻车进行目测检查,确认是否有移动、倾斜、变形、弯曲以及断裂等情况。

此外,在检查方法上也引用了新的技术。以前主要是近距离的目测外观检查,无法对钢制桥墩、钢桁梁的疲劳龟裂及焊接缺点、混凝土板材的空隙以及悬挂系统的张力进行检查。因此,近年来引入了运用新技术的检查方法,比如,把握钢材疲劳损伤程度的超声波探伤试验、涡电流探伤试验,以及对混凝土进行的红外线检测等。

(4) 预测退化与估算全生命周期成本(LCC)

预防保全管理的关键就是预测退化。预测退化首先要制定退化曲线。各工程主体最大限度地利用理论方法、实验数据、现场数据和专家意见来设定退化曲线。因为退化一般受设施所处的环境条件、材料特性、有无应对方法等多重因素左右,所以可以根据其退化零散情况来推测退化程度。

根据预测退化,来探讨设施的维护、修复方法和实施时间。一般会制定几个方案,以各个方案为前提,计算设施的全生命周期成本。全生命周期成本(LCC)作为基础设施的一个经济性的评估方法,由①初期建设成本、

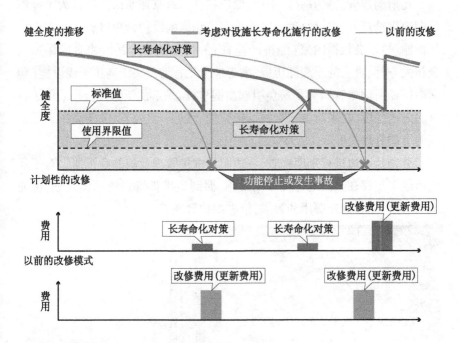

图6-3 通过长寿命化对策削减全寿命周期成本的图示(下水道)
图片来源:国土交通省

②维护管理费用、③更新费用组成。一般来说，比起从开始使用到即将报废时再进行彻底的维修，在使用过程中按一定周期进行检查和维修，保证设施正常运行的方式更能降低全生命周期成本。以计算出的全生命周期成本为基础，选择能实现全生命周期成本最小化的维护管理方案，进而才能制定维护管理计划并展开相应的基础设施的维护管理行动。

4）维护管理的先进案例

(1) 东京瓦斯株式会社的高压线设施的维护管理

瓦斯输送管，分为高压、中压、低压三种。东京瓦斯株式会社为了能够长期地供给瓦斯，根据每种的特性采取了相应的维护管理措施。关于低压瓦斯输送管，会根据国家（经济产业省）的指导及日本瓦斯协会的保障安全相关方针、过去的泄漏经历等，来更换老化管道。关于高压干线设施（包括高压瓦斯输送管），为了避免引起泄漏事故，东京瓦斯株式会社采用了自有的先进手段，在平时就很重视维护管理。以下记述的是关于高压干线设施的维护管理。

首先是一边进行定期检查，一边制作维护管理设施的登记册。对于那些历经多年存在显然退化特征的设施，要制定维护管理的总体规划，优先采取对策，综合判断费用和效果，推进维护管理工作。

图6-4 东京瓦斯株式会社的瓦斯设备管理 GIS（地理信息系统）的图示

图片来源：东京瓦斯株式会社

资产状况采取电子数据化管理,主要的设施、设备由东京瓦斯株式会社独自开发的系统保管[瓦斯设备管理 GIS(地理信息系统)]。随着设施图纸的系统化,也对各设施配备了遥测流量和瓦斯温度的设备。

在安全保障和供给方面,配备相应等级的泡沫和减压设施,能让远程操作成为可能。在更换时把设施的整修记录到系统中,把维护设施相关的信息数据库化。

维护管理高压干线设施的特点就是要巡视线路。高压瓦斯输送管理在道路下面的情况是很常见的。巡视的时候要检查铺设的线路,在不提前打招呼的前提下检查其他工作者的施工情况,确认设施是否存在异常,铺设线路是否有变化等。能系统化的地方尽量系统化,结合人眼巡视方式,构筑最合适的维护管理体制。

(2)东海道新干线的维护管理

对于铁路设施的维护管理,一般可以分为对列车每天行驶中退化的轨道的保养(养路工作)和对于材质退化和自然灾害而采取的中长期的土木构造物的维护管理。

在新干线的养护工作中,为了对列车的实际负荷量加大的状态进行动态检测,新干线电气轨道综合实验车(昵称:黄博士)每隔 10d 会以营业速度进行一次全线行驶。然后对线路的歪斜情况、架线状态、信号电流状况的轨道、电气设备、信号设备的异常情况进行检查。并且马上分析所得检查数据,检查出有必要进行修复的地方。

土木建筑的例行检查基本是以 2 年为一周期进行整体的目测检查作业。对于有必要进行变形检查的地方施行特别检查,确认其疲劳和退化状况。土木构造物的维护管理一般采用两种特色手法。一种是"事后修复和加强"。如果发现土木构造物的某处发生变形,不仅要对变形处进行修复,还要对还没发生变形的同类的构造物提前采取措施进行有计划的修复和加强。因为新干线大约都是在同一时期建造的,所以如果一个地方发生变形的话,那么也可以推定其他同一部位发生变形的可能性也是很高的。

照片6-1 综合实验车(昵称:黄博士)(923型)
照片来源:JR东海旅客铁道株式会社

另一种是"预防保全"。在钢桥和钢筋混凝土(RC)这样的构造物中,以将来可能发生变形的某处为对象,提前采取对策抑制其退化,把构造物的性能尽可能地维持在现有水准。比如钢筋混凝土,以调查结果为基准把混凝土的中性化深度定型化,根据预测结果采取表面保护等预防保全措施来抑制其中性化的加深。

(3)阪神高速公路的维护管理

高速公路不仅是指柏油路和伸缩装置等这些道路主体,还由照明、排水设施等诸多附属构造物构成,并以这些为对象对它们进行检查、维护、修复和清扫等作业。除了这些日常作业,还要对年久退化的设施进行重新刷漆、更换伸缩装置以及重新铺路等。

以阪神高速公路为例,从1964年开通土佐堀到凑町的线路以来,有很多线路也在20世纪60—70年代相继建成,因此,今后这些线路的高龄化和老朽化程度也会急速加深。因为能够用于维护管理的预算十分有限,所以阪神高速公路很早就开始向有专家学者讨教意见,并积极引入资产管理概念。

第6章 基础设施的运营管理与运用

从都市高速公路的特性来看,资产管理的核心是"桥梁管理系统"。具体来说,就是在运用信息工程方法管理构造物时,只要输入设备数量、检查结果、修复记录等信息,系统就会输出所需预算金额、修复的优先顺序、管理账目信息等。未来的退化预测就是根据从保全信息数据库积累的检查结果和修复记录制作出来的退化曲线,来进行预测。然后从预测结果当中算出必要的修复费用。阪神高速公路是以铺修、刷漆、伸缩装置、地板、混凝土构造物、钢构造物为对象工种来构筑系统的。

而支撑上面提到的系统的则是保全信息的数据库。在数据库中囊括资产数据、检查数据、修复数据,这不仅是对道路构造物的效率上的维护管理,也在支援灾害救援活动以及提高道路交通管理高度化当中发挥作用。

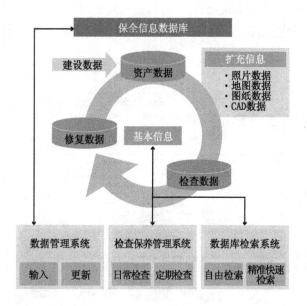

图6-5 阪神高速公路的保全信息管理系统构成
图片来源:阪神高速公路

(4)首都高速公路的维护管理系统

首都高速公路株式会社采用的,有着"基础设施专家"之称的先进道路和构造物维护管理支援系统,能通过激光扫描设施的表面形状来制定极其细致的三维空间,并据此检查构造物的变形情况,为制定检查、修复计划提供帮助。

通过扫描行驶中的汽车照射出的激光来获得三维空间内各位置点的坐标数据。如果在画面地图上指出要调查的位置,那么相关的修复记录、设计图以及三位空间点集数据就会被检索出来,并显示在画面上。如果使用不同观测时期的数据的话,也有可能自动检查出那个时间段设施的变形,这样可以大幅度减少检查人员的工作检查强度。并且,使用这个三维空间点集数据的话,能制成二维和三维的计算机辅助设计图(CAD 图),构造物的各种尺寸的测量也成为可能,不用重新去现场测量,就可以在办公室内进行修复设计和研究具体作业方法。

同时使用像这样获取到的信息和其他的检查手段,可以更加正确地进行设施健全指数评估和退化预测,并且更有效率地开展作业。这样一来就可以不断有效率地推进从检查到退化评价、预测、修复等一系列的资产管理。

© 首都高速公路公司,2017

图 6-6 维护管理信息系统和"Infra Doctor"
图片来源:首都高速公路

(5)"千叶报告"——应用信息通信技术(ICT)市民和行政的联合

在市町村基础设施的维护管理作业中,因为人员不足和预算不足等使得巡视和检查工作开展困难,也就是设施检查欠缺问题十分严重。针对这种情况,提出了有效利用先进的信息通信技术,借助地区居民的力量来对基础设施进行日常检查的尝试。这一尝试于 2014 年 8 月开始,由千叶市带头,称为"千叶市民合作报告(千叶报告)"。

举例来说,当有居民发现道路坏裂、公园娱乐设施损坏等基础设施损伤或不完备的问题时,就可以用手机拍下照片,和地图信息一起报告给市政府。报告的信息上传到云服务里面被实行集中式管理,由市政府对这些问题进行分类,采取相应对策。居民可以在网络上阅览市政府对这些问题的解决情况(已受理、处理中、处理完毕)。通过公开从问题发生到解决的进展状况,旨在提高居民参与意识和行政效率。

"千叶报告"作为通过居民和行政、居民间的合作来维持城市功能,达到信息共有的一种方法,是一次受人瞩目的尝试。今后期待这项尝试不仅是在千叶市,也能在其他地区开展。

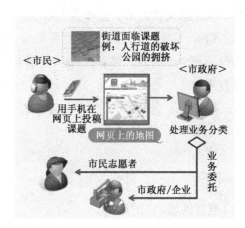

图 6-7 "千叶报告"的图像
图片来源:千叶市总务局信息经营部

第 2 节
维护更新投资

1）资金筹措

关于维护管理所需要的费用，像在第 3 章中所提到的那样，如果是纯公共型的，就要根据需要采取必要的预算措施。而公私混合型和私营企业型因为使用的是企业账目，所以施工主体会考虑使用设备的折旧。

(1) 公物管理：纯公共型

由行政机关担任项目主体的基础设施运营使用的是公家账目（政府账目），关于维护更新所需要的费用是不能积攒的。所以关于基础设施的保养费用会算进每年的运营预算里，在有必要进行大规模的修复和更新时随时都能拿出预算金额。

(2) 折旧：公私混合型、私营企业型

当私营企业是项目主体时，使用企业账目。维护更新投资费用是通过折旧来把手头持有的资金作为资本的。

但是，实际所产生的维护更新费用，不能保证一定在施工主体内部所保留的资金范围内。再者，当施工主体同时负责几个基础设施的运营管理还有进行新的投资的时候，就有必要进行综合考虑来设定维护更新费用。在运用外部资金时，还要注意考虑利息等这些会对施工主体的经营产生较大影响的因素。

2）维护更新项目投资的实例

(1) 原国铁与 JR 的案例

基础设施的施工主体在考虑设备维护更新的资金筹措基础上，重要的是要对新的投资和维护更新的总额进行适当管理，并注重资金内部筹措和外部筹措的平衡。乍一看，这好像都是理所应当的事情，但是因为基础设施工程的初期投资都是很大的，所以必须要认识到如果不慎重地进行资金

管理的话,就会有基础设施工程实施困难的风险。

下面举例说明原国铁的经营恶化事件。如第 3 章所述,原国铁是在 1964 年开始经常出现赤字情况的。在此之后,虽然也进行了各种各样的努力,但是累计赤字的情况并没有改善,反而愈演愈烈。最后为了改善亏空情况而不得不走上了私营化的道路。据说造成这个时期赤字化的一个主要原因就是折旧费的剧增。

原国铁为了适应运输需求的扩大,分别在 1957 年开始了第一个五年计划(投资金额 6000 亿日元),1961 年进行第二个五年计划(13500 亿日元),1965 年实施第三个长期计划(14200 亿日元),接连进行了大规模的集中投资。第一个五年计划主要是对设施、车辆的更新和对电气化内燃机化的推进;第二个五年计划是针对东海道新干线的建设和干线铁路的复线和电气化。第三个长期计划主要是山阳新干线建设和大都市通勤对策,以及对安全设施的强化。因此,这些计划不仅包括了维护更新,还有新建设施和线路的大规模投资。

原国铁的营业收入在 1963 年为 5700 亿日元,1964 年为 6000 亿日元。但是,在这 10 多年间,国营铁路却投资了相当于营业额 5 倍以上的设备。结果,折旧费由 1963 年的不到 700 亿日元发展到 1967 年的 1500 多亿日元,经结算发现,想要有转机而出现盈余是极其困难的。

并且,当时的铁路行政机构对于国营铁路是没有补助金政策的,所以国营铁路的长期计划进行的资金筹措要通过借款(财政投融资借款)和铁路债券(政府发行公债)来实现。这些借款又全是有利息负债,资金成本当时是 7% 左右,所以利息负担越来越重。1964 年支付利息 385 亿日元,1967 年支付利息达到了 1012 亿日元。为了支付这些利息,又要再次借款,如此往复,开始了有利息负债急增的恶性循环。

如此一来,国营铁路不仅因折旧费用的增加而造成盈利困难,因为有利息负债的急增又面临资金流通的困难。这个案例充分说明了在基础设施的运营管理中,对于维护更新和新的投资的总额管理、资金内部筹措和外部筹措的平衡这种原则的重要性。

基于以上经验,私营化后的国有铁路(JR)各个公司都坚持执行设备投资额(包括维护更新和新的投资的费用)不偏离折旧费水准的经营方式。

(2)有效利用连续立体交叉设施制度和加收运费制度:京阪电气铁路的地下化

私营企业型基础设施的维护管理和更新投资也是一样。如果设施是公认对社会有用的,也能得到政府的补助。在此,以京阪电气铁路干线在京都市内的延伸和地下化为例来做说明。

京阪电气铁路干线,是连接大阪至京都的线路,原本在京都市内行驶,终点为三条车站。但随着京都市内汽车交通量增大,京阪干线的路口堵塞情况愈发严重,再者结合需求动向,提出了将线路从三条车站继续往北延伸的课题。

针对两个课题,新设了东福寺—三条站的2.6km地下干线和三条站—出町柳站的2.3km线路。这两项设施的合计施工费用预计超过600亿日元,仅靠铁路公司自身力量来支付费用比较困难,所以有效利用了连续立体交叉设施制度和加收运费制度。

连续立体交叉设施运用于已有铁路线的东福寺—三条站的地下线路中,由此取消了8个道口而备受好评。在总额605亿日元的工程费用中,京阪电气铁路公司承担了费用的16.7%,剩下的部分分别由国家承担55.3%、京都市政府承担28%。

新建设的三条—出町柳这条计划线路,当时为了偿还估算的650亿日元工程费用,采用了加收运费制度。加收运费就是以用作特定用途为目的来对特定乘车区间加收运费,以京阪鸭东线为对象,3站以上的乘车起价费在150日元的基础上追加60日元。虽然金额不多,但是效果明显。在2015年末的统计中,鸭东线的设备投资额为460亿日元,设备使用费和支付的利息费用累计为228亿日元,支出总额为688亿日元。而加收费用的偿还累计金额为201亿日元,基本运费的偿还金额为11亿日元,现在加收的费用已经偿还了所花工程费用的三成。

(3) 东京地铁的案例

地铁的建设初期投资成本很大。即便是这样,东京地铁株式会社(东京地铁)还是实现了营业利润率为25%、自由资本比率为40%左右的优秀管理经营。

东京地铁的前身是帝都高速度交通营团,它在1954年开通丸之内线到1991年开通南北线的这段时间,进行了大规模的集中投资。资本成本急增,在1970年的决算中,折旧费用和支付利息的费用总额占到了营业收入的7成,并且在20世纪70年代还经历过几年的赤字亏损阶段。

此后,由于各种措施开始奏效,经营状况出现好转。比如1962年出台的地下高速铁路建设补助金制度、1990年实施的铁路建设基金(资本费用的补助制度)等措施都卓有成效。另外,某项研究表明,比这些措施效果还要明显的是已经完成折旧的银座线(1927年营业)的收益能力。

现在东京地铁建设新线路的工作已经告一段落,正在进行以提高服务品质为中心的设备投资。在2016年3月的决算数据当中,营业收入为3626亿日元,当月纯利润为900亿日元,折旧费用为670亿日元,预计能够进行大约1000亿日元规模的设备投资。事实上,同一时期设备投资额为1269亿日元,主要用途为安全对策488亿日元(38%)、旅客服务452亿日元(36%)。安全对策是指设置站台安全防护栏及抗震加固等,而旅客服务是指设置车站无障碍设施等。

第 3 节
基础设施工程的运营管理

基础设施在竣工投入使用后,就进入了运营阶段。具体的运营内容虽然会因基础设施种类不同而不同,但是都包含了以下 4 项共通内容:①运营;②创造需求;③风险管理;④经营管理。

运营是指基础设施为使用者提供服务的一系列工作。比如像机场这种基础设施,正是因为通过管制和物流处理等操作才发挥自身功能的。

创造需求就是为了让基础设施得到使用而进行的工作。像交通类的基础设施,正是因为被使用才能发挥自身作用。

风险管理主要分为两种:一种是规避风险,保障基础设施的正常运作;另一种是在发生重大灾害时,通过防灾减灾来尽可能地保证基础设施的功能。

经营管理主要是指通过对公私混合型和私营企业型基础设施进行管理,以实现提供持续服务的目的。

以下是关于各种管理业务的概要和相关案例。

1) 运营:信息产业化的基础设施

一般来说,大规模基础设施的使用者数量非常庞大,单是收取使用费就是一项巨大的业务。其次,关于一级河流上下游水量的监测、国际机场的运行时间管理、大都市圈的铁路运行管理等一系列业务都伴随着巨大高效的数据管理和使用。

因此,在基础设施的运营方面,很多领域已经运用了信息通信技术(ICT)。基础设施其本身就是固定费用占比很大的"基础产业"。另一方面,在基础设施的运营层面,现在可以将其称作"信息产业"。基础设施的运营毫无疑问是人类的工作,但是近年来所需处理的信息量呈爆发式增长,因此庞大的信息系统也是非常必要的。

第6章 基础设施的运营管理与运用

(1)机场:航空交通流量管理和航空领域管理[1]

在机场的运营方面,主要目的是实现飞机的安全航行和准时运行。近年来飞机飞行状况拥挤,比如拥有四条跑道的羽田机场,其一天接待航班起降次数超过了1200次(补充:世界上起降次数最多的机场是美国的亚特兰大国际机场,为2600次/d)。在一条跑道上,虽然在最拥挤的时候飞机起降也有2min的间隔,但是这已经是超过了山手线运行时间表的高密度运行。此外,为了使巨型喷气客机的起降速度达到200~300km/h,需要进行细致严谨的管理。

支撑这些机场运营的正是航空交通管制信息处理系统。在该系统中,输入飞机的飞行计划、飞机位置、飞行速度信息、航空领域的利用状况等信息,对各机场进行适当的航空交通流量的预测,向控制交通流量的责任人提供有益信息提示。

汇集飞机飞行计划的系统被叫作"飞行信息处理系统或管制信息处理系统(FDMS/FDPS,Flight Data Management System/Flight Data Processing Section)"。它能为各机场的指挥官提供指挥运用方面的必要的飞行计划信息。

飞机在进行高速长距离飞行时,对其位置信息的掌握是极其重要的,所以要通过多重监视系统来对它进行跟踪、控制。用作掌握飞机位置和地速的雷达在各机场及全国都有配置,从这个雷达得到的信息在通过机场航线雷达信息处理系统(RDP,Radar Data Processing System)、机场大楼雷达信息处理系统(ARTS,Automated Radar Terminal System)、机场雷达信息处理系统(TRAD,Terminal Radar Alphanumeric Display System)等提供给指挥室。再者,要想定位飞机在太平洋上的位置,就要通过海洋空中交通管制数据处理系统(ODP,Oceanic Air Traffic Control Data Processing System)来定位,显示出来。

飞机在空中的可飞行区域叫作空域,为了实现安全的航空交通,必须对其状况进行把握。为此,设立空域管理系统(ASM,Air Space Management

---

[1] 来自国土交通省航空局的主页。

System），把民航训练试验空域、自卫队限制空域、火箭发射等相关空域利用的信息进行集中式管理，发送给相关机构，来支撑空域利用空间的调整。

把这些信息总结后进行分析，为了防止特定的航线和机场的航空交通量过度集中，就要预测适当的航空交通量，然后向各机场发送信息。这就是航空交通流量管理系统（ATFM，Air Traffic Flow Management System）。

在机场运营当中，不仅仅是应用像这样的管制作业相关的系统，还会使用各种各样的信息系统。我们把这些统称为航空交通信息系统（CADIN，Common Aeronautical Data Interchange Network），即把国际航空固定通信网（AFTN，Aeronautical Fixed Telecommunication Network）、国际航空交通信息通信系统（AMHS，ATS Message Handling System），前面提到的管制信息系统、气象厅、防卫省、各航空公司等的系统一起连接起来，处理飞机飞行相关的飞行计划、气象和搜索营救等多种多样的信息，来为各机场的事务所、办事处等的业务提供支持。

除了飞机的运作之外，在报关、引导和物流控制等方面，也需要各种信息系统的支持。

(2) 港口：海关运作

船舶的速度和飞机比起来是慢很多的。在港口运作当中，相对于船舶位置信息的掌握，可以说船舶靠岸后的物流运作的系统化所占的比重更大的。支撑大型国际港口的信息系统，每个国家和港口都各有特色，下面列举新加坡港口局的例子来让大家清楚地理解系统的构成。

新加坡港是仅次于上海的，港口货物吞吐量占世界第二位的大型港口。已与世界123个国家的600个港口通航，每日平均停靠船只为90艘，一天能够处理相当于6万TEU（Transmission Extension Unit）的集装箱，其货物吞吐量的约85%都为转运货物。同一港口是由新加坡国际港务集团有限公司（PSA International Pte Ltd）来运营的，其分别在电子交易、海关运作、海关出入管理这三大领域进行了信息系统化操作。

这个电子交易系统叫作海港网络(PORTNET),连接了新加坡国内的船舶公司、运输公司、无船承运人(NVOCC,Non-Operating Common Carrier,自身并不拥有船舶等运输工具的货物运输工作者)、政府机构等,现在登录用户达到 9000 以上。通过这个电子交易系统,用户可以进行预订集装箱泊位、安排转运、最大化利用箱位、联合船舶公司间的信息交换、关税申报、支付关税等一系列操作。

而支持海关运作的则是智能码头操作系统(CITOS)。通过这个系统能对中央控制室的各种作业进行实时集中式管理,并对各操作人员进行业务指示。比如可以根据海港网络(PORTNET)的信息,来考虑货物重量、收件地点、有无特殊对策等,以把卸货的集装箱放置在最合适的地方。

海关出入管理的信息系统,每日控制着出发和到达新加坡港的 8000 辆车,最高峰时达到每小时控制 700 辆卡车的出入。关于驾驶员资格的审查、卡车重量的测定、集装箱编号的确认等这些出入手续全部都实现了自动化,一辆卡车所需的时间仅为 25s。

(3) 铁路:运行管理系统

铁路的运行也需要信息系统的支持。为了实现固定线路上多辆列车的高密度且顺利的行驶,信息的把握、信息的流通和远距离操作这些可以说是高速铁路网和都市铁路网的生命线。这一相关的例子有很多,此处列举 JR(Japan Railways)的例子来做说明。

日本初次实现对铁路运行实行中央集中控制的这一想法是在 1954 年的名古屋铁路和京滨急行电铁上。这个时期导入的计算机系统,叫作列车集中控制装置(CTC,Centralized Traffic Control)。CTC 把列车运行状况实时显示在展示板上,各车站的道岔操作也是在指令室集中实施的。1964 年开业的东海道新干线,从最初开始就全线引入了 CTC。但是,在 JR 设立的 1987 年,JR 东日本管辖内的 7000km 原有铁路线大约有 44% 的非系统化线路无法监测实际运行中的列车的位置信息。

与 1972 年山阳新干线冈山开业同时导入的有 COMTRAC(Computer Aided Traffic Control System)系统。它是在 CTC 的基础上,根据输入的运行时间表来自动构成前进道路的系统。CTC 是通过手动的方式来把信号管理集中到司令员这里的。而 COMTRAC 则加入了信号的自动控制化。另外，作为 COMTRAC 的进化形式，新干线综合系统（COSMOS，Computerized Safety, Maintenance and Operation Systems of Shinkansen）如今应用在 JR 东日本管辖内的新干线运行管理中。COSMOS 的功能，不仅是输送管理，还覆盖了运行管理、车辆管理、设备管理、保养作业管理、电力系统控制、集中信息监测、区域作业管理等。

在原有铁路线中，实现信号自动化管理并支持运行时间管理的系统被叫作自动前进控制装置（PRC，Programmed Route Control）。PRC 是在 1976 年被引入武藏野线路的，之后也被应用到了东北干线中。但是，这项系统不适用于大规模车站的前进控制，因此，有必要讨论根本的改善对策。

现在 JR 东日本导入了解决了 CTC 和 PRC 遗留问题的系统，叫作东京圈输送管理系统（ATOS，Autonomous decentralized Transport Operation control System）。ATOS 由中央装置、线路中央装置、车站装置三个层面构成，是集运行时间管理、行驶管理、自动前进控制、旅客引导、保养作业管理为一体的综合系统。这样全面的信息系统化支撑实现了首都圈的高密度、高频度的铁路网运营。

(4) 公路：智能交通系统（ITS，Intelligent Transportation Systems）

公路不同于铁路、港口、机场，它是无法提前直接控制用户（汽车、行人等）的出行的。因此，在公路领域，根据提供的实时信息来间接引导交通流量，为实现公路利用的有效化和确保用户安全，ICT 化正在不断发展。

公路交通的信息化统称为 ITS（Intelligent Transportation Systems，智能交通系统）。ITS 的内容涉及很多方面，如包含导航系统、ETC（Electronic Toll Collection System，高速公路自动收费系统）、安全驾驶帮助、停车场引导、根据出租车的刮水器的工作信息来提供局部气象信息等。

在ITS系统中,支撑基础设施利用的一个例子就是公安局推进的新交通管理系统(UTMS, Universal Traffic Management System)。这种系统就是通过分析安装在道路上的光学式车辆感知器(光波)得到的道路运用情况等信息,来进行实时交通管理的结构模式。UTMS是由信号控制等的智能交通管制系统、向驾驶员传达道路拥挤状况的交通信息提供系统、支援授予了专用ID的公共车辆能够顺利行驶的公共车辆优先系统、向利用公路的用户提供行车数据的车辆运行管理系统、根据道路旁边的废气感知器和噪声感知器的数据来引导车辆防止拥挤状况恶化的涌入控制系统等多个子系统构成。

ITS在国际协调合作下推进,在每年秋天召开的ITS世界大会上,很多相关人士聚集于此,互相积极地交换信息(在2013年召开的ITS东京大会上,共有来自69个国家的3935人参加)。

(5) 河川管理：检测和运用

在河川管理上,也在施行信息化。由日本主导设立的就是河川信息统合系统。

河川信息统合系统具有统合遥测数据(全国国土交通省和都道府县的17000个观测所的数据)、雨量数据(包括全国9000个观测所)、水位数据(包括全国5500个观测所)、雷达数据、台风数据、处理预警报电文和气象信息(自动气象数据探测系统)、实时数据和既往数据,将信息提供给河川管理者的功能。这个系统作为全国广大地区灾害管理的基本信息数据库,不仅可以让河川管理者有效利用,还可以通过网络来提供信息。

关于个别河川的管理,其各自的管理者也在推动信息化。例如信浓川河川事务所所采取的措施。这个事务所维护管理着包括大河津堤坝、大河津可移动堤坝等大规模设施,还有闸门、水管、排水泵站等的68个地方的164个设施。对于这些设备的管理构筑了远距离监视控制系统。

这个系统可以监视各设备的运行和故障状况、显示水位变化、报告故障、显示运行和故障记录、自动生成运行记录等信息、进行声音通话[连接事务所(办事处)和现场]、对河川管理设施进行远距离操作、利用智能摄像头拍摄室内操作以确认操作台和闸门等操作人员的情况、借助远距离操作摄像机监视河川管理设施的发展等。

河川管理业务的自动化、远距离操作化、网络化,不仅提高了业务效率,还确保了操作人员的安全,有利于紧急状况下采取切实的措施。

(6)供电:发电、系统、配电控制

供电网是通过输电网连接发电站、变电站,向需求地输电的基础设施。它的运作,依靠发电控制系统、综合控制系统和配电控制系统。

发电控制系统,就如其字面意思,是监视发电站里的锅炉、涡轮机、发电机等各种机器来进行相应控制的系统。综合控制系统则是让来源于几个发电站的电力最有效率地通过安全输电线路到达需要地,有意外事故发生停电时则要迅速转换迂回线路,以将停电范围控制在最小限度之内。配电控制线路主要是监视和控制配电用的变电站及其众多的配电线路。

电力是不易储存的能源,要不断监测其需求的变化,通过上述这些系统来对它进行实时的需求调整。电力公司根据需求观测信息对各发电站发出供电指令,规定发电量。近年来,在传统的需求管理的基础上,充分利用太阳能和风力发电的新电力需求管理系统的重要性正在逐渐凸显。

2)创造需求

因为有效利用了基础设施,所以其投资效果也很明显。尤其体现在交通、能源等领域。再者,对于公私混合型和私营企业型的基础设施来说,使用费收入的增加对基础设施利益核算是极其重要的。因此,企业家们针对基础设施的有效利用,即创造需求,开展了各种各样的工作。

(1) 陆上交通：目的地管理

铁路、公路等地上交通，本来多建设在原本就有需求的区间，但是也有许多为了创造需求而做出的尝试。交通中的创造需求，也就是所谓的"旅行出行"的增多，伴随着流动人口的增加也与地域发展紧密相关。

比如以应对上下班需求为目的的都市铁路为例，铁路公司会把消遣娱乐设施设在郊外，而非都市中心办公大楼的聚集地，因此，我们经常可以看到和上下班反方向的娱乐设施。像阪急电铁的宝塚歌剧院、西武铁路的专业棒球场这些都是很好的例子。

此外，还会有很多在高速公路的联络道路（连接高速公路和普通公路的出入口）周边设立工厂区和出口直营店等，来促进物流流通，发挥集客效果。这不是公路建设者所做的，而是当地自治体充分利用交通条件的改善招揽设施，以促进地域活力为目的，来实现增加行程旅行数的例子。公路相关方面在很多时候都会协助这些工作。

近年来，考虑到能欣赏地域景观的道路具有集客效果，所以在积极开拓这样的线路，并致力于让更多的人知道这些线路。美国在1980年以后，为促进这些活动而制定了相关法律，在景观性、历史性、自然性、文化性、娱乐性、考古性这6项中，只要符合其中一项以上就被认定为国家观光大道（National Scenic Byway），符合其中两项以上的则被认定为泛美风景道（All American Road）。同样作为尝试，日本风景街道战略会议（Scenic Byway Japan）则选定了全国130条以上的线路来作为模范线路。像这样为创造需求所做的努力，在观光学中被称为"目的地管理"。目的地管理是一种挖掘、评价当地具有集客性特点的资源，把它与交通基础设施（方便出行）和服务设施组合起来，通过适当的宣传活动来扩大其知名度，从而增加交流人数的方法论。作为当地实施这些措施的核心机构，同时作为打造观光地的重要一环，最近很多地区采用日本版的DMO（Destination Management/Marketing Organization）方法，并设置了法人代表。交通机构也在和DMO模式的合作下，促进了交流人数的扩大。

(2) 机场、港口:港口推销

促进港口和机场使用的措施被称为港口推销、机场推销。具体措施虽然各个机场、港口存在差异,但总的来说,主要有举办港口使用说明会、参加大规模展览会和企业访问等。企业访问很多场合,是通过高层推动(港口管理领导或地方自治体领导访问企业高层)来直接发动海运公司、航空公司和货主的。

比如成田机场株式会社就会抓住航空相关的大规模展示会 Routes 会议、国际航空运送协会(IATA,International Air Transport Association)的年度总会、行程调整会议、World Low Cost Airline 会议(WLCAC)等各种机会推动世界各国、各地区的航空公司在成田机场开设航线。并且,不只在航空方面,成田机场株式会社还参加了相关观光活动,比如"JATA 旅博"[JATA,Japan Association of Travel Agents(日本旅行业协会)]等,积极地同各国观光旅游局及旅行公司交换意见。

3) 风险管理

(1) 基础设施工程的风险

基础设施因为寿命很长,它在使用期间会出现各种各样的状况。再者因为基础设施投资巨大,如果发生一些事故的话,那么其损失金额也可能是很大的。把这些存在的风险从多个观点出发制成体系,用表6-2 表示。这个表是根据 PPP 模式(PPP,Public-PrivatePartnership),以基础设施在亚洲的展开为设想的。虽然汇率风险这些不包含在国内工程中,但是这个表囊括了一般基础设施工程都会存在的风险的大致范围,有助于我们的理解。

本章因为主要阐述基础设施工程的运营阶段,所以在此处重点提及表中的"整体"和"运营"阶段。在"整体"中列出的政治风险、经济风险(主要是宏观经济所引起的风险)、自然灾害风险,因为都是施工者所无法控制

表 6-2　基础设施工程的风险的例子

风险发生的阶段	分　　类	风险性的具体案例
整体阶段	政治风险	对项目的政治性抵抗、法令变更、政权交替而引起的项目环境变化、区域战争爆发
	经济风险	因利率高涨而造成的借款成本的上升、基础设施进行中遇到的收支核算恶化、汇率变动风险
	自然灾害风险	因发生自然灾害造成的设备损坏、修复成本、损害赔偿
建设阶段	土地使用风险	土地取得风险，土地使用状态风险(地基、土壤污染等)，项目认可风险、因环境评价等造成的项目延迟、因遗迹挖掘而造成的项目延迟、土地征用风险、用地进出风险、抗议者风险、剩余地处理风险
	建设风险	建设承包合同的风险、承包商的可信赖性风险、施工费用高涨的风险、公共机构(招标方)的决定变更风险、建设期间确保收入的可靠性、技术的失败、无法预料的自然条件
	竣工风险	因承包商造成的工程延迟风险，因其他原因造成工程延期的风险，不满水准要求的设计、设备、技术风险
运营阶段	操作风险	需求风险、网络风险(竞争设备的整备等)、关于公共机构支付的风险、服务质量低的风险、OPEX风险(Operating Expence，业务费、运营费)、维护管理风险、人才风险和劳动者风险
	终了风险	项目公司倒闭破产风险、公共机构因某种原因终止项目的风险、因不可抗力发生损失的风险、关于残留价格分配的风险

注：本表基于日本经济产业省《亚洲基础设施金融研究会中间报告》，2016年3月制作。其原始出处为 Yescombe E. R. (2013) Public-Private Partnerships: Principles of Policy and Finance, 2nd edition。

的,所以就应该正确认识其发生概率,采取措施尽可能让风险发生时的损失降到最低。而在"运营"阶段中提到的那些风险,是能够通过努力经营而抑制其发生概率的,所以针对基础设施性质来采取合适对策是很有必要的也是有效果的做法。比如需求风险、提供低质量服务的风险、管理支出(OPEX)风险、维护管理风险、人才和劳动者危机等。

并且,基础设施工程(在这要指公私混合型和私营企业型)的初期投资是巨大的,并且由于各种规定的制约,其费用的设定也很受限。如果在初期投资没有得到偿还的情况下想要继续基础设施工程的话,那么以利息上升风险为代表的资金层面的风险(经济风险)则是面临的最大难题。

(2) 风险对策

　　风险对策,首先是从风险评估开始的。风险评估是指在风险识别和估计的基础上,预测风险发生概率和损失的程度。我们也把它叫作"风险的定量化"。评估的视点因基础设施工程的性质不同而不同。下面列举图6-8的例子。在这个图中,横轴是风险的发生频度,纵轴是风险损失程度。在图中画出了各种设想的风险。分析图表可以看出,当风险发生频度低,影响程度小的时候应通过基础操作来减少损失;当风险发生频度高但影响程度小和发生频度低但影响程度大的时候,采取保险管理则是明智的做法。

　　风险管理一般分为风险控制和金融风险两种方法。风险控制是以管理者能够控制风险发生频率和发生时的影响为前提来进行的。像前面提到的OPEX风险和维护管理风险就适用于风险控制。而金融风险则是针对无法防止其发生的风险,考虑如何填补预想中的金钱损失的方法。在这当中,常见的手段有应用保险和增加专款等。

　　在金融风险中,保险在经营上占有重要位置。举一个稍微老一点的例子,JR九州旅客铁路株式会社在1994年3月的结算中,面临着私营化后的

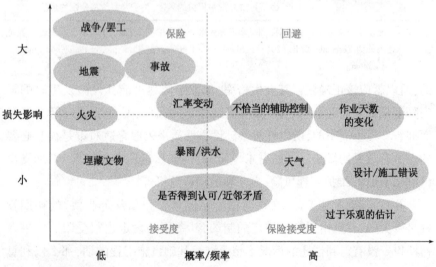

图6-8　风险种类示例

第6章 基础设施的运营管理与运用

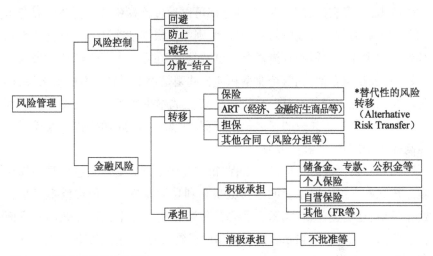

图6-9 风险管理的体系的例子
图片来源:基于国土交通省国土交通政策研究所《社会资本扩张过程中关于风险的研究》制作

首次赤字危机。由于前一年夏天的大雨和台风灾害的影响,修复费用和收入损失合计超过了108亿日元。其中除去折旧资产的修复费用,仍然还有六十多亿日元的亏损。最终虽然实现了3亿多日元的盈余,但在其中发挥大作用的还是灾害保险下发的10亿日元。原国铁是不适用于私营损害保险的,日本的第一个土木建筑物保险是在国铁民营化之后,由几个赔付公司共同开发出来的,并于1991年5月开始销售。也就是说,上面提到的JR九州旅客铁路株式会社的赤字危机是由国有铁路时代不存在的灾害保险所拯救的。

4)经营管理

(1)经营指标和财务管理

为了基础设施工程可以长久使用,工程主体平稳高效的经营是很重要的。因此,根据合理的经营指标进行财务管理是必不可少的。

工程主体的工作必须在资金循环中开展。无法支出营业费用的话,那么偿还借款也是很无力的。如此一来,工程主体就陷入困境无法开展经营管理工作。纯公共型基础设施,在资金循环过程中因为具有征税权这样一种强制力,所以它的资金筹措大部分都可以通过预算获得。而公私混合型和私营企业型基础设施所需要的资金,则需要根据基础设施的收益性来从其他工程主体那里得到筹措资金。也就是说,在必须让资金运转起来这一过程中,公私混合型、私营企业型和纯公共型是很不同的。本质上来说,还是因为工程主体背负着"资金成本"。资金成本主要指的就是需要偿还利息。基础设施工程失败的很多例子,都是因为资金筹措的困难,因承受不住高额资金成本,才破产或放弃的。

初期投资巨大的基础设施工程,很多时候借款和支付利息也是一笔巨款。比如有人说铁路工程的经营就是和利息的竞争。这种现象不只是在铁路领域,在高速公路、能源企业和其他装置型产业中也是存在的。下面将主要以公私混合型和私营企业型基础设施为对象,重点以资金成本这一课题为中心展开论述。

对经营状态的把握,主要根据财务相关表格来进行。如第3章所整理的那样,资金筹措大致分为负债(debt)和股东资本(equity)。前者主要是借款和公司债务,要偿还本金和利息。后者是接受投资的形式,没有偿还义务但是要对投资者进行分红。利息的支付是费用,分红则是利益的分配。支付利息增多的话,费用也会增多,从而会减少利益,影响分红的金额。分红下降的话肯定也会对股票价格产生影响。基础设施工程的折旧费用高,包含人工费等的固定费用比重高。另一方面,因为基础设施受费用制约,扩展营业额的自由度也很受限,所以很难期待其有高营业额高收益。在这样的条件下,支付利息的增减会对经营产生很大的影响。

因此,要想对基础设施进行良好的经营管理,就要把股东的分红金额放在心上设定合理的营利目标,在完成利益目标的范围内抑制营业费用。支付的利息也应该要控制在营业费用当中。

有利息负债的状况很大程度上关系着企业财务的健全程度,所以评估负债状况的指标也有很多。其中一个就是负债比率(debt equity ratio),这是表示负债(debt)是股东资本(equity)的几倍的数值。通常,如果低于1的话,就可以看作财务状况比较良好。

但是,事实上其中掺杂很多现实的因素,要实现持续健全的工程运营并非易事。对经营来说是不好因素的各种风险已经在表6-2中整理出来,利率上升的风险也是和自然灾害、需求低迷同等重要的影响因素。

(2) 基础设施工程中利率的重要性及其管理:以高速公路为例

能表明在基础设施工程中利率管理重要性的例子,就是旧日本道路公团的累积债务偿还。继承公团债务的是采取上下分离措施来保有设备的高速公路持有和债务偿还机构。民营化的高速公路公司把道路设施的贷款费用支付给这个机构,这个机构把这些费用作为资本来偿还继承的债务。债务总额为40兆日元,平均偿还利率为4%,偿还年限为45年。设想利率固定情况下的偿还总额如果是本息均等偿还的话,就是86兆日元,这一金额即使平均利率浮动1%,也会有10兆日元规模的上下浮动。

利率上升风险虽然很大,但是在民营化之前的10年里,大部分借款为财政投资,利率没有超过4%,而且,当时利率低于1%的情况也很常见。之后就以高利率时代的财政投资借款为中心,迎来了还旧债借新款的时期,债务越来越多,在利息管理上甚至大幅压缩了偿还期限却还是债务压身。在高速公路持有和债务偿还机构成立后,每年平均可以减少约1兆日元规模的债务。有利息负债的平均利率低于2%,可以看出充分利用低利率的有利环境进行有效的利率管理的作用。

因此,利率管理对基础设施的经营来说是极其重要的。除了低利率情况下的还旧账借新款(再融资)方法外,还有通过金融派生商品来防范(回避、减轻)利率变动风险、把从高速公路公司得来的将来的贷款费用证券化来进行资金筹措等多种方法。通过运用这些利率管理方法能够缓和因利率变动给财务带来的影响。在美国的公共交通企业家之间,这种复杂的管理手法已经相当普及了。

(3) 资金循环风险和基础设施的存废：以地方铁路为例

地方铁路停止营业有很多不同的原因。在基础设施利用需求不高的地区，基础设施工程主体通过削减经费也能实现稳定的基金循环。但是，因为无法筹措灾害损失所需的修复费用而不得不放弃基础设施工程的例子也不少。宫崎县的高千穗铁路就是这样一个例子，而遭遇 2016 年熊本地震灾害的南阿苏铁路也面临同样的难题。

高千穗铁路将原属于原国铁特定地方铁路线的高千穗线承接到第三部门"高千穗铁路"中，由高千穗站连接宫崎县的延冈站的线路总长为 50km。原本计划的是 1989 年开始营业的第三部门会在第 17 个年头开始转入盈余状态，却由于年度利用人数的减少而发展到了经常亏损 6000 万～7000 万日元的惨况。到开业第五个年头，其损失金额的一半都靠国家补助金维持，之后又把当初从原国铁脱离时而得到的承接补助金作为资本，通过清理基金和依靠宫崎县、沿线自治体的补助金来填补，以继续营业。

但是，由于受 2005 年的台风 14 号引起的五濑川（注：日本一河川名称）的水灾的影响，高千穗铁路除了有两座桥梁被冲走之外，一部分区间的钢轨也被冲走，线路下的填筑的土也坍塌了，蒙受了很大的损失。如果要修复的话，预计十年间所需花费为 40 亿日元。即使有作为股东的宫崎县和沿线自治体的一部分资金支持，自己所承担的那部分的资金筹措也是很困难的。于是在同年末的股东大会上，决定停驶，并进行资产清算。

第 4 节
基础设施工程的开展

基础设施工程,尤其是本书所言及的公私混合型和私营企业型当中,能看到很多基础设施工程主体有效利用其特性来开展工作的例子。虽然形态各有不同,但总的来说可以分为两大类:①基础设施服务的开展;②以顾客为起点的商业开展。

基础设施服务的开展是指一个工程主体在多个基础设施当中开展基础设施运作和管理的相关业务。这种业务开展形式多见于实行了上下分离操作部分的铁路、机场和港口等较为固定的领域。

以顾客为起点的商业开展是指,在存在很多固定消费者的基础设施中,也就是以所谓的"固定客户"为对象来提供基础设施服务之外的各种商品和服务。私营铁路公司开展的沿线的不动产开发就是典型的例子。下面展开详细的说明。

1) 基础设施服务的开展
(1) 基础设施运营商的国际化

随着基础设施运营具有独立专门性,对于它的市场进出规定也愈发严格,可以说准入门槛越来越高了。但是另一方面,一旦积累了基础设施工程相关经验,这些经验很多时候也可以活用于其他基础设施的运营当中。因为港口、机场、上下水道等的运作具有国际通用性,所以在第 3 章中可以看到一些运营商因经验丰富、极具竞争力而承接国外机场和港口运营的例子。

笔者认为这种趋势在今后会更加明显。因为以发达国家为中心的 PPP/PFI 模式在不断发展,并且特许经营方式也在各国不断普及,所以可以推测今后能够执行计划、资金筹措、建设、运营任意业务,或者所有业务的私营企业会出现并逐渐增多。比如像我们在第 3 章中看到的法国的米约高架桥那样,建设者成为基础设施工程主体,设立公司,从资金筹措到运营都通过特许经营方式来承包工程的案例很吸人眼球。建设行业是承包型的接受订单的产业,所以为了企业的存续就必须要不断寻求新的订单。

像这样的基础设施的运营模式,因为有费用限制等可能无法获得高收益,但是经过数十年的长期经营的话,是可以取得稳定的收益的。从经营角度来看,具有这种特性的不同工程的组合还是有一定魅力的。可以预想,在今后的国际基础设施运营商市场上,将会有各种各样的竞争者参与进来。在这当中,不只是同行业的运营商,不同行业的运营商及建设行业也会不断增加。

(2) 各种各样的案例

活用基础设施运营经验,向其他地域和国家扩大业务的例子,我们在第 3 章中已经提到,如机场和港口的操作人员等。下面简要介绍水务和路上交通等其他领域的例子。

①水务:威立雅水务公司。

供水设备和下水道的处理业务统称为水务。它的市场规模在全世界估计达到 100 兆日元以上。在日本一些基础设施是纯公共型的,而在欧洲等一些基础设施领域其私营化性质在逐渐凸显,在这当中,持有最大市场占有率的则是法国的威立雅水务公司(Veolia Water)。

这个公司的从业人员不足 10 万人,却已经在 43 个国家开展了业务。其经营的饮用水生产车间超过 4700 个,年水配给量达到 95 亿 m^3。并且,经营着 3500 个排水处理场,年排水处理量超过 67 亿 m^3。供水人数达到 1.3 亿人,总销售额约为 300 亿欧元(约合 3.4 兆日元),营业利益超过 10 亿欧元(约为 1100 亿日元)❶。

这个公司在 1853 年,作为取得里昂市的供排水业务的特许经营的单位,由拿破仑三世下旨设立。之后,此公司充分利用在里昂市积累的经验,在其他地区也积极地开展了供排水业务。以 1861 年接受巴黎市的委托为起点,接着在 20 世纪 90 年代分别进入伦敦、柏林、圣彼得堡的市场。威立雅水务公司一如既往地积极引进新型技术,在 1907 年,引入了世界第一个消毒/漂白处理设施,1999 年导入了世界第一个纳米水处理装置。据说该

---

❶ 数据来源于威立雅公司主页的 2014 年结算。

公司就是因为有着在水处理所需机器的提供、水处理相关的设施的设计和施工管理、设施的操作等各个阶段的全方位的服务链,所以才能开展世界性的业务。并且,此公司是政府占7成、私营占3成的一个比重,所以它会把通过私营所锻炼出来的压缩成本技术应用到政府性质中,来实行保证长期稳定收益的战略。

②铁路的运营:香港铁路有限公司的国际开展。

随着铁路业务的上下分离、特许经营和PPP/PFI模式的推广,铁路运行业务国际化发展的企业也在欧洲各国逐渐增加。这样的企业在各个国家都有,比如法国的威立雅运输集团(Veolia Transpor)、英国的第一集团公司(First Group plc)、比利时的大力士国际公司(Thalys International)等。并且,近年来,在亚洲也出现了以国际化发展为志向的铁路运营者。比如香港铁路有限公司(MTR Corporation)。这家公司是在1975年由香港政府全额出资设立的,在2000年成为股份有限公司。这家公司运用了在香港的铁路业务和周边开发过程中积累的宝贵经验,以取得北京和深圳地铁的特许为开端,之后与英国的合作公司开展铁路运营,并在斯德哥尔摩、墨尔本以特许权协议的方式开展了地铁运营。

③高速公路的运营:以欧洲企业为中心的国际开展。

关于高速公路的运营,在特许经营方式普及的欧洲,致力于国际业务开展的企业有很多。比如西班牙的铱星公司(Iridium Concesiones de Infraestruturas, S. A.)、辛特拉公司(Cintra. S. A.)、阿伯蒂斯公司(Abertis)、法国的万喜公司(Vinci)、意大利的亚特兰蒂亚公司(Atlantia S. p. A.)等。这些公司的业务开展并不只限于欧洲各国,还承接北美、中南美的高速公路的运营业务。

进出海外市场的道路基础设施型的企业,它们会把建设机能保存在自身企业内部或企业联盟内部,并逐步形成适应特许权协议的体制。

2) 以顾客需求为起点的商业开展

(1) 基础设施的顾客及其需求

在基础设施当中,都市铁路和高速公路的利用人数庞大,并且,许多消费者会反复利用这些基础设施。都市铁路的通勤利用以及沿线卡车对基础设施的利用都是典型的例子。像这样，如果基础设施的固定顾客层超过一定规模，那么就会催生很多新的商业机会。

基础设施的顾客，其最终目的肯定不是单纯地利用基础设施。使用交通设施是因为顾客有到达目的地的移动需求，利用交通设施只是达成目的的手段。交通需求有的时候也被叫作"派生需求"。派生需求的意识是很重要的，如果顾客的移动目的是通勤和上学的话，那就把目的地设在沿线，也就是说，招揽办公设施和学校在沿线设立。相反的，如果顾客以回家为目的的话，那就要考虑建设住宅区。另一方面，在顾客移动过程中所经过的地方，隐藏着很多潜在的商机，如流通、零售业等。

综上所述，以基础设施的固定顾客层为对象，争取扩大商业机会是基础设施业务人员的特质，到目前为止有很多这样的例子。我们要认识到顾客需求是随着时代变化而不断变化和扩大的，根据顾客需求变化来采取对策直接关系到固定顾客层的满意度的提升和业务的发展。

(2) 各种各样的案例

①东急集团（东京急行电铁株式会社）的案例。

以首都圈西南部一带为商业区域的东急电铁，正在形成拥有几百个联结子公司的企业集团形式。其发展的很重要的原因，可以说是始于铁路施工和运营以及沿线的住宅区的开发。其次，结合沿线人口增多的事实，该公司根据顾客需求来提供各种各样合适的服务并开拓新的商业机会。这一点在田园都市线沿线的发展以及东急集团的商业开展中，可以窥见一斑。

东急田园都市线是在20世纪50年代作为多摩田园都市构想被提出来的。在60年代开通了沟之口—土笔野（东急田园都市线的车站名）线路后，紧接着在70年代开始了新玉川线和经营财团地铁半藏门线的直通运营。当时已发展成为首都圈西南部的一大通勤线路。计划用于东急多摩田园都市开发的约3200公顷的土地区划整理中，其地域人口由开发之初的 5 万人，发展到了现在的 50 万人。

东急电铁，早在 20 世纪 50 年代就已经以沿线开发为主要业务了，比如开办"东急不动产"、设立运营站前零售店铺（百货商场）的"东横兴业"（现东急百货），来迎合沿线人口的增加。70 年代，为适应沿线搬迁需求，设立了"东急区域服务"（现东急 Livable），80 年代设立了郊外型购物中心"多摩广场东急购物中心"。并且，以沿线为主要对象开设"东急有线电视"，因人们健身意识的提高而设立"东急体育绿洲（健身体育馆运营）"。90 年代利用电缆开始接入网络服务。在 21 世纪，为适应老龄化设立经营老人住宅和看护住宅的"e life design"（注：住宅小区名称），并开设经营附带服务的老人住宅和看护住宅的"Wellness"。2015 年设立了"东急电力供应"，2016 年 4 月开始因为电力零售自由化的实行，所以开始向沿线地域供电。我们可以看到，像以上这样，由于首都圈郊外人口的增长和街区建设，铁路业务人员根据沿线人口需求的高度化和多样化，切实地拓展了业务，取得了连动反应。

②JR 东日本的西瓜卡（Suica，一种乘车卡）业务。

JR 各公司，因为是从专门铁路公司原国铁分离出来的，所以它和东急电铁这种私营铁路不一样，没有进行和铁路业务相关的地域开发活动。但是，它的顾客层主要以都市的通勤者和学生等为中心，人数庞大，比如拥有 1700 个车站的 JR 东日本铁路公司的使用人数一天能够达到 1600 万人。以这些顾客人数为基础，能够实现快速发展，是因为开展了以车站大楼等高层建筑业务和以 IC 卡乘车券"西瓜卡"（Suica）为中心的生活服务业务。

JR 东日本的车站大楼业务主要以首都圈的主要车站为中心，其中出名的有"Lumine"和"Atre"等大楼名称。大楼运营由 19 家相关企业和投资公司进行，它们所运营的大楼数量达到 160 座。在这些大楼里进行的商业活动，2015 年的销售额总计超过 1 兆日元。

西瓜卡（Suica）是被装入 IC 芯片的名片大小的卡，具有通过电波和检票机交流信息，进行坐过站自动补交费用的通过处理功能。在国铁民营化后的 20 世纪 80 年代中期开始研究开发，到 2001 年正式使用花了 16 年的时间。到 2016 年 3 月，现在的西瓜卡发行数量为 5900 万张，普及状况已经是非常好了。除了首都圈的其他的铁路，还可以和大阪圈、名古屋圈等的全国 10 种交通 IC 卡通用。

  导入西瓜卡(Suica)的直接目的是为消费者提供便利，削减检票业务的成本，最终还带来了近距离收入增加的效果。并且，因为买西瓜卡是提前支付，所以商业主体能以无利息的方式将巨额现金作为预收款取得，这对于资金筹措来说是很有利的。并且，随着如此规模的 IC 卡的普及，电子支付商业领域也开始出现。比如能支持西瓜卡支付的零售店铺有 34 万个，并且大多数都在车站外。平均一天的电子支付功能使用次数超过了 500 万次。其他的还用于网购结算，以及出租车、更衣室、自动售货机等的支付，创造了包含手续费的巨大商业机会。每一张西瓜卡都被赋予不同的识别号码，它能记录使用人的购买记录和移动记录，所以这些市场数据今后能够应用于各类分析，价值巨大。

第 5 节
防灾和灾害修复

1) 日本的自然灾害

防灾对策,对基础设施项目来说是不可避免的课题。日本一直是个自然灾害多发的国家,直到近年这一情况也没有改变。因此,采取应对地震、海啸、火山喷发、台风、集中暴雨等灾害的对策是很重要的。

据气象厅统计,日本及其周边国家一年发生震级 6 以上的地震次数有 20 多次,占到了全世界的 1 成。并且更严重的是,日本国内所有地区都曾发生过地震。

日本是世界上为数不多的火山国,有 110 座火山,其中 47 座活火山是经常观测的对象。在 1991 年发生的云仙普贤岳(长崎县)和 2014 年发生的御岳山(横跨长野县和岐阜县)火山喷发中,很多人死亡,下落不明。

台风,发生在南太平洋,随太平洋高气压影响北上的时候,会通过日本列岛。平均每年会发生 3 次左右的台风灾害,严重的年份会发生 10 多次台风,给各地都带来惨重的损失。

集中暴雨也频繁造成大损失。每小时降雨量超过 50mm 的叫作"暴雨",超过 80mm 的叫作"大暴雨"。据自动气象数据探测系统观测(全国 1000 个地方),一年发生暴雨的次数达到 200 回,大暴雨一年发生 10~30 回,并且发生次数还有增加的趋势。

因此,在这样的自然条件下,日本的基础设施项目主体就有必要努力实现稳定运营,并制定灾害发生时的相应对策。

2) 灾害对策基本法和基础设施

自然灾害和基础设施的关联主要反映在以下几个方面:

第一,基础设施自身担当着守护国土和国民安全的作用。也就是国土的强韧性(冲击韧性),或者说其在国土保护当中,发挥着最重要的作用。以国土保护为目的的代表性的设施有河川堤坝、防潮坝、防沙设施等。所谓的防灾基础设施,大部分都是纯公共型的。再者,再谈谈和以上这种个别的设施整备不同的方法。比如假设某条干线道路无法使用了,然后设置代替线路,来努力把灾害发生时的社会经济损失控制在最小化之中。像这种发挥迂回道路作用的效果,叫作冗余度(代替性或充裕度)的提高。

第二,基础设施项目公司,要保证设施对灾害的耐抗型及灾害对策。即使是在自然灾害发生时,也要尽可能维持其自身机能,让地区的损失停留在最小限度之内。因此,根据需要加强设施(加强抗震就是很好的例子),在积雪区域进行除雪这些措施都是很必要的。并且,当判定一个设施如果继续使用就会加大损失的话,实行限制使用也是必要的。在发生强风时封锁高架桥就是这样一个例子。

包含上述所讲到的,在自然灾害发生时进行的防灾、修复、复兴等工作,不是基础设施项目公司单方面的行动,和其他地域主体的合作也是必不可少的。关于这些,日本制定了灾害对策基本法及相关法律,基础设施项目公司也有必要精通此法律。

(1)灾害对策基本法

灾害对策基本法,是自然灾害频发的日本的防灾行政的基本法律。它的制定是在1961年,直接原因是因为1959年的伊势湾台风所带来的惨重的损失。在制定灾害对策基本法之前,日本也有150～200条的灾害对策相关法令,但是这些法令各自之间的关系性并不是很明确。

近年,根据阪神淡路大地震和东日本大地震的经验,此法律内容得到了大幅度扩充。目前的构成如下:

①总则。

在第1章总则当中,规定了相关机构的责任和义务,中央机关等的指定行政机构、高速道路公司、机场公司等指定公共机构,在灾害发生时有义务对各自负责的工作领域承担责任。

指定公共机构的责任和义务,是指制定防灾计划,并根据法令实施计划,再者是为了让国家和地方公共团体根据法律制定防灾计划并顺利实施,加强和国家及地方公共团体的合作。

②防灾的组织。

灾害对策基本法规定了平时和紧急状况下的防灾体制,且都是分阶层的。

国家在内阁府以内阁总理大臣为首设置中央防灾会议,宣布国家总体的防灾方针。各都道府县以各自的知事为首召开地方防灾会议,市町村则以村长为首设置市町村防灾会议,制定各自所在区域的防灾计划。

在灾害发生时,都道府县的知事或是市町村的村长,可以设置本都道府县的灾害对策本部。内阁总理大臣,可以由国务大臣设置非常灾害对策本部。甚者,在发生极其异常和激烈的灾害时,内阁总理大臣可以亲自设置紧急灾害对策本部。

包含基础设施项目公司在内的指定行政机构和指定公共机构,负有在平时要根据国家防灾理念做适当准备;在非常时刻,要在法律规定的框架内,根据设定的灾害对策本部的方针,来实现地域的损失最小化以及迅速修复、复兴的责任和义务。

③防灾计划。

中央防灾会议制定和发表防灾基本计划,根据灾害种类制定灾害预防、灾害应急对策、灾害修复、复兴方针。

在这当中除了有"地震""海啸"等自然灾害之外,还有"海上灾害""航空灾害""铁路灾害""道路灾害""核能灾害""林业灾害"等。可以说和基础设施相关的灾害会对社会造成很大的影响。

根据这个防灾基本计划,地方公共团体等制定地域防灾计划,私营基础设施项目公司等指定公共机构制定防灾业务计划,每年还会重新审核这些计划。

④灾害对策的推进。

针对灾害预防、灾害应急对策、灾害修复这些阶段,法律规定了各个实施责任主体所应发挥的作用和权限。

灾害预防的内容有：设置防灾预防责任者、设立防灾组织、实施防灾教育、防灾训练、防灾所需的物资及器材的准备、为灾害发生时能得到物资供给者等的合作采取必要措施、指定避难场所等。

灾害应急对策，包括警报的发布和传达、避难的劝告和指示、消防和防汛等其他应急措施，以及与受灾者的避难、救助及其他保护相关的事项。和基础设施相关的灾害应急对策，则是确保交通管制和紧急输送。交通管制由国土交通大臣（国道）、农林水产大臣（农道：农业用道路）和都道府县公安委员会（地方道路）向各道路管理者指定管辖区间，并发布指示。

关于灾害修复，由指定行政机构长官和指定地方行政机构长官、地方公共团体领导等根据法令规定来决定实施灾害修复的责任者，并督促修复工程的实施。

⑤财政金融措施。

灾害预防所需的费用原则是基础设施项目公司负担。但是也有例外，关于特别严重的灾害，对于地方公共团体会有国家的特别财政援助。

关于基础设施的修复，根据公共土木设施灾害修复项目国库负担法，有各种预算措施（如河川灾害修复项目等）。

在灾害程度极其严重，受灾地域和受灾者很需要扶助和财政援助的时候，要根据重大灾害法来判定灾害为"重大灾害"。根据这个判定，得到国家的灾害修复国库补助项目的补助率也会上升。补助对象有①公共土木设施的损失、②农地等的受灾、③中小企业的损失，①和②是和基础设施相关的。此项补助制度主要目的是缓和地方财政的负担，受补助的基础设施主要是纯公共型的。

重大灾害有两种：一种是横跨几个自治体的全体的受灾规模超过指定标准的"根据重大灾害指定标准的判定（总体严重）"，另一种是以市町村为单位，超过指定标准的"根据局部地区重大灾害指定标准的判定（局地严重）"。判定为后者的很多时候是因为局部地区的暴雨。

⑥灾害紧急情况。

在发生极大灾害时,内阁总理大臣可以发布"灾害紧急情况"。这个时候,成立紧急灾害应对小组,根据应对小组的判断,可以制定生活必需物资的配给限制、金钱债务的延期支付、接受海外支援等相关的紧急政令。

(2) 私营企业者的灾害应对费用的筹措

基础设施受灾被损坏的时候,就像前面所讲到的,如果是纯公共型的基础设施的话,除了是灾害修复国库补助项目的对象之外,被判定为重大灾害的话,那么补助率也会上升。这对于使用公家会计无法积累长期的维护修缮费用的纯公共型设施来说,是一种补充,有很大意义。

另一方面,关于公私混合型和私营企业型的基础设施,因为他们适用于个别法,所以有点复杂。如果是铁路公司的话,根据铁路轨道整备法及施行令,国家和自治体能够通过铁路运输机构来补助灾害修复费用。只是,它的补助对象不包括新干线、主要干线和都市铁路,并且适用条件严格,灾害修复所需费用要是该线路运输收入的10%以上,在受灾年份的前三年必须是赤字经营状态。因此,东日本大地震的东北新干线的修复费用全部是由JR东日本公司自行负担的。但是,同样在东日本大地震中损坏的高速公路的修复费用,因官方机构高速公路保有与债务偿还机构接受了国家补助,所以此官方机构把补助金作为资本无偿贷款给了高速公路公司。

因此,关于公私混合型和私营企业型基础设施,在受灾时能得到的官方补助是很受限的。这就要求这些基础设施项目公司有效利用各种保险,自己在资金方面做适当准备。

3) 各种各样的实例

(1) 阪神大地震的神户港的修复

1995年1月17日发生的以淡路岛北部为震源的兵库县南部地震(震级7.3),造成了很大范围的损失,以近畿地区为中心造成了约6400人死亡或下落不明,受伤者约有4万4000人。尤其是距离震源很近的神户市的受灾情况很严重,道路、港口、铁路、上下供排水管道等基础设施都遭受了很大程度的破坏。下面将以神户市的代表性的设施——港口的受灾、修复状况及其影响来做说明。

在神户港,包含公共码头 186 泊位在内的 239 个大型码头泊位以及全长 23km 的港区船舶的卸货区的大部分都遭到了损坏。背后的码头库房、户外堆放场所、装卸机械等很多都无法使用了。用于处理外贸货物的 21 个集装箱场所也不能使用了,并且临港交通设施和广域干线道路被地震破坏,向港口开放的陆路出口也被损坏了。

国家鉴于事态的严重性,制定"对阪神大地震实行特别财政援助及扶助相关的法律",非"重大灾害法"国库补助对象的神户港码头修复、阪神高速道路公团、铁路修复等受灾自治体的修复,则要以地方自治体的普通会计对地方官办企业的灾害修复项目提供补助资金,以期实行早期修复。

基础设施的修复工作集中进行着,神户大桥、六甲大桥、阪神高速公路、国道 43 号等道路的再次开放在 1996 年大体实现。集装箱泊位虽然在开始的几个月里处于临时使用的状态,但是同时其修复工程也在同步进行着。到 1997 年 4 月,已有 25 个泊位恢复到震前水准,真正开始投入使用。可利用的泊位数量在 1997 年 3 月末已恢复到震前水平。也就是说,大约在 2 年的时间里,已大致完成了港口硬件设施方面的修复。

但是,在 1980 年神户港的集装箱吞吐量排名世界第三,到 1995 年降到了第 23 名,直到 2015 年也处于持续低迷状况,排名第 56 位。而香港港在 1980 年的集装箱吞吐量和神户港大体相同,为 146.5 万 TEU(集装箱计量单位,TEU = Twenty feet Equivalent Unit,20 英尺标准集装箱),进入 21 世纪后超过了 2000 万 TEU,集装箱吞吐量增长了 10 倍以上。超过了香港港的上海港的 2015 年集装箱货物吞吐量则为 3500 万 TEU。从以上可以看出,20 世纪 80—90 年代,世界范围内的集装箱化在急速前进,主要港口的货物吞吐量增长了一个数量级。

神户港随着其背后圈的复兴发展也在顺利地扩大货物吞吐量。2015 年的集装箱货物吞吐量为震前的 1.7 倍,达到了 255.6 万 TEU。但是,这个数字和世界性的大型港口的货物吞吐量相比,只相当于其十分之一。可以说因为地震灾害,使得神户港在世界范围内集装箱化的竞争之中落伍了,这带来的影响是很大的。

(2) 东日本大地震中基础设施的损坏和修复

2011年3月11日下午2点46分,震级9.0最大烈度为7(观测史上最大规模)的大地震袭击了东日本全域。震源地为三陆冲,共造成1万5894人死亡,2550人下落不明,40多万户建筑物一半甚至完全损坏,是前所未有的受灾规模。道路和铁路等也遭受了极其严重的损坏(2017年6月现节点)。

据内阁府推测,在此次大地震中,生活设施等(自来水管道、煤气、电力、通信和广播设施)的损失达到1.3兆日元,社会基础设施(河川、道路、港口、下水道、机场等)的损失为2.2兆日元。在灾害救助、应急修复、正式修复过程中,因为基础设施所应发挥的作用是决定性的,所以要展开迅速的修复工作。

关于道路网,灾后沿岸区域的受灾程度不详。但是,可以判定内陆区连接东北地域的南北贯通的东北汽车道、国道4号的损失是比较小的。因此,拟定了3个步骤的计划:①确保东北道和国道4号的纵向线路;②接着确保16条从纵向线路延伸出来的用于受灾地救援的呈"梳齿状"走向的线路;③最后确保沿岸地区南北走向的国道45号的线路。这也被称为"梳齿"作战。

第二天早晨,采取"清除、疏散"措施,先不考虑一般车辆的通行,确保道路功能,让紧急车辆暂且到达目的地。大约用了一周时间关于国道45号的"清除、疏散"工作大致全部完成。

铁路网也是一样,关于干线铁路的修复工作在迅速进行。JR东北线在地震发生40d后的4月21日、东北新干线在4月29日都再次开通了整个线路。只是通过三陆海岸沿岸区域的地方线路受灾情况严重,现在关于三陆海岸地方线路的修复措施仍在进行。具体将作为下一个例子来详细说明。

(3) 三陆铁路的再修筑

三陆海岸沿线的铁路网,从北到南可分为三陆铁路北里亚斯线(久慈—宫古)、JR 山田线(宫古—釜石)、三陆铁路南里亚斯线(釜石—盛)、JR 大船渡线(盛—气仙沼)、JR 气仙沼线(气仙沼—柳津)五个区间。这些也都遭受了东日本大地震和之后的海啸引发的极其严重的损害。

三陆铁路的修复费用为 92 亿日元,适用于铁路线路整备法的灾害修复补助体制,所以接受了全额公费补助。本来修复费用的二分之一是由铁路公司负担,国家和相关自治体再各补助四分之一的。但由于自治体承担了三陆铁路的灾后重建工作,所以修复费用就由国家和自治体各补助二分之一。因为三陆铁路把设备移交给了自治体,所以自身不用负担修复的费用。这样做的背景是,三陆铁路继承了原国铁的亏空地方线路,营业额只有 4 亿多日元,经常收支有 1 亿多日元的赤字。国家在平成 23 年(2011年)年度的补正预算当中就将这笔费用也计算在内了。北里亚斯线和南里亚斯线都在 2014 年 4 月重新恢复了运行。

JR 东日本对于自己运营的大船渡线和气仙沼线,决定使用 BRT(Bus Rapid Transit,公共汽车高速运行系统)来进行暂时修复。但是关于山田线,JR 想通过 BRT 来进行暂时修复从而让铁路重新运营的这一方针没有得到当地的同意。协商之后的结果,JR 把线路和设施恢复原状,然后移交给了三陆铁路运营。

(4) 平成 27 年(2015 年)鬼怒川洪水中的基础设施的修复

2015 年 9 月,因台风 18 号的影响在关东地区下起了罕见大雨。尤其是茨城县各地,9 月 10 日到 11 日的 24h 降雨量更是达到了 300~600mm,是观测史上最大级别的暴雨。

为利根川支流的鬼怒川在水海道记录下了观测史上的最大流量:约 4000m^3/s,有 7 个地方溢水,常总市三坂町附近约有 200m 的河堤决口。在河坝决口周边,因为河流泛滥,很多房屋被冲走了。河川泛滥造成 2 人死亡,一半损坏甚至完全毁坏的住宅有 4000 多户,指示 11230 户家庭的 31398 人避难,劝告 990 户家庭的 2775 人避难。

关于灾害对策,在 9 月 9 日晚茨城县境町设置了灾害对策总部,并于深夜在常总市、9 月 10 日的早上在茨城县、下午在筑波市分别设立了灾害对策总部。常总市在 9 月 10 日的早上请求派遣灾害自卫队。

因为受灾规模超过了指定标准,所以在灾害发生一个月后的 10 月 7 日被指定为重大灾害(总体严重、局部严重)。决口河堤等作为河川灾害修复项目和河川重大灾害对策特别紧急项目(激特项目)进行修复。之后,国家和地方自治体合作设立了"鬼怒川紧急对策项目",根据重大灾害对策特别紧急事业法(激特事业法),综合实施鬼怒川下流流域和茨城县支流的整备等的硬件设施对策和进行紧急避难训练等软对策相结合的方式。

私营的很多基础设施项目公司也遭受了损失。其中,在茨城县内运营着两条铁路线路的关东铁路,因连接取手和下馆的常总线的轨道的一部分被水淹没无法运行,所以不得不全线停驶。但是在一周之后一部分区间线路恢复了运营,一个月之后全线也开始了运行。这些修复工作全部是项目公司自身负担实施的。

第 6 节
更新与拆除

1）设施的寿命

在古罗马时期建设的道路和桥等基础设施中,有的直到 21 世纪的今天仍然在使用。巴黎的下水管道和伦敦的地铁,虽然也经历了维护、修复,但是这些设施从建成开始历经了 150 年,现在还在使用当中。与这些长期利用的基础设施不同,也有铁路废线、机场报废等例子。就像上述所说,基础设施的寿命各有不同。

如果计算的话,基础设施的寿命是根据折旧资产的耐用年数来设定的。比如高架公路是 30 年。并且,在设计时也会设定耐用年数。本州四国联络桥的设定年数就是 120 年。但是,这些设定年数和实际的基础设施的使用时间很少是一致的。

决定基础设施实质寿命的主要原因有三个,分别是"物理的""功能的""经济的"。如果把基础设施开始使用到结束的这一段期间叫作寿命的话,那么根据这三个要因,基础设施分别有物理寿命、功能寿命和经济寿命。

物理寿命是指基础设施不断劣化而不堪使用的情况。钢筋混凝土和钢材不宜沾水,如果再加上盐分的话那么它的劣化程度会急速加深。铁路桥和公路桥因为反复的负荷也会出现疲劳损伤状况。当判定基础设施劣化,有下落和崩塌的高危险性而不能使用时,基础设施的物理寿命就到了。当然,物理寿命是可以通过适当的维护和修复作业来得以延长的。

功能寿命是指即使一个基础设施没有明显的劣化,但是由于环境需求、消费者需求和社会需求的变化,它作为基础设施已经没有存在价值了的一种情况。比如道路的相对狭窄化无法适应汽车的大型化、沙土的堆积而造成水库存水功能的低下、耐震设计基准的严格化而造成现存的设施不合格等,这些都是典型的例子。

经济寿命是指因基础设施的维护费用不断增加而无法继续运营下去的状况。在所预想的基础设施所剩的使用期间里,因为设施的老化修复费用或者加强费用是一笔巨额费用,所以判定拆毁现有设施而建设新的基础设施更具经济合理性,这就是基础设施的经济寿命。

近年来,因为基础设施全体的维护和修复费用有增加的倾向,所以相关人士在积极议论长寿命化对策。这和物理寿命的长期化有着很大关系。但是只考虑物理寿命是不够的,还要考虑功能寿命和经济寿命,有必要时要把握恰当的时机转变基础设施的用途或者直接废弃。

以下,将从这些观点出发,讲几个因各种理由迎来寿命终点的基础设施顺应了时代要求而后续被继续有效利用的案例。这些案例中的基础设施一般都有长期使用的倾向,但是实际上由于社会经济环境的激烈变化,人们也在思考基础设施应有的状态。因此,它们的使用时间意外的比较短,并在灵活变化。

2) 转变用途和闲置资本的活用

(1) 铁路及其用地

①从运送货物到输送旅客的转变:东京环线网、湘南新宿线、上野东京线。

以东京站为起点,其周边20~30km范围内有环状线路网,也就是包含武藏野线、京叶线、南武线、横滨线的被称为"东京环线网"的铁路网。JR东日本旅客铁道株式会社为了提高输送旅客的便利性提出了长距离的直达行驶等多种多样的措施。而构成"东京环线网"的这4条线路最开始全部都是以货物运输为主要目的而被计划、建设出来的。

横滨线的目的是将盛产生丝的八王子和横滨港连接起来,是在1908年横滨铁路(私营铁路)开通后开始被使用的。它在八王子与中央本线、八高线相连接,甲信地方产的生丝也是输送对象。

南武线,是当时顺应东京市中心扩建的需求,作为运输多摩川砂石的多摩川砂石铁路,以1927年开通川崎、大丸间的线路为开端的。之后,南武线和青梅线相连被用于输送水泥原料的石灰石;再者因其沿线军事设施很多,也被用于军需品的输送;随着大型电机制造厂商的扩大,也作为输送商品的物流手段被广泛运用。

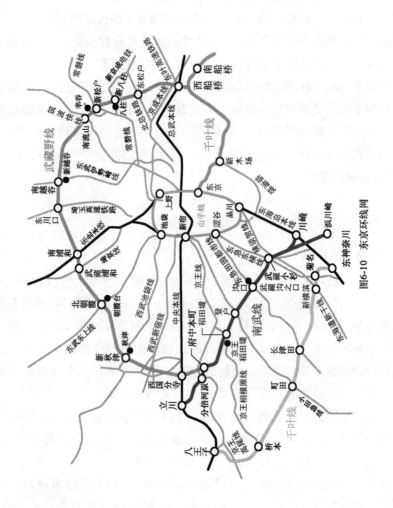

图6-10 东京环线网

第6章 基础设施的运营管理与运用

武藏野线是在第二次世界大战前,作为连接东海道本线和东北本线的山手货物线的辅助线路而被构思出来的。在战后开始动工,从20世纪70年代开始逐渐投入使用。现在武藏野线拥有梶谷、新座、越谷三个货物终点站,作为一条货物运输线路一直在发挥着作用。

京叶线是原国铁在京叶工业地带将其作为陆路运输石油的货物线而被规划出来的,首先是在1975年开通了货物专用线路:苏我站—千叶站点。现在京叶线是直接连接东京站的通勤线路,很多时候也作为进入东京迪士尼游乐场的线路被使用,但是其苏我站—西船桥站这一段线路至今仍作为货物运输线路使用。这4条线路无论哪一条,随着战后首都圈人口的剧增和市中心区域的扩大,其通勤需求都在显著增强。而另一方面由于全国道路交通网的整备、对于卡车输送的物流的模态转换、各个线路所承担的特定的物流需求的衰退等多重原因,这些线路作为旅客输送线路的倾向越发明显。近年来,从JR东日本在东京环线网新设快速列车、导入新车辆的这些缓解旅客输送拥挤程度的做法中可以看出,铁路虽然没有迎来其物理的寿命,但是其作为货物运输设施的功能寿命已经完尽,这可以说是进行设施用途转换的典型例子了。

另外,为了顺应首都圈大范围的通勤需求以及连接东北和东海道的需求的增大,也有有效利用货物线路来构成新线路的例子,比如湘南新宿线路和上野东京线路。

湘南新宿线路,于2001年开始运行,是与东北本线(宇都宫线)和横须贺线、高崎线和东海道线相互直达行驶的线路。它的设施利用了山手货物线的轨道。上野东京线路,2015年开始运营,是与东北本线(宇都宫线)、高崎线、常磐线和东海道本线相互直通运营的线路。它的设施有效利用了东京站与上野站之间的预留线和待避线(也就是"东京—上野回送线"),并对神田站与东京站之间的高架线进行了新的设备投资。

②铁路调车场和废旧车站的活用:品川车辆基地、旧汐留站。

由于上野东京线的开业,建成了隔着东京站连接南北的轨道,所以一直以来使用品川调车场的东海道线的列车,也可以通过这条轨道来使用东京北部的尾久车辆基地。空下来的品川调车场,位于市中心的品川车站北侧,是一块面积约为15km的广大土地,很有可能被作为商业、业务用地使用。因此,这块空地被国家指定为国际战略特区,随着新车站的设立对它实行再开发计划。和①的情况一样,位于首都圈的货物线迎来了其相对的功能寿命的完尽,所以试图适应新的社会需求来进行基础设施的功能更新。这也是一个典型的例子。

另外,原国铁的汐留站前身是1872年开业的日本第一条铁路线路"新桥—横滨"的新桥车站。之后,随着东京站的开业(1914年),它也作为货物站被频繁利用,战后也成为日本第一个集装箱专用货物列车的专用车站。但是,由于受物流形式转变成了载货汽车运输的影响,在1986年被关闭。

废旧车站成为原国铁进行长期债务偿还的出售对象,由于地处市中心,所以到现在其再开发工程也在进行当中,逐渐形成了高楼林立的"汐留SIO-SITE"(注:多功能复合都市地带)。这也是货物铁路迎来自身功能寿命的完尽,而根据社会需求而进行再利用的典型例子吧。

③铁路轨道的废旧空地的利用。

铁路在寿命完尽之后,相关人员会为实现这些不易利用的线路空地的再次利用进行各种努力。

为了维持地域交通机能,线路废旧空地经常被作为公共汽车专用道来再次使用。比如,在北九州市西日本铁路的户畑线废除之后,其空地就被作为公共汽车专用道而被人们所熟知(之后,被加宽作为普通道路使用)。并且,近年来在东日本大地震中受灾的JR东日本的大船渡线气仙沼—大船渡市之间的一部分区段,没有作为铁路进行修复,而是通过BRT(Bus Rapid Transit,快速公交)作为专用道来运行。

铁路这一陆上行车的形态,也会迎来功能的或者经济的寿命的完尽。比如道口道路交通的瘫痪会造成经济和环境的损失,并且由于都市开发及与其他线路相互直达的需求的高涨,对已有线路施行地下化和高架化的情况也很常见。举一个近几年的例子,东急电铁的东横线,就在横滨站—东白乐站和涩谷站—代官山站的区间施行了地下化,与港未来线及东京地铁副中心线实现了相互直通运营。另一方面,在横滨和涩谷之间产生了线路废旧空地。横滨站一侧的废旧空地被考虑让居民参与使用,建成了全长1.4km的绿化通道。代官山站—涩谷站间的空地的一部分作为巡回式的商业设施开业。

另一方面,在铁路设施当中,也有迎来寿命完尽之后转变用途时很花费时间的例子。以增强名古屋圈货物输送力为目的而建设的南方货物线就是这样一个例子。这一线路从名古屋终点站连接东南方向的笠寺站、大府站,是总长约26km的东海道干线的货物支线,截至1975年,此线路大致完成了90%。但是,和预想的不一样,由于铁路货物需求的衰退、当地对担心施工噪声和振动的抗议运动和诉讼、国铁改革的发展等多重因素,未建成线路的部分被终止。虽然其建设用地的一部分被作为停车场和商业设施再次利用,但是直到现在仍有很多高架构造物残存。

(2) 高速公路

①韩国案例:在清溪川实行的高速公路的水路化。

20世纪中后期以后,汽车的普及和迅速发展是世界陆上交通的主要趋势。虽然现在关于高速公路拆除和转变用途的情况很少,但是还是有几个比较典型的例子。

其中就有撤除韩国清溪川高架公路以及清溪川复原的例子。清溪川高架公路是在覆盖了流经首尔市中心的清溪川的平面道路的基础上建成的,从1976年开始投入使用。平面道路的交通流量达到65000辆/d,高架公路为102000辆/d,总计168000辆/d,是市中心的一大干线公路。之后,到了2000年设施的老朽化问题愈加凸显,修复费用在三年时间就超过1000亿韩元(按照当时汇率来算,约为100亿日元)。2002年恰逢新旧市长交接,新市长在经过研究后决定拆除高速公路进行河流修复项目。项目工程费用为3600亿韩元(约合360亿日元),施工期为三年零三个月,于2005年10月完成。清溪川修复工作完成后,在河床还设置了游览道。关于当初所担心的交通拥挤情况的恶化,通过导入公共汽车管理系统和BRT

(快速公交),增加了公共汽车的公共交通分担率。

②美国案例:波士顿市的"大挖"工程。

被称为中央大动脉、贯穿波士顿市中心的高架 6 排道干线公路,在 1959 年投入使用时的规划交通流量为 75000 辆/d,到 20 世纪 80 年代已达到 20 万辆/d(当中六成为过境交通车辆)。交通堵塞、事故高发、环境恶化,以及因高架公路导致市中心与滨河地区的分裂,这些都成了严峻的课题。也有测算表明一年的损失成本金额合计达到 5 亿美元(按当时的汇率约为 1130 亿日元)。为了根本改善这种状况,在这个高速公路的一段长 2.5km 的区间内,新铺设了 8~10 排道的地下构造的高速公路。这段地下高速公路在投入使用之后,把原来的那一段高速公路拆除留出了一大片开放空间。这个项目的施工形式被叫作"BIG DIG(大挖工程)"。

1982 年开始环境影响评估,1991 年得到联邦道路局的批准开始施工,大概在 2006 年完工。工程费用是当初计划的 3 倍,达到了 146 亿美元(按 2006 年的汇率约为 1.7 兆日元),工程费用的 5 成由联邦政府承担。被拆除的高速公路地上那一部分的 20 公顷面积用来建造公园,面向流经市内的查尔斯河,是休憩的好场所。

在美国,从 20 世纪 60 年代起,高速公路实行地下化并逐步拆除废旧的地上高速公路。在波特兰市,也有沿着流经市中心的河流建设高速公路的例子。之后为了改变市中心和河川的分裂状况以及环境改善而拆除高速公路,并把空出的地方用来建造水边公园。在旧金山,因 1989 年的旧金山大地震被破坏的高架公路(Embar cadero Freeway)没有被重建,而是被拆除实行了再开发。这条道路也把市中心和水边陆地隔开了,所以在经过两年的争论之后决定拆除。在西雅图市,阿拉斯加路(Alaskan Way)高架高速公路也以在 2001 年的尼斯阔利(Nisqually)地震的受灾为契机,对此高架高速公路实行了地下化,在地上导入了 LRT(Light Rail Transport,轻轨交通),旨在创造出良好的都市空间。

③欧洲案例:杜塞尔多夫的国道地下化、都市再生及其他。

在欧洲的城市也有以再生水边陆地,创造良好的都市环境为目的而开展都市干线道路地下化的例子。

其中一个例子,就是在德国的杜塞尔多夫市,对沿着莱茵河 2km 的联邦道路实行了地下化,空出来的地上高速公路部分建成了最大宽度为 40m 的散步道。这一项目在 1979 年开始讨论,1989 年施工,1993 年竣工。

然后在巴黎市,1960 年建成的沿着塞纳河的汽车专用道,在 2012—2013 年被筑成了汽车、自行车、行人共用的普通的大路。

(3) 其他

①净水厂原址:新宿副中心。

在自来水供应当中,对水进行净化和消毒的净水厂是占地面积较大的设施。虽然有很多净水厂设置在都市近郊,但随着都市规模的扩大衍生了高度化利用土地的需求,因此有净水厂往郊外转移的例子。

当中最有名的例子则是位于东京都新宿区的淀桥净水厂的转移,并在原净水厂的旧址上进行新宿副中心的开发。淀桥净水厂是为解决明治时代东京都的霍乱等卫生问题而在 1898 年建成的,是占地面积超过 34 公顷的净水厂。它的供应水源是从玉川自来水接入,经过滤,面向新宿区、千代田区、中央区、港区等东京中心区供水。之后由于东京都的高密度化,把淀桥净水厂往郊外转移的论题不断出现,最后以 1960 年东村山净水厂的建成为契机,在 1965 年停止供水,至此淀桥净水厂被废止。其旧址被计划开发为新宿副中心,如今,这里有很多以东京都厅为代表的高层建筑。

随着都市化的进展,市中心的土地高度利用化的需求高涨,因此位于市中心的净水厂在迎来更新时点的时候,将它们向郊外转移,并策划净水厂原址利用再开发的例子也很多。近年来,关于京都市的山之内净水厂、埼玉县所泽市的所泽净水中心、川崎市的生田净水厂等的转移,原址利用再开发的工作也在逐步推进。

②码头旧址:横滨港未来 21 地区、神户人工岛。

横滨港是在江户时代末期的 1858 年开始通航的贸易港。当初是进行生丝贸易的主要港口。之后,作为横滨周边的制铁、造船、汽车、电机以及军需产业的输送据点得到发展。第二次世界大战后为适应世界性的海运货物的集装箱化趋势配置了设备,除了作为首都圈的一大流通港湾发挥作用之外,近年来,其周游观光船的停泊数量在日本也是屈指可数的。

另一方面,在横滨市开始高度成长期的时候,就指出以港口为中心发展起来的关内、伊势佐木町周边和以原国铁横滨站为中心发展起来的地区存在着分裂的弊病。并且,随着市人口的急增,市政府更加认识到了都市一体化开发的必要性。因此,在 1965 年,这一问题作为横滨市的六大事业之一被筹划和公布,也就是现在的港未来地区的一体化再开发构想。

这个构想是把当时的三菱重工横滨造船所、国铁东横滨站及其调车场、高岛码头、新港码头这些区域进行再构造,使它们发挥业务中枢作用和购物等城市功能,并建造临港公园和水边陆地,使之形成一体化的城市中心区域。规划占地面积为 186 公顷,目标人口为就业人口 19 万人和居住人口 1 万人。这项规划在 1983 年开始实施,如今已建造完成 1800 多栋大楼,就业人数超过 10 万人,预计每年街道到访人数将超过 8000 万人。这就是横滨港在维持、扩大港口机能的同时,又通过重新认识港口功能配置所创造出的一大都市区域。

没有广阔腹地的神户港,通过建设人工岛来进行高度都市功能的导入。神户港从古代开始就作为畿内的中枢港口而发展起来,在 1868 年作为国际贸易港开港。之后,随着阪神工业地带的发展,港口得到扩大,在 1967 年设置了日本第一个集装箱装卸区,到 20 世纪 70 年代成为世界上集装箱吞吐量最大的港口。另一方面,随着中心城市神户市及其周边地区的都市化进程的发展,人口急剧增长,急需拓展城市机能的场所。因此,计划在神户港的海面上建设两个人工岛,提出了以实现港口机能和都市机能的扩张和高度化为目标的港岛构想。这一构想分成第一期(1966—1981 年)和第二期(1987—2010 年)进行。中途虽遭遇了阪神淡路大地震的损失,但之后神户机场也投入了使用,导入都市机能这一工作也在逐渐进展。

③机场旧址:旧慕尼黑机场及其他。

机场也会因为地域航空需求的扩大,存在容量不足及噪声公害等问题。针对这些问题,为了采取相应措施,也有很多将机场向郊外转移的例子。

南德拜恩州的首府慕尼黑的主要机场现在是位于市东北区域28km的弗朗茨·约瑟夫·施特劳斯机场❶。这个机场于1992年投入使用,在这之前位于市东部10km的里姆机场是慕尼黑的主要机场。

里姆机场,取代之前存在的南里姆机场,作为最近代化的机场之一,于1939年投入使用,在第二次世界大战中作为军事基地发挥作用。战后被盟军接管,于1948年返还,之后又伴随着德国尤其是慕尼黑的战后复兴及高度成长,其民间利用的场合也在不断扩大。里姆机场有2800m和814m的两条跑道,在20世纪50年代初达到容量界限,过密航行开始成为问题。到20世纪50年代中后期,过密运营这种间接原因所导致的航空死亡事故接连发生。

之后为了适应喷气式客机,虽然也进行了延长跑道和扩建航站楼的工程,但是使用人数由1960年的80万人增加到1980年的600万人,到了1990年使用人数更是达到了1140万人,里姆机场已经无法应对人数急增的状况,也就是说,迎来了功能寿命的完尽。由于很难扩大占地面积,因此决定向现在的新机场转移,里姆机场于1992年停运。

里姆机场的旧址现在是由国际商品展览会会场、住宅开发、商业设施、研究开发、公园等构成的565公顷的再开发区域。当中有200公顷是公园,绿化覆盖面积极高。从1998年开始运营的商品展览会会场每年大概举办30次国际性的商品展览会,到场人数超过200万人。

关于机场转移和旧址开发,在日本也有几个例子。北九州机场(旧)在1944年作为陆军的飞行场使用,现在位于北九州市的小仓南区。第二次世界大战后,其民间利用增多,1500m的跑道其长度不够(之后延伸到

---

❶ 关于该机场,参见本书第2章。

1600m),但是从环境保护的角度来考虑的话,为适应喷气式客机将跑道延长到 2500m 是很困难的,所以使用人数也是停滞不前。因此,在北九州市的海面上,利用航线的河底泥沙来建设人工岛,建成新机场。旧北九州机场在完成功能交接后,于 2006 年停运,其旧址被用于建设大规模医院、产业用地及导入商业机能中。

④运河的再利用与应用。

至此,在我们所看到的在城市中进行的各种各样的基础设施转变用途与旧址利用的案例当中,可以明显看出,近年来为适应都市环境,改善需求增大的倾向。尤其是在海外的案例当中,在进行基础设施再构筑的时候,人们越发重视绿化环境和岸边环境。在这些当中,值得注目的是,曾经在任何国家都是输送大动脉的运河的动向。在第 1 章当中记述的,由秦始皇建造的连接中国大陆南北的大运河"灵渠",直到现在仍是一大观光资源。近代建造的运河也有同样的案例。

一个典型的例子就是英国。在英国,虽然从古代开始就利用自然河川来进行水上交通,但是真正改造自然河川并开辟航线,应用于大量物资的输送是在 17 世纪以后。产业革命之后的 18 世纪 90 年代兴起了被称为"狂热运河"的运河建设高峰,运河网在全国的长度扩大至 6000km 以上。但在 19 世纪之后,随着铁路的登场,运河开始衰落并遭到淘汰。但是,从第二次世界大战战后复兴的 20 世纪 50 年代开始,关于运河的再利用开始普及。并且,提供运河观光船的服务业也在发展,人们不用取得特别的执照,就能将能通过运河闸门的被叫作"狭长的运河小船"的小型船舶归为个人所有。现在已经达到了 2 万多件。进行运河管理运营的英国水路委员会这一公共团体,除了发行运河使用许可证之外,还会给船供水、管理污物处理设施等,履行对船的使用者的服务。

日本也是如此,隅田川的和式游艇(上面带有屋形小客间的和式游览船)和神田川的周游观光船等近年来很受欢迎。但是今后关于都市河川的再利用也是要面对的课题吧。可以看出,对运河进行再利用的时机已经具备,比如中川运河一直到 1960 年都作为名古屋市的大动脉发挥着作用,但是之后几乎不再使用,直到 20 世纪 90 年代以后,才开始考虑提高中川运河的环境机能并促进运河的再利用。在 2012 年,名古屋市和名古屋港的管理工会发表了促进水边陆地空间再整备的"中川运河再生计划"。

3) 拆除/废弃

迎来寿命完尽的基础设施,也会随之停止提供服务。这些巨大的基础设施,有转变用途的(前面提到的利用 JR 东日本的货物线来进行旅客输送的例子),有恢复被拆除的空地来用作他用的(净水厂旧址利用的例子),还有被随便搁置的(铁路线路废除的例子)。

不再使用的有形固定资产也必须要进行清算处理。其中处理方式分为"拆除"和"废弃"。粗略来说就是,拆除是在基础设施停止工作之后,仍作为固定资产继续为项目主体所持有;与之相对的拆除基础设施则为废弃处理。具体实施细则在《铁路项目会计规则》和《高速公路项目等会计规则》中有说明。基础设施事业者要按照该基础设施的会计规则来处理。下文对各种基础设施一些共通的事项进行简述。

拆除就是,继续持有无用的固定资产时,在账簿上进行变更处理的操作。拆除对象资产在借贷对照表中,需要从"项目用资产"转移到"其他固定资产"项目中。这也意味着,该设备(资产)从产生收益的项目资产中被剔除。并且,价格是把取得价格及折旧累计额的差额与时价评估额相比较,向较低的一方变更。也就是说,扣除了资产消耗额的理论现值和实际的时价评价额比较,数值小的一方计算在内。当然,这个价格相对于作为项目用资产来计算的资产评价额要小,资产额减少的那部分也必须要反映在损益计算表中。因此,作为特别损失被计算在损益计算表上则是固定资产拆除费这一经费项目。

不再继续持有停止使用的基础设施,把它废掉并恢复原状的处理便是废弃。在这种情况下,该资产会从借贷对照表中移出,由废弃所造成的资产减少额在损益计算表中作为固定资产废弃损失额计算。

更重要的是,在进行拆除和废弃所需费用的时候,也必须把这些费用纳入《固定资产拆除损失额》和《固定资产废弃损失额》当中。基础设施和大规模制造业的工厂等大型固定资产,因为处理费用很高,所以在结束使用后,不拆除而搁置不管的例子也很常见。

第 6 章　参考资料

详见原著,此处略。

第7章

基础设施工程的海外开展

> 我们正在创造历史,世界将见证我们的行动。
> Ferdinand Marie Vicomte de Lesseps
> 修建苏伊士运河的法国外交官。为鼓励在沙漠中
> 辛勤工作的劳动者的肺腑之言。

第 1 节
对发展中国家的开发援助

1) 开发经济学的潮流和日本的开发援助特征

开发援助作为日本基础设施建设工程中的一个重要开展方向,就是通过修建基础设施为发展中国家做出贡献。

迄今为止,日本在经济发展过程中,根据社会发展阶段进行了必要的基础设施建设。从最初的设想、规划方案、工程化、建设施工、运营、维护管理,一直到最后的报废环节,日本都具有大量丰富的基础设施工程经验。第二次世界大战后,日本在世界银行的资助下,以交通设施、能源设施、工业设施为重点,积极进行基础设施建设,实现了经济的高速发展。日本在短时间内实现了经济腾飞,由此被称为"日本奇迹",随后"亚洲四小龙"(韩国、中国台湾、中国香港和新加坡)也实现了被称为"东亚奇迹"的经济发展❶,为发展中国家的经济发展提供了范式。

日本基于自己的发展经验,以亚洲发展中国家为中心,致力于援助这些国家的交通设施、能源设施等经济基础设施的建设。这类开发援助通过基础设施建设助力经济成长,在部分亚洲发展中国家实现了经济增长,正在帮助这些国家逐步脱贫。日本这种以经济基础设施建设为重点的开发援助,在世界开发援助的发展中具有独特的地位。

因此,以下内容再一次聚焦于开发经济学,概观与开发援助相关的世界潮流的同时,也试图探讨在此潮流中日本的开发援助特征。

(1) 开发经济学中基础设施的定位

开发经济学以促进发展中国家致富为目标,解明发展中国家的致贫原因及其特殊性质,从开发战略角度研究脱贫致富问题的一个经济学分支。第二次世界大战后的战后复兴中,发达国家开始对发展中国家实施援助,

---

❶ 世界银行,出自《东亚奇迹——经济发展和政府职能(EAST ASIA MIRACLE: Economic Growth and Public Policy, A World Bank Research Report),1993》。

这是开发经济学的开端。发达国家对发展中国家提供的开发援助反映了这种开发经济学的鲜明思想。

从它的定义来讲,开发经济学面临如何同时实现发展中国家经济成长的宏观目标,以及缩小发展中国家贫富悬殊、脱贫的微观目标。开发经济学的主流思想一直围绕这两个目标展开。以下对开发援助的世界潮流进行梳理。

首先,在第二次世界大战后复兴与开发援助交叉进行的20世纪50—60年代,单线阶段理论是主流。在具有代表性的理论当中,有美国经济史学家罗斯托(Walt Whitman Rostow)倡导的"经济成长阶段模型"。这种观点认为一个国家的经济成长具有固定的阶段,如果对某个国家进行投资,随着时间的推移,经济得以发展,财富就会自然从收入高的阶层滴落入收入低的阶层,会发生所谓的"渗透",逐步消除经济差别。

但是实际上,即使对多数发展中国家进行了投资,国民收入本身是停滞不前的。在发展中国家存在结构性的(例如缺乏高度发达的运输设施)、制度性的(例如没有统一的商品金融市场)、姿态性的(例如受过教育的劳动力少)等问题,投资并没有能够起到推动国民收入提高的效果。缺乏基础设施是发展中国家面临的一个严峻的结构性问题,它的重要性再一次被人们意识到。

接下来的20世纪60—70年代是确立了经济发展=工业化概念的时期。重点在于将低开发状态的发展中国家的经济,从传统的以农业为中心的结构转向以现代工业为中心的结构。工业部门创造出雇佣机会,劳动力从农村转向城市,工业人口越来越多,推进了开发的进程。在基础设施中,交通设施、能源设施以及产业设施等支撑工业的经济基础设施建设作为经济增长的必要条件越来越受到重视。

20世纪80年代,由于市场主义型的开发,是韩国、中国台湾、中国香港、新加坡等亚洲新兴工业地区兴起的时代。新古典派经济成长理论认为发展中国家也应该排除政府的辅助和规制,促进形成高效的自由竞争市场。这种观点逐渐成为主流,对之前受到重视的政府主导的经济开发规划的制定以及公营企业的存在产生了质疑,开始强调市场结构的有效性以及导入民间活力的必要性。这个时期的开发援助,相比于公营企业对经济基础设施的建设,人的资本——教育及医疗保健领域的投资更加受到重视。

20世纪90年代以后,地球环境问题受到关注,发达国家和发展中国家均应致力于可持续发展成为国际共识。在20世纪80年代,多数发展中国家以新古典派的方法为基础,采用基于市场机制的结构调整政策的开发手法。在当时,发展中国家的基础设施建设也应委托给民间资金的观点占据了主导地位。但是这种方法难以顺利推进,并且导致贫困问题的恶化。在此反省之上,20世纪90年代加强了对贫困问题的关心,在主要的国际峰会上提出了削减极端贫困人口的目标。

2000年9月,在189个加盟国代表出席的联合国千禧年峰会上,通过了作为21世纪国际社会目标的联合国千禧年宣言。千禧年宣言提出:以2015年作为达成期限,完全消灭极度贫困和饥饿问题,达成初等教育的完全普及,推进男女平等以及提高女性地位等8项联合国千禧年目标

表7-1 MDGs的8个目标和主要对象

目标1:完全消灭极度贫困饥饿	● 1日内靠不足1.25美元生活的人口比率减半 ● 忍受饥饿痛苦人口减半
目标2:达成初等教育的完全普及	● 所有孩子不分性别都能够修完初等教育所有课程
目标3:推进男女平等以及提高女性地位	● 消除所有教育水平的男女差异
目标4:降低婴幼儿死亡率	● 降低不足5岁的儿童1/3的死亡率
目标5:改善孕产妇的健康	● 降低孕产妇1/4的死亡率
目标6:防止艾滋病、疟疾以及其他疾病的蔓延	● 阻止艾滋病的蔓延,然后减少病例
目标7:确保环境的可持续性	● 不能利用安全饮用水及卫生设施的人口减半
目标8:推进面向开发的国际友好合作关系	● 与民间部门协作,以通过信息、通信领域的新技术获得利益

注:大部分目标以1990年为基准,2015年为达成期限。
表格来源:日本外务省主页

（MDGs，Millennium Development Goals），见表7-1。MDGs促进了以削减贫困人口为开发中心的国际潮流的发展和整合，在之后的开发援助中更加重视初等教育及医疗保健。此外，以2015年为达成期限的千禧年发展目标在2015年9月召开的"联合国可持续发展峰会"上被"可持续发展目标（SDGs，Sustainable Development Goals）"所替代。

像这样，在开发经济学及以其为基础的开发援助中，根据实施措施的成果及发展中国家的发展状况，其指导思想发生了变化，但作为大潮流，像MDGs及SDGs这样具有代表性的削减贫困被重视起来。在开发援助领域，与教育及医疗保健相关的社会基础设施的完备被放在重要的位置。

这样的潮流可以通过开发援助领域的实际结果来确认。表7-2列出了经济合作与发展组织（OECD，Organization for Economic Co-operation and Development）中负责开发援助的开发援助委员会（DAC，Development Assistance Committee）主要成员国的政府开发援助（ODA，Official Development Assistance）的分类占比。从表中可以看出，美国及欧洲各国在教育、医疗等社会基础设施领域的援助占比很高，具有重视人道援助的倾向。澳大利亚和韩国的社会基础设施占比也较高。

表7-2　各国政府开发援助分类占比（2014年）　　　　　　　　　　（单位：%）

	社会基础设施（教育、医疗等）	经济基础设施（道路、灌溉等）	生产领域	项目支援	债务减免	人道援助	其他
法国	37.1	23.5	5.1	3.1	0.3	0.5	30.3
德国	33.0	36.1	6.7	1.2	2.6	5.7	14.6
英国	51.8	8.4	4.4	0.1	0.1	13.7	21.6
美国	48.2	4.4	5.9	2.4	—	24.6	14.4
澳大利亚	49.1	6.5	4.5	0.8	—	8.1	31.1
韩国	40.7	34.2	10.8	0.0	—	3.1	11.3
日本	17.1	48.9	9.9	4.1	—	6.9	13.1
各国平均占比	37.3	19.3	6.9	2.1	0.6	12.2	21.7

表格来源：基于经济协作开发机构开发援助委员会的数据制作

（2）重视基础设施的日本的开发援助

那么,围绕开发援助的世界潮流中,日本的开发援助有什么样的特征呢？通过既往的调查,大方向指出以下两点。

第一,对道路、港湾、发电所等经济基础设施的开发援助的比率高。正如表格 7-2 显示的一样,相对于美国及欧洲各国把教育、医疗等社会基础设施作为重点,日本的开发援助中经济基础设施比率明显很高,约占 50%。

第二,贷款多,赠与少。美国和欧洲各国的政府开发援助基本上是无偿援助,日本的无偿援助比率为 50% 左右,这在开发援助委员会成员国援助国一方中明显占比低。日本出现上述情况是因为日本的开发援助以经济基础设施支援为中心,道路、港湾、发电所等经济基础设施需要的资金规模大,无偿资金援助有难度,所以有偿供给资金的情况比较多。

日本以经济基础设施建设为中心用日元进行援助是遵循了政府的开发援助方针,确信有一定意义并实施的。例如在 2005 年的政府开发援助白皮书中,关于日本的基础设施援助有如下记录:"日本在削减贫困方面历来主张通过基础设施建设等来实现经济增长,并写入了日本的政府开发援助政策中。政府开发援助推动了经济成长的基础建设,推进贫困削减,步入达成 MDGs 的轨道的恰当例子是东亚。"

实际上韩国、中国及东盟各国等曾经接受了日本经济基础设施援助的东亚各国,经济都得到了顺利发展,在世界经济中的占有率持续增长。在开发的初期阶段重点投资经济基础设施,调整投资环境后,来自海外的直接投资（FDI,Foreign Direct Investment）在这些国家也活跃了起来,振兴了以工业为中心的产业,实现了经济增长和削减贫困的目的。

来自援助国的政府开发援助（ODA）,特别是能促进援助国的海外直接投资（FDI）的效果,被称为"ODA 的尖兵效果"。可以确定的是,以经济基础设施为重点的日本的政府开发援助（ODA）,对日本向发展中国家进行的海外直接投资是有促进作用的。如果回想一下日本的海外直接投资（FDI）对亚洲,特别是东南亚各国的经济发展做出过的巨大贡献的话,那么可以说,以经济基础设施建设为轴心的日本政府开发援助（ODA）是通过海外直接投资(FDI)对这些国家的发展做出了贡献吧。

因为收到了实效,近年来日本更加关注基础设施建设对削减贫困的作用。不仅是日本,世界银行等国际机构也在积极地进行开发援助和基础设施相关的研究。例如在2006年5月,日本与世界银行共同召开了"关于开发经济的世界银行年度集会",以"为开发探索新的基础设施"为主题,对基础设施建设、经济增长及贫困问题进行了讨论。日本介绍了亚洲的基于日本经验的研究成果,各国专家也相互交流验证了基础设施对于开发的作用。

2)通过国际合作支援基础设施建设

日本的开发援助政策(ODA政策)的基本战略是由内阁设置的海外经济合作会议决定,再由外务省和相关部门合作拟定企划,然后主要由日本国际协力机构(JICA, Japan International Cooperation Agency)集中实施。

政府支援海外开展基础设施建设的有力工具是国际合作计划。以下是以对发展中国家基础设施的海外开展为视点,概览日本的国际合作计划。

国际合作,广义来说是指"为了国际社会的和平、安定与发展,支援发展中国家和地区的人们。"除政府参与以外,企业、NPO/NGO、自治体等也参与了进来。如果是资金流动方面的话,可以分为政府开发援助(ODA)、其他政府资金(OOF, Other Official Flows)以及民间资金(PF, Private Finance)。如果是关于实施主体的话,可以分为政府和对象国直接实施(双边合作)、国际机构实施(多边合作)以及民间实施。

(1)政府开发援助(ODA)

在国际合作中起到最大作用的是政府开发援助。正如前文所述,英文

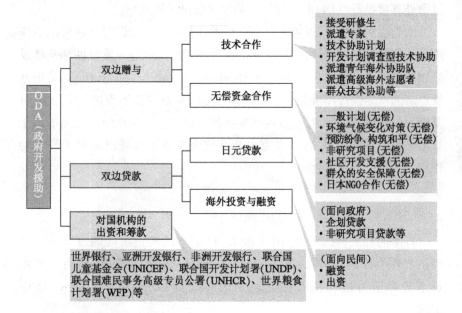

图 7-1 政府开发援助项目
图片来源:基于外务省《开发协助白皮书》制作

为 Official Development Assistance,ODA。在图 7-1 中公布了政府开发援助的明细,2014 年在无偿资金协助及技术协助等方面双边赠与了 50 亿 8400 万美元、日元贷款等双边贷款 8 亿 8400 万美元❶,对世界银行、亚洲开发银行等国际机构出资、筹款了 32 亿 5500 万美元等数十亿美元(数千亿日元)规模的资金、技术协助。

①双边赠与。

双边赠与是对发展中国家无偿提供协助,分成无偿资金合作和技术合作两种。无偿资金合作顾名思义就是"无偿"资金,资助对象是发展中国家中收入水平低的国家。援助方面是以保健、感染病、卫生、水、教育、农村、农业开发等基本生活领域为中心,也包含自来水管道及道路等规模比

---

❶ 日元贷款的实际贷款金额为 73.81 亿美元。贷款执行额减去回收额后的金额为 8.84 亿美元。

较小的基础设施建设。

技术合作是为了培育能够担负发展中国家社会经济发展重任的人才，向其传授日本的技术、技能及知识，包含了制定基础设施的开发计划、派遣具有专门知识技术的专家等。在技术合作中，有向对象国事前派遣使节，设定主体业务的业务范围(S/W,Scope of Works)的惯例。在主体业务中，在业务开始时，会与对象国的实施机关商定调查的目的和内容，汇总为成立报告(Inception Report)。之后在中间阶段有中期报告(Interim Report)记录，在最后阶段有终期报告(Final Report)记录。

②双边贷款(日元贷款)。

双边贷款是以将来发展中国家偿还贷款为前提，也就是所说的日元贷款。日元贷款可分为计划型贷款、非计划型贷款以及债务救济三种。其中与基础设施建设有密切关系的是计划型贷款。计划型贷款是对电力、燃气、道路、铁路、港湾、通信、工业区等特定的计划进行必要的融资，是日元贷款的中心。

日元贷款的利率被降得很低，偿还的期限也设置得很长，但由于是贷款，发展中国家仍然有偿还贷款的义务。开发并不是无偿赠与的，发展中国家自身要有把开发作为事业并投入其中的意识，也就是拥有所有权意识，这是很重要的。日元贷款就是以通过偿还贷款义务来提高所有权为目的。从发展中国家来看，因为贷款是用来建设以国家的社会和经济发展为目标的基础设施的，所以会认真致力于开发。日本实行了以亚洲地域为中心、日元贷款为中心的国际合作，利用日元贷款建设基础设施对现在的亚洲地域的发展有很大的效果。

(2)其他政府资金(OOF)

日本的国际合作是以政府开发援助为中心，但是当民间企业支援建设对象国的基础设施，并直接参与到基础设施工程本身时，政府会提供财政及信用支持。这被称为"其他政府资金(OOF,Other Official Flows)"。具体而言，可以列举国际合作银行(JBIC,Japan Bank for International Cooperation)

实施的出口金融。JBIC 是日本 100% 出资的特殊银行。业务运营独立于政府进行,作为日本唯一将国际金融特殊化的政策金融机关,负责日本的对外经济政策和能源安全保障政策。

JBIC 的出口金融是以日企的机械、设备及技术等的出口、贩卖为对象,面向外国的买主或者外国的金融机构提供融资。目的是确保船舶及发电设备等的一整套生产设备和资源、能源等重要物资的安全,在这之中也有许多包含与基础设施相关的项目。另外,对象国是以发展中国家中等收入国家为中心,但是,在铁路(城市间高速、城市内)、水务、生物燃料制造、可再生能源发电、原子能发电、变电与送配电、高效煤炭发电、煤炭燃气化、二氧化碳的回收与储藏(CCS, Carbon Dioxide Capture Storage)、高效燃气发电、智能电网的基础设施出口方面,高收入国家也是支援对象。

(3) 政府开发援助(ODA)和其他政府资金(OOF)的特征

把政府开发援助(ODA)和其他政府资金(OOF)的支援对象按收入水平及领域为轴整理出图 7-2。

政府开发援助(ODA)是以相对收入水平较低的国家为对象,总而言之,是以社会领域为重点。以国民人均总收入看对象国的话,大体基准是,国民人均总收入约在 1500 美元以下的国家进行无偿资金合作,贷款约在 500 美元以下的国家进行日元贷款,约在 1 万美元以下的国家进行技术合作。

另一方面,其他政府资金(OOF)的对象国大多数收入水平相对较高,融资规模也相对较大。正如刚才所述,基础设施议案对高收入国家也有适用的可能性。若以收入水平较高的国家为对象,因为援助条件宽松度,也就是"优惠度"低,日元贷款利率会相对较高,偿还期限也较短。

(4) 他国和多国间的国际合作

这样的国际合作并不只有日本,其他的发达各国也在进行。在两国间

第 7 章 基础设施工程的海外开展

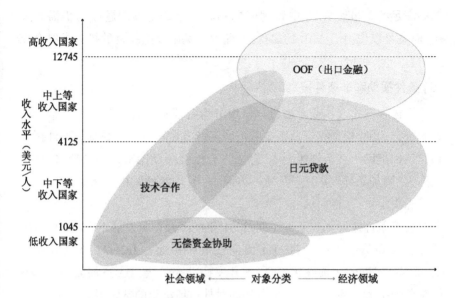

图 7-2 ODA 和 OOF 的支援对象
图片来源：基于首相官邸主页制作

合作方面，例如美国的美国国际开发厅、澳大利亚的澳大利亚国际开发厅、英国的英国国际开发厅、法国的法国开发厅、德国的德国技术协合作公社、韩国的韩国国际合作团等，援助国一方都有与日本国际协力机构（JICA）职能相当的机关，进行资金合作和技术合作。

在多国间合作方面，国际联合开发计划（UNDP, United Nations Development Programme）、国际复兴开发银行（IBRD, International Bank for Reconstruction and Development, 通称世界银行）、亚洲开发银行（ADB, The Asian Development Bank）等，以及中国主导设立的亚洲基础设施投资银行（AIIB, Asian Infrastructure Investment Bank）得到了关注。AIIB 以应对增大的亚洲基础设施建设资金需求为目的，于 2015 年设立。创立成员国有 57 个国家，但是到 2017 年 5 月，日本和美国还没有加入。

在发展中国家，因基础设施投入资金不足会影响经济发展，AIIB 的创立总体上还是很受欢迎的。如果根据 ADB 的概算，从 2010 年到 2020 年亚洲地区的基础设施投资需要 8 兆美元，仅依靠现存的国际金融机构是不能够满足的。虽然AIIB中管理问题和融资审查基准问题今后仍需要关注,但是可以说由于AIIB的出现,亚洲地区基础设施投资的扩大是符合期望的。

(5)条件援助和非条件援助

上述在双边合作或者多边合作中分为有偿资金合作和无偿资金合作等的资金援助,根据物资及服务的不同筹措方式还可以再划分为条件援助和非条件援助。在条件援助中,筹措方会给被援助国限定条件等,在日本也称为"附加条件"援助。而另一方面,非条件援助筹措方将通过国际竞争投标决定。

关于条件援助和非条件援助,2001年经济合作与发展组织(OECD)的开发援助委员会(DAC)通过了面向发展中国家(LDCs, Least Developed Countries)援助的无条件化,适用于开发援助委员会(DAC)加盟国。2008年对象国扩大到除发展中国家以外的对外负债沉重的贫困国家。

一般来说,无条件化援助能够减少贸易成本,改善被援助国的所有权和该国制度的一致性,提高援助效果。另一方面,在许多援助国,有条件化的主要原因是,能够期望通过条件援助扩大对被援助国的出口以及通过援助国的企业可以从中获益,能够实现对国民关于政府开发援助的说明责任。

日本大部分的日元贷款议案都是通过国际竞争投标进行采购等,这与其他援助国相比,非条件援助的比率较高。但最近提出了"看得见脸的援助"的目标,扩大了本国经济合作特别条款——日元贷款(条件援助)的适用对象,也承认本国企业的海外子公司作为主契约者等方面起到了推动条件援助化扩大的作用。

3)国家的发展阶段和对基础设施的需求

可以说国家的发展阶段与该国家所必需的基础设施有着密切的关系。这是考虑基础设施建设对发展中国家贡献的重要信息。在海外展开基础设施建设的对象国,有对与其发展阶段相适应的基础设施的需求,在展开基础设施建设时,根据这些需求要选择合适的基础设施,提出这样的办法是很重要的。

关于国家的发展阶段,一般使用世界银行(国际复兴开发银行)的类型化。世界银行是以第二次世界大战后复兴发达国家和开发发展中国家为目的,作为对每个基础设施建设等开发计划提供长期投资的机关而设立的。

世界银行关注国民人均收入,运用这个指标把 146 个国家和地区分为了 4 组。国民人均总收入(或者国内人均生产总值)是表现该国人均收入水准的指标。毕竟是国民的平均值,虽然收入差距的分布无法体现出来,但是如果人均国民总收入超过 3000 美元可以确认家电等耐用消费品得到了普及,超过 5000 美元可以确认汽车得到普及,这与国家发展水平的相关度很高。

世界银行把国民人均总收入在 1045 美元以下的国家和地区定义为"低收入国",1046~4125 美元之间为"中下等收入国",4126~12745 美元之间为"中上等收入国",12746 美元以上为"高收入国"。根据收入水平,产业发展状况和国民生活水平也不同,因此基础设施建设的重点领域和建设方法也就不同。

另外,要注意的是:在中国、印度等国土面积广大的国家,不同地区发展阶段也不同,所需要的基础设施的种类和水准也就不同。在其他国家也是一般首先多以首都等大都市圈为中心进行基础设施建设,或者以工业区等特定地区为据点进行开发。

以下是发展中国家中关于"低收入国""中下等收入国""中上等收入国"三组国家基础设施建设倾向的概览。当然,基础设施建设会受各国固有事情左右,以下记述只是展示了大致倾向。

(1)低收入国家

低收入国家包括在亚洲国家中发展也相对落后的孟加拉国、柬埔寨以及非洲的众多国家。而非洲的埃塞俄比亚、坦桑尼亚、肯尼亚、安哥拉共和国、莫桑比克等国家,以及撒哈拉沙漠以南的亚撒哈拉地区的多个国家都在低收入国家之列。这些国家为了维持正常生活,在粮食危机、医疗保健、基础教育等方面有各种各样的问题尚待解决,而基础设施建设方面,也需优先解决这些问题。因而要将重点放于基础生活领域的基础设施建设配备,如为了保证饮用水安全而修建的自来水管、孕妇生产或就医时通往医疗设施的道路、来往于小学初中等初中等教育机关的交通设施等。

(2) 中低偏下收入国家

中低偏下收入国家包括亚洲的老挝、蒙古国、北美洲的埃及、摩洛哥等工业化发展缓慢的国家,以及印度、印度尼西亚、非洲的加纳、苏丹、尼日利亚、赞比亚等拥有庞大人口的新兴工业国或资源国。这些国家虽然可以在一定程度上维持正常的生活,但是面对进一步提高生活水平,以及消除国家收入差距等问题,以工业为中心的产业振兴仍是重要任务。在基础设施建设方面也着重于电力、道路、铁路、港口、机场、通信、工业园区等工业基地方面的建设。由于基础设施的建设能力以及财政方面的问题,一口气完成全国性的基础设施维护有一定困难,因而多采取规划大都市圈中的经济特区,并对其重点投资的方式,或以基地发展的方式进行推进。

(3) 中等偏上收入国家

中等偏上收入国家包括亚洲的中国、泰国、马来西亚以及中南美的墨西哥、巴西、阿根廷,东欧的罗马尼亚、保加利亚等工业化发展相当不错的国家。这些国家中,大多数家庭都是有车一族,在一定程度过着富裕的生活。基础设施的建设以据点为中心,并拥有相当完备的电力、道路、铁路、港口、机场、通信等工业基地,并计划向全国扩展。在相同的产业基地中,则更加重视智慧交通系统(ITS, Intelligent Transport Systems)、高速铁路、物流电子信息交换等高水平产业,并正在对此类设备进行研究。一般也被认

第7章 基础设施工程的海外开展

表 7-3 按收入水平进行分类的国家类型以及基础设施建设的完备程度

	新兴国家			高收入国家及地区
	低收入国家	中等收入国家		
		中等偏下收入国家	中等偏上收入国家	
国民人均收入水平 GNI (2013年)	1045美元以下	1046~4123美元	4126~12745美元	12746美元以上
国家和地区总数	40	51	55	76
主要国家及地区	孟加拉国、柬埔寨、黎巴嫩、塔吉克斯坦、刚果民主共和国、埃塞俄比亚、肯尼亚、坦桑尼亚、马达加斯加、莫桑比克、卢旺达、津巴布韦等	印度、印度尼西亚、老挝、缅甸、蒙古国、巴基斯坦、菲律宾、乌克兰共和国、乌兹别克斯坦、玻利维亚、洪都拉斯、巴拉圭共和国、埃及、摩洛哥、喀麦隆共和国、刚果共和国、加纳、尼日利亚、苏丹、尼日利亚、赞比亚等	中国、马来西亚、泰国、土耳其、白俄罗斯、保加利亚、哈萨克斯坦、罗马尼亚、阿根廷、巴西、哥伦比亚、牙买加、墨西哥、秘鲁、委内瑞拉、阿尔及利亚、约旦、利比亚、突尼斯、安哥拉共和国、博茨瓦纳、毛里求斯、南美等	G7国、欧洲圈各国、韩国、中国台湾、中国香港、新加坡、文莱、澳大利亚、新西兰、挪威、瑞士、捷克共和国、波兰、俄罗斯、智利、波多黎各、乌拉圭、巴林、以色列、科威特、阿曼苏丹国、沙特阿拉伯、阿拉伯联合酋长国等
基础设施的建设阶段	以自来水管、初等教育、医疗保健等基础生活领域为中心	以电力、道路、铁路、港口、机场、通信、工业园区等工业基地为中心	即使在相同的工业基地中，也以ITS、高速铁路、EDI、航空管制、智能社区、通信等高质量基地为中心	在高度发达的工业基地的基础上，还包括节能、可再生能源、高度废弃物处理、保证安全且安心的防灾、高度医疗、宇宙系统准天顶卫星等最尖端领域。现存基础设施的维护管理也是需要解决的主要课题

表格来源：参考世界银行"World Development Indicators"制作

为，这些国家的国民人均收入水平高于一定标准，并且人们对环境的关心意识正在迅速提高❶。之前所说的为了改善环境所完善的基础设施之一

---

❶ 例如 Grossman 与 Krueger 的研究中，对大气质量与河川水质的指标与平均所得的关系进行分析，从多数指标中可以确定环境污染程度减少的转换点不满8000美元。

的下水管以及以恢复自然环境本身为目的的基础设施建设也被提上了日程。

4) 具体案例

接下来,本章将从各组国家中选择坦桑尼亚(低收入国家)、印度(中等偏下收入国家)、印度尼西亚(中等偏下收入国家)、泰国(中等偏上收入国家)这四个国家为代表,概述在基础设施完善工作上日本所做的贡献。

(1) 低收入国家案例:坦桑尼亚的供水

坦桑尼亚是中非东部的共和国制国家,位于撒哈拉沙漠以南的亚撒哈拉地区。由东非大陆的坦噶尼喀与印度洋岛屿部分的桑给巴尔构成,国土面积94.7万 km^2,全国总人口5182万人(2014年),国民总收入459亿美元(2014年)。国民人均收入930美元,在上述发展阶段中位于"低收入国家"。

1961年脱离英国独立以来,形成了安定的政治与治安环境,年经济增长率7%,达到了非洲平均水平之上。但是,人均国民收入依然偏低,通过经济增长来解决贫困问题仍是一个有待解决的重要课题。虽然该国期待可以通过基础设施建设来支持经济增长与削减贫困,但实际上该国仍处于维持基本生活的基础设施完备阶段。

日本的ODA以收入水平较低的国家为对象,运用日本所资助的无偿资金,建设供水、保健和感染病应对、小学设施建设、扩宽道路等,以支撑基本生活的规模较小的基础设施。例如供水方面,完善建设首都圈周围区域、南部的林迪区和姆特瓦拉区、北部的姆万扎区和玛拉区的供水设施。坦桑尼亚政府虽然在《坦桑尼亚国家发展愿景2025》中明确目标,到2025年各住家房屋400m以内保证安全卫生供水,但是就连上述首都圈周围区域的供水率也仅仅达到23%,仍然极低。完善的设施中添加了公共水栓式供水设备、深井手动泵以及地下水探测仪等,也只达到了基础水准。

(2) 中等偏下收入国家案例：印度的德里地铁

　　印度位于南亚的印度半岛，是一个拥有国土面积 328.7 万 km^2，全国总人口 12 亿 9500 万人(2014 年)，国民总收入 2 兆 359 亿美元(2014 年)的南亚大国。国民人均收入 1610 美元，在上述发展阶段中位于"中等偏下收入国家"。印度自 1991 年起向经济自由化路线转变以来，以缓和规则、积极运用外资为支柱，断然实行进行经济自由化改革，完成了经济的高速发展。但是在经济高速发展的另一面，逐渐暴露出道路、铁路、电力以及上下水管道等基础设施不健全的问题。例如在电力领域，以首都圈为中心大规模停电屡屡发生，电力不足的问题严峻。

　　由于这些情况的出现，印度政府决定大力进行基础设施建设，第 12 个五年计划(对应时间 2012—2016 年度)预计投入约 51 兆卢比(约 77 兆日元❶)进行基础设施领域的建设。重要的领域遍布发电、铁路、高速公路、城市开发、港口和机场、工业园区等各个领域。

　　日本对印度的众多议案都进行了日元贷款援助，接下来作为日本开发援助贷款的成功案例，本节将介绍印度德里高速运输系统(德里地铁)的建设业务。如上文所述，中等偏下收入国家中大多数情况下都是以大都市圈等特定区域为重点现行区进行基础设施建设，德里就是其中的典型代表。

　　德里地铁由印度首都德里以及其近郊的地铁、地面及高架铁路所组成的交通网构成。2016 年的第三期完工时总长度 330km、2012 年第四期完工时预计总延长 430km，将超过伦敦地铁(总延长 402km)的长度。德里都市圈与其他发展中国家的大都市圈一样为慢性的交通堵塞所烦恼，德里地铁有待缓和交通混杂与废气排放等交通公害，来改善城市环境。

　　日本从很早之前就开始了该工程的援助。对第一期(总延长约 59km)的建设从 1996 年进行了 6 次的贷款援助，总金额约 1627 亿日元，之后的第 2 期、第 3 期也在持续资助。

---

❶　1 卢比 = 1.51 日元(2016 年 8 月汇率)。

照片 7-1　德里地铁（一号线：Red Line）
照片来源：久野真一/JICA

　　日本的建设顾问公司、建设公司与商社都参与到了德里地铁的建设中，并传承了日本施工的效率化与安全管理方面的技术与经验。印度的施工现场向来没有落实作业现场穿戴安全帽、安全鞋等习惯，但是经过建设顾问公司的指导，已将施工现场必须穿戴安全帽、安全鞋的义务落实到个人。此外，利用告示牌将施工地与施工地以外的地区进行区分，使用安全带或荧光带，时常整理整顿工地现场的器材等规定，也使当地的工地现场也固定实行了日本工地现场的安全管理与注重效率的业务能力。除此之外，早上在规定时间集合开始工作，传达保证工期的重要性等，向印度国民传达在日本被认为是理所当然的一些准备工作。通过这些努力，该工程不仅仅引入了先进技术，还进行了基础设施的建设，更给印度的施工方式带来了文化的革新。

(3) 中等偏下收入国家案例：印度尼西亚的雅茂德丹勿大都市圈的铁轨建设

　　印度尼西亚是位于东南亚南部的共和国制国家，国土面积 189 万 km^2，国家人口 2 亿 5500 万人（2015 年），国内生产总值 8885 亿美元。国民人均收入 3630 美元，在上述发展阶段中属于"中等偏下收入国家"。

第7章 基础设施工程的海外开展

印度尼西亚基本属于农业国,生产大米、可可、木薯、椰子等商品作物,并拥有煤炭、天然气、金与锡等矿物资源。工业上,轻工业、食品工业、纺织、炼油等工业发达,与多数的日本企业有业务往来。1997年的货币危机中,印度尼西亚基于与国际货币基金组织(IMF)的协议,迫于无奈进行经济结构改革,形成了安定的政治社会形势与金融环境,扩大了个人消费,经济得以渐渐恢复。只是,印度尼西亚仍然存在经常账目的财政赤字与货币贬值问题,通过促进出口改善收支仍是一大课题。

印度尼西亚的道路、铁轨、能源、通信等基础设施的配备较晚,特别是人口与集中了众多功能的雅加达大都市圈的各种基础设施无法满足城市的需要,岛屿部分的能源部门与交通部门的基础设施完善程度偏低等问题亟待解决。

对于印度尼西亚来说,日本是其最大的援助国,从1945年首次接收研修生以来,日本通过人才协助及完善经济基础设施与社会基础设施,对印度尼西亚的开发做出了巨大的贡献。接下来本节将介绍一个具有代表性的基础设施建设支援的案例,雅茂德丹勿大都市圈(Jabodetabek)的铁轨建设工程。

雅茂德丹勿是雅加达大都市圈的俗称,取构成都市圈的雅加达(Jakarta)、茂物(Bogor)、德波(Depok)、唐格朗(Tangerang)与勿加泗(Bekasi)的首字母组成。1970年以后,针对改善大都市圈旅客运输问题,日本实施了各种各样的开发与援助。1972—1981年期间,日本使用贷款,完成了雅茂德丹勿基础设施的现代化,并投入了柴油车/列车。

此外,1981年日本国际协力机构(JICA)筹划制定了《雅加达大都市圈铁路输送计划》。这个计划包括了在拥有约2000万人口的大都市圈区域(约50km)中建设约150km的城市铁路网,是可以缓解旅客运输压力的总体规划。其特点是以最大限度地利用原有的设施、用地、设备及运营组织等为前提,推进运输条件的进一步改善。此后也根据此计划,运用贷款等资源实施了城市铁路的现代化工程。

从在都市圈中拥有多种基础设施的情况下,要实现最大面积的整体优化这一观点来看,首先,通过运用JICA中的技术协助方案、经经济产业省与国土交通省调查得出的方案等G2G("政府"对"政府")的方式制定总体规划,接下来基于所制定的计划,按照优先顺序逐个落实基础设施建设,这一方法是有效的。雅茂德丹勿大都市圈中的都市铁轨建设可以说是遵循这一顺序的开发援助典型案例。随着这一工程的逐步开展,1984年雅茂德丹勿大都市圈的铁轨使用者只有5万人次左右,但到2010年已达到了约36万人次。

照片7-2 雅茂德丹勿都市圈的都市铁轨(kota站附近)
照片来源:久野真一/JICA

(4)中等偏上收入国家案例:泰国东部沿海的开发

泰国是位于东南亚的君主立宪制国家。国土面积51万 km^2,拥有6773万人口(2015年),国民总收入3634亿美元(2014年)。国民人均收入5370美元,在上述发展阶段中属于"中等偏上收入国家"。20世纪60年代后,借助日本以及欧美各国的外商直接投资(FDI)正式走上了工业化道路,使其经济得到了高速增长,与此同时,基础设施的建设也在紧锣密鼓地进行着。虽然在之后经历了亚洲的金融危机、雷曼事件以及大规模的洪水,但泰国都一一克服了,并实现了经济的平稳增长。

第7章 基础设施工程的海外开展

日本对于泰国的 ODA 始于 1954 年的技术援助,1968 年进行日元贷款,1970 年开始无偿资金资助,对泰国的经济发展做出了巨大贡献。从累计数据来看,日本是泰国的最大援助国。20 世纪 60 年代的资助主要集中于水力发电与输电网等能源,70 年代在此基础上增加了铺设长距离电话线以及整修道路,80 年代更是以修建城市铁路、扩张国际机场、港口为中心,开展了沿海开发以及地方的电力基础设施建设、通信基础设施建设以及农业灌溉。

接下来以泰国东部沿海开发工程作为代表案例进行介绍。此工程以林查班港建设为中心,将工业园区与铁路建设进行组合的综合沿海开发,是同时兼具了地域振兴与环境污染治理的大型工程。

东部沿海的开发工程始于 20 世纪 80 年代初,并持续到 20 世纪 90 年代初期。是以日本的工业基地为模板进行的开发,避免了人口和产业向曼谷首都圈的过度集中,在曼谷东南方向 80~200km 的东部沿海地区进行了产业基地的建设。泰国政府借此契机推进了出口型产业结构转移的政策。东部沿海开发形成以暹罗湾的天然气开发、利用与林查班深水港建设为核心的复合开发,总投资额达到了 115 亿美元。

当时,负责提供日本日元贷款的日本海外经济合作基金(OECF)❶将重点置于玛达浦工业园区建设与林查班的工业开发,对国际港口建设、供水、铁轨的铺设等 16 项工程中的 27 件项目进行日元贷款(总批准金额 1788 亿日元)。此基础设施工程通过推进民间资本在工业园区中的流动与深水港的建设,为国际物流环境的改善做出了巨大贡献。当时首都圈的曼谷港是泰国最主要的港口,位于湄南河沿岸,由于水深较浅且水面狭窄,大型船只无法通过。从曼谷港运出的集装箱只能先利用支线船,运送到东南亚枢纽港中国香港或新加坡,在此滞留后再用大型船只运向欧美。林查班深水港完成了世界性集装箱运输的普及与集装箱船的直接入港,提升了泰国在国际物流中的地位。

---

❶ Overseas Economic Cooperation Fund。1961 年 3 月设立的日本政府相关机构,以实现开发资金的顺利供给,促进海外经济合作为目的,为发展中国家的经济提供捐款。1999 年解散,并由国际协力银行接替其工作。

另外，从环境与社会方面来看，泰国东部沿海开发工程被认为是泰国开发经验中的对环境与人造成影响的最直接的案例。其中最大的问题就是工业园区的恶臭问题。炼油厂等工厂的臭气的产生愈发严重，已经导致附近的中学无法进行正常教学而被迫转移。由于这是泰国第一次建设与运营综合石化产业，并没有相关的法律经验，因而没有来得及应对。之后，该地区政府有关部门、居民、工厂之间努力进行了实打实的交流，状况也有所改善。这也成为大规模开发中关于环境治理的宝贵经验。

照片 7-3 泰国东部的石油化工产业

第 2 节
海外基础设施业务

1) 海外基础设施市场

(1) 世界基础设施市场的前景

世界基础设施市场在不断扩大,其准确数值却很难预测。关于以什么领域为对象、预测哪个时期的市场规模等问题,对象范围的设定不同,其数值也有所差异。

在此情况下,经济合作与发展组织(OECD)以全球为对象进行了全面预测基础设施市场的调查。OECD 是在欧美和日本等发达国家设立的以商议国际经济为目的的国际机构。基于 2006 年和 2012 年的两次调查,OECD 预测了 2030 年之前的世界基础设施市场规模,结果如图 7-4 所示。由图可知,以 2010—2030 年的公路、铁路、电力、水为对象的世界基础设施规模为 41 兆美元。换算成日元即 4000 兆日元,预测平均每年有 200 兆

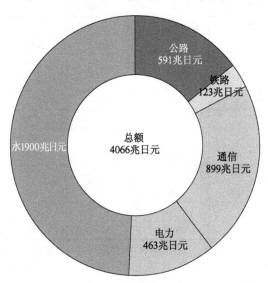

图 7-3 2030 年之前的世界基础设施市场规模(通信、公路、铁路、水、电力)
图片来源:基于 OECD《Infrastructure to 2030 telecom, land transport, water and electricity2006》制作

日元的市场规模。在调查图表中,市场规模的大小依次为水(49%)、通信(22%)、道路(15%)、电力(11%)、铁路(3%)。

表7-4 2009—2030年的世界基础设施市场(机场、港口、铁路、石油天然气)

领域	年均投资额(十亿美元)		累积投资额(十亿美元)		
	2009—2015年	2015—2030年	2009—2015年	2015—2030年	2009—2030年
机场	67	120	400	1800	2200
港口	33	42	200	630	830
铁路	153	271	920	4060	5000
石油天然气(运输、配送)	155	155	930	2325	3255
合计	408	588	2450	8815	11285

注:1美元=100日元。
表格来源:基于OECD《Strategic Transport Infrastructure Needs to 2030》,2012制作

表7-5 亚洲各领域基础设施规模(2010—2020年)

领域	新增		交易		合计(百万美元)
	金额(百万美元)	构成比	金额(百万美元)	构成比	
能源(电力)	3176437	59%	912202	35%	4088640
通信	325353	6%	730304	29%	1055657
手机	181763	3%	509151	20%	690914
座机	143590	3%	221153	9%	364743
运输	1761666	32%	704457	27%	2466123
机场	6533	0%	4728	0%	11261
港口	50275	1%	25416	1%	75691
铁路	2692	0%	35947	1%	38639
公路	1702166	31%	638366	25%	2340532
上下水道	155493	3%	225797	9%	381290
下水道	107925	2%	119573	5%	227498
上水道	47568	1%	106224	4%	153792
合计	5418949	100%	2572760	100%	7991710

注:目标国家包括中亚(亚美尼亚、阿塞拜疆、格鲁吉亚、哈萨克斯坦、吉尔吉斯、塔吉克斯坦、乌兹别克斯坦)、东亚和东南亚(文莱、柬埔寨、印度尼西亚、老挝、马来西亚、菲律宾、泰国、越南、蒙古国)、南亚(孟加拉国、不丹、印度、尼泊尔、巴基斯坦、斯里兰卡)、太平洋(斐济、基里巴斯、巴布亚新几内亚、萨摩亚、帝汶岛、汤加、瓦努阿图)。
表格来源:亚洲开发银行《Infrastructure for a Seamless Asia 2008》

OECD 在 2012 年也公布了机场、港口、铁路、石油天然气的基础设施规模的概算。2015—2030 年的市场规模概算为 8.8 兆美元,年均 0.6 兆美元。换算成日元后分别约为 880 兆日元、60 兆日元。在调查涉及的领域中,市场规模的大小依次为铁路、石油天然气(运输、配送)、机场、港口。

整理了 2006 年版和 2012 年版的世界基础设施预测值后,OECD 预测在公路、通信、电力、机场、港口、铁路❶、石油天然气(运输、配送)8 个领域中,存在年均约 280 兆日元的市场规模。

(2)亚洲基础设施市场的前景

下面来看和日本有着密切关系的亚洲基础设施市场规模的前景。亚洲开发银行(ADB,Asian Development Bank)发布了有关亚洲基础设施市场规模的概算。

ADB 是以促进亚太经济增长、经济合作和为发展中加盟国的经济发展做出贡献为目的设立的国际金融开发机构。因此,ADB 进行市场规模预测的对象范围是中亚、东亚和东南亚、南亚以及太平洋地区的发展中国家。需要留意的是,日本、中国、韩国等已经实现经济增长的国家与地区并不属于 ADB 的支援对象。

在 ADB 的概算中,目标国家 2010—2020 年的基础设施市场规模为 8 兆美元,换算成日元即 800 兆日元❷,每年 7300 亿美元(约 73 兆日元)。各领域中以能源(电力)、公路为中心,紧接着是通信和上下水道。

预测在基础设施市场规模之中,新增基础设施规模为 5.4 兆美元(约 540 兆日元)、更新的基础设施规模为 2.6 兆美元(约 260 兆日元),而有更新需求的基础设施规模占全体 30% 这点引起了很多人的关心。不仅是称为"绿地"的新增基础设施,"棕地"这一已有设施也在一定程度上存在着更新市场。

---

❶ 由于 2006 年版和 2012 年版的铁路预测值不同,书中采用了最新的 2012 年版预测值。
❷ 1 美元 = 100 日元。

(3)海外基础设施的特点

在进行基础设施工程的海外开展之前,我们需要把握海外市场的特点和需求。虽然市场的特点和需求因国家而不同,但是在考虑到国家的发展阶段后,一般认为发达国家市场、新兴国家和发展中国家市场分别有着共同的特点。

在新兴国家和发展中国家中,总的来看,基础设施不足,新增基础设施在新增基础设施和需更新基础设施中占压倒性的高比例。这些国家的政府和基础设施相关私人企业主体虽然存在技术不足和资金短缺的问题,但是在技术和资金方面帮助包括日本在内的发达国家、世界银行和亚洲开发银行等国际机构的案例却不在少数。另外,由于亚洲、中东、中南美、非洲

表7-6 基础设施市场的特征

	新兴国家和发展中国家	发达国家
对象	• 在收入水平低的国家,提高对上水道、初等教育、保健医疗等基础生活领域的重视 • 在提高收入水平的同时,努力发展与产业振兴相关的电力、公路、铁路、港口、工业园区等 • 由于需求量负荷而不得不维修支路以及更新投资时,建设高规格的公路和新干线等等级较高的基础设施的需求不断提高	• 新建项目减少 • 既有基础设施的追加和更新项目在增加 • 在追加及更新的情况下,多数采用了前沿技术。在建设铁路的旁支线路时,引进超高速铁路 • 在能源领域开始智能社区的实证试验。以关注地球环境问题和营造舒适的生活为目标
业务类型	• 以基础生活领域和产业领域为中心,建设新的基础设施的绿地项目占了多数 • 出现了仅获得、经营和管理原有基础设施工程权就花费了大量时间的案例	• 比起"绿地项目",更关注对已有基础设施进行追加投资、更新投资和运营管理的"棕地项目" • 抽检业务、拟定维护维修计划、实施实际维护维修工程等维护管理任务是很大的商业机会
业务手法(方案)	• 发达国家、国际金融机构成为出资和技术协助主体,相关国家政府和关联机构成为工程主体 • 国际合作的方案在配备基础设施中起到了至关重要的作用	• 大多数情况下,在政府启用PPP/PFI和特许经营等各种形式中,民营企业很活跃 • 在经营管理方面,企业不仅拥有不断积累经验而建立的设施,还开展了国外基础设施的运营管理业务 • 针对反复使用基础设施的人,从多方面提供各种各样的商品和服务的商业在扩大

等国情完全不同的国家都包含在新兴国家和发展中国家之列,我们有必要提出与各国的基础设施整备动向和国情相应的商业、合作议案,并付诸行动。

另一方面,发达国家的经济发展已经成熟,基础设施建设方面的质量标准也越来越高。另外,对发达国家来说,目前需要解决的是对原有基础设施的改良、更新以及对原有线路的延伸等具有更新和追加需求的问题。在经营、维护管理基础设施市场方面,民营化取得发展,私人企业的参加机会也大大增加。基础设施运营商之间也在频繁地进行着收购、合并(M&A)等。经营、维护管理作为一种商业模式正在被大家所关注。

表7-6整理了新兴国家和发展中国家、发达国家各自的市场特点。此外,表中将高收入国家列为发达国家,中上收入国家、中下收入国家和低收入国家统一列为新兴国家和发展中国家。

2) 海外基础设施业务的内容和风险

(1) 海外基础设施业务的内容

一般情况下,私人企业在海外发展时,会斟酌再三,然后进行对基础设施工程的提议、计划、设计、建设、经营和管理,这种经营方式被称作海外基础设施经营(商业)。其具体的业务内容可以分为以下三个阶段。

①项目形成/调查、计划。

在制定开发计划和发掘、形成每个基础设施项目时,一边与合作政府或政府机构进行对话,一边挖掘出对方的需要,或者是和对方进行对话时,受到制定开发计划、业务可行性研究的委托。这属于调查业务和咨询业务阶段。

在日本,建设企业顾问公司和综合贸易公司,或者是电力、燃气、铁路、公路等业务公司,地方自治体的自来水公司等作为ODA业务的专家,或者是为了开拓自己的业务来参与上述计划。

但是,与欧美相比,日本的企业顾问被指出在这一阶段并未与伙伴国家进行充分的交涉。在水资源和铁路等特定领域,具有实力的欧美各国企业顾问和业务主体会深入到对基础设施的提议以及挖掘优良议案的整个过程。例如,在沙特阿拉伯的上下水道工程中,法国两大基础设施经营商威立雅环境集团和苏伊士环境集团与伙伴国家政府直属的上下水道工程有限公司签订了管理合同,指导其经营技术和培训其现场操作人员。之后,便以特许权协议的方法实现了参与该项目的目标。

在日本,也出现了私有企业利用经济产业省、国土交通省、日本国际协力机构的框架参与到项目形成/调查、计划阶段的趋势。制定开发计划的主体是伙伴国家的中央政府和地方政府,首先,利用政府对政府(G2G)模式从制定支援计划开始着手,是一种非常有效的方法。之后的展开大致是:政府之间签订意向书(LOI,Letter of Intent)→实施进行工作组共同作业→制定基本计划和行动方案→形成日元贷款议案→接受日本企业的基础设施项目。

例如,在制定印度尼西亚的雅加达首都圈投资促进特别地区构想的基本计划时,多家日本建设企业顾问和基础设施相关企业得到日本政府和JICA协助后,制定了以包括雅加达大都市圈的城市铁路、公路、国际港口、国际机场、下水道、火力发电厂、智能社区在内的20个议案为对象的计划。结果,数个日本企业成功参与了修复城市铁路和港口等具体的基础设施业务的可行性调查和实施过程。

②设计、采购、施工。

公司接受伙伴国家政府或政府机构,以及私有企业的委托,承包了基础设施项目的设计、材料采购、施工等全过程。取设计、采购、施工的英文首字母后便得到了"EPC"这个称呼。国内外的工程技术公司、综合贸易公司、生产厂家等基本上是个人或者通过与国际财团的联合来承包工程。国际财团是在以接受并实行特定项目订单为目的,在与多家企业签订合同的基础上形成的时效性组织。这些企业一般被称为"EPC承包商"。国际财团组织的成立主要有以下四点原因:①技术互补;②承担风险;③有效利用各国政府资金;④需要或强制性地被要

第7章 基础设施工程的海外开展

求加入当地企业。

在海外进行建筑施工的时候,为了弥补不熟悉当地情况的不足,与熟知本国、本地区的当地企业合作是一个很有效的方法。当地企业的经营者一般是当地的重要人物,他们也能及时处理项目进行过程中出现的一些纠纷。只是需要事先了解该当地企业是否具有相应的技术和资金实力。

在亚洲,总承包商一般是欧美和日本等发达国家的企业,分包企业一般是当地企业。但是,近年来,中国、韩国、印度等国家高速发展,使得发达国家的企业逐渐难以进入这些国家的市场。另外,中国和韩国以低价格的优势成为总承包商的案例突然急剧增加,日本企业的竞争条件因此逐渐变得严格起来。

在这个阶段,日本企业需要注意伙伴国家提出的需求与日本建筑公司主张的基础设施做法、性能之间是否背离的现象。不仅是基础设施方面,日本建筑公司的提案因为注重技术方面,结果往往导致性能过剩的现象。另外,日本企业基本上是采用由成本总额来决定价格的方法,这就导致在价格协商方面出现很大的偏离。希望日本企业能在迎合当地需要方面多下功夫,通过在当地生产所需的基础设施产品、零件来减少成本等。

与国际标准化达到相互平衡也是一个重大的课题。在国际标准化方面,欧洲主导的标准在新兴国家等的新市场上也被广泛采用。比如在铁路领域,由欧洲主导制定的 RAMS❶(国际电工委员会的国际标准)被印度等新兴国家的市场所采用。但依照目前的情况来看,日本企业在加入该国市场时,不仅要遵守欧洲主导的标准,做法也必须得考虑当地的需求。像这样,由于国外主导的国际标准使得加入门槛变高的情况,是日本在海外开展基础设施经营的重大课题。

③运营、管理。

通过投标取得特许权,即所谓的业务权或运营权,出资让业务公司进

---

❶ Reliability(信赖性)、Availability(有效性)、Maintainability(维护性)、Safety(安全性)。

行运营和管理,通过取得收益来回收投入资本的这种基础设施商业经营方式也被广泛采用。这种方式也被称为"O&M",即运营(Operation)和维护管理(Maintenance)的英文首字母。

在日企中,虽然有些综合贸易公司和电力公司的一部分从20世纪90年代就已经开始以电力领域为中心开展自己的运营管理业务,但是从整体来看,比欧洲起步要晚。

运营管理的责任由基础设施的运营企业来承担。在欧洲,运营企业都很积极地开展着海外基础设施活动。铁路方面,欧洲以20世纪80年代的铁路自由化为契机,在欧洲区域展开了对周边国家的业务运营,以此经验为基础,欧洲的铁路企业作为铁路运营企业开始积极加入亚洲等欧盟以外的铁路业务。水资源方面,法国的威立雅和苏伊士,即所谓的水资源巨头企业也在积极地开展海外水资源业务的运营。而在日本,进军电力领域以外的基础设施运营管理的日企比较少,但近几年,铁路公司、公路公司、机场公司和自治体的自来水公司等逐渐开始关注基础设施的运营管理。

关于进军基础设施的运营管理领域,需要做好回避国内以及其他案例已经遇到的各种风险的对策。比如需求风险、运营费超支风险、自然灾害风险、政治风险等,对方国家和受委托方应该围绕共担风险进行严格的讨论。

最近,"可用支付",即根据运营和维护管理的实行决定委托费这种新方式被广泛应用开来,也出现了伙伴国家和受委托方之间合理分担风险的案例。例如,在日本海外基础设施开展的成功案例——英国城市间高速铁路项目中,日立公司接受了英国运输省关于制造866辆高速铁路列车以及之后27年半的保修委托。业务实施者承担列车制造、租赁、保修服务责任的同时,不必承担需求风险。另外,可用支付在保修服务方面,根据业务实施者能否把保修完的车以完全无故障的状态送达给客户来决定委托费的多少。

这些年来,基础设施的运营管理业务(O&M)基本上采取签合同的方式,为了能够采用上述方案,以及提高业务实施者的干劲,有必要适当地为推动官民共同分担风险的方式做出努力。

(2) 海外业务特有的风险

如之前所说,基础设施建设业务伴随着各种各样的风险。尤其需要注意在开展海外基础设施业务时遇到的汇兑风险等特有的风险。以下将对海外开展基础设施业务时应注意的几个典型风险进行说明。

①汇率风险。

由于合作伙伴国政府或政府机构的行政行为和制度上的问题等,汇率波动风险和外汇交易风险会阻碍基础设施建设业务的进行。这是海外基础设施经营(商业)所特有的一个风险。

外汇交易风险是指伙伴国家的外汇管理局管制外汇交易,对业务公司的外币调动、国内通货中的外币交换和海外汇款造成了一定影响。铁路运费以及收费公路的通行费等基础设施经营(商业)的收入是来自当地市场的当地货币。另一方面,投资业务建设的资金调动一般使用日元和美元等外币,业务公司会把业务收益的一部分兑换成外币,充当股利或偿还贷款使用。这些外汇交易活动,尤其是在发展中国家,一般都需要外汇管理局的许认可。一旦外汇管理局不认可,基础设施建设业务将无法开展下去。

另外,汇率波动风险是指把外币兑换成日元时,汇率发生变动,从而产生损失的一种风险。汇率的变动不仅会受到合作伙伴国经济形势以及国际经济环境的影响,合作伙伴国的外汇管理局也会有意识地介入到其中。特别是在发展中国家,限制使用以特定价格买卖未来商品这种控制风险的期货交易手段,所以,在涉及基础设施建设与相关机器、设备的调动等支付费用较大的问题时,有必要对汇率波动风险进行详细的商讨。

②制度风险。

基础设施建设运营是合作伙伴国的受监管行业。有根据合作伙伴国的法律、规制受到保护的情况,也有随着法律、规制的变更不得不停止业务的时候。

在发展中国家开展业务时,会遇到法律、会计、金融、汇率、保险、资金结算、登记等各种制度不完备的情况。另外,也出现过业务进行到一半时,法律突然变更的情况。基础设施建设业务相关的法律分别有公司法、劳动法、出入境管理法、法人税与关税相关的税法、PFI/PPP 相关的私企关联法、环境保护法等。由于社会的持续发展,这些法律也经常被修订。另外,由于国家战略的变更而改变法律的情况也很常见。在法律变更的情况下,如果遵从变更前的法律已经开展了业务,那么作为既得利益可以不受新法律限制,但是这种处理方法不一定在任何时候都有效。

例如,萨哈林 2 号项目,即生产、出口俄罗斯萨哈林州沿岸的石油和天然气,以俄罗斯政府的外资引进政策为背景,荷兰皇家壳牌石油公司、日本三井公司和日本三菱公司联合设立了萨哈林能源公司,并作为运营商推动了项目的实施。但是,由于受到世界石油价格上涨的影响,俄罗斯政府转变了能源政策,指定包括萨哈林 2 号在内的数个石油天然气矿区为战略性矿区,并采取了限制引进外资的措施。在之后的交涉中,俄罗斯天然气工业股份公司取得了萨哈林能源公司 50% 的股权,在俄罗斯天然气工业股份公司、荷兰皇家壳牌石油公司、日本三井公司和日本三菱公司形成的新的资本构成下,几方就共同推进业务达成了一致意见,避免了计划的流产。

③政治风险。

在核心基础设施项目中,伙伴国家的政府或政府机构往往是合同伙伴,但在发展中国家会出现政府或政府机构违反合同的现象,从而产生阻碍业务发展的风险。当合同政府或政府机构未能获得足够的预算来履行合同或国会和公民出于某种原因反对业务时,就会发生这种风险。由于基础设施建设业务将持续很长一段时间,在此期间管理层和业务政策可能会发生变化。对政府或政府机构来说,企业在未同意以对其有利的方式更改合同条款之前,不履约的情况可能会持续。

例如,菲律宾首都马尼拉国际机场的第三航站楼就是受到政权更迭摆布的典型例子。第三航站楼可以说是日本公司的基础设施业务,是由日本顾问公司设计,日本建筑公司负责建设,日本赞助商资助运营的公司。与马尼拉国际机场公司运营的第一和第二航站楼不同,私营企业计划在BOT私营企业经营25年。计划于2002年开始营业,并达到98%的进度率,但实际上它在2008年才部分开放,比原始合同落后6年,包括国际航班在内的全面开放时间是2014年。

在施工前与埃斯特拉达总统签署的协议,被下任总统阿罗约提出要重新审议,在通过最高法院的一系列审判后协议被宣布失效。如果权利转移还未达到稳定的状态,前政府的承诺并不总是由新政府接管,在某些情况下可能会被新政府完全否决。

在将机场码头业务作为私有企业项目处理时,是否可以确保区域垄断是一个生死攸关的问题。根据埃斯特拉达总统签署的特许协议,要保证第三航站楼的项目实体作为国际航线专用航站楼业务的垄断地位。但菲律宾政府后来与其他BOT合作推进了马尼拉首都附近的克拉克国际机场的扩张,这正是当初宣布协议无效后的成果。在这件事情上,菲律宾政府被指责未履行相应的义务。

3)海外基础设施业务(商业)的新潮流

(1)主体:导入私营活力

日本的基础设施建设具有公共利益和自然垄断的特性,因此,大多数情况下,由公共主体和公共企业来进行维护、运营和管理。但是世界范围内已经在构筑PPP等充分利用私有企业的经营能力、技术力量和资源的基础设施服务供给模型。导入私营活力的方式开始于20世纪80年代的欧洲,之后逐渐向世界范围扩展。

日本海外基础设施经营展开的主要市场——亚洲,在20世纪90年代前后大量实行了在技术和资金方面导入私营活力的基础设施运营方案。在基础设施的建设、运营和管理方面积极导入私营活力的国家和地区有中国、韩国、菲律宾、越南、泰国、马来西亚、印度尼西亚、印度等。

导入私营活力的理由主要有以下几点:①仅仅只有财政资金的话,是无法应对基础设施建设需求的,有必要引进私营资金。②吸收私人企业在基础设施建设、经营和管理方面的丰富技术和管理技能,谋求高效率的企业运营。③1997年亚洲爆发金融危机的时候,国际货币基金组织(IMF)、世界银行(IBRD)、亚洲开发银行(ADB)等一些国际援助机构要求基础设施市场私有企业化,以此来换取对受援国的贷款。④以欧洲各国和澳大利亚为核心,积累了PPP和PFI的成绩和技术,从而促使这些国家的关联企业积极进军亚洲基础设施市场等。

例如,澳大利亚在本国市场导入PPP,吸收海外技术,运用到本国基础设施的维护、运营和管理中,最后将市场上经过时间训练的公司派往亚洲等世界基础设施市场。

澳大利亚自20世纪80年代以来,已将私营活力纳入基础设施的建设、运营和管理中,如悉尼港海底隧道等。澳大利亚于20世纪90年代修整了机场法、公路交通法、国家铁路公司法、电气通信法等相关法律,扩大了私营部门加入基础设施市场的机会。这不仅是对本国的企业,也对国外的企业打开了开放的大门,各国家也都很积极地参与到澳大利亚市场中去。例如,维多利亚州政府在PPP推进的海水淡化项目,由法国苏伊士环境组织、澳大利亚领先的总承包商Teas和澳大利亚领先的投资银行麦格理(Macquarie)组成财团,并接受委托,伊藤忠商业公司也作为该联盟的合作伙伴参与了企业管理。

另一方面,以国内PPP项目为基础积累了大量经验的澳大利亚企业,开始进军亚洲等海外基础设施建设市场。前面提到的麦格理(Macquarie)集团正在进入全球的基础设施PPP业务中,它充分利用自身基础设施投资业务的专业知识,受理了包括英国Thames Water和美国波多黎各机场的私有化等项目。

(2)企业:综合基础设施企业的出现

海外的主要基础设施公司有能力全面承担项目规划、设计、施工、运营管理、融资等所有基础设施业务。它是所谓价值链的纵向一体化,旨在从上游到下游进行综合管理和计划投资。

最近,出现了所谓的横向集成型综合基础设施公司,即一家公司处理电力、供水、废弃物和运输等,涉及了多个基础设施领域。如法国的威立雅环境集团、德国的莱茵能源公司(RWE)和意昂公司(E.ON)。此外,也出现了多功能基础设施公司,即同一商业运营商为公用事业服务提供电力、水资源和废物处理等多种服务。

这些公司正在开发协同业务,充分活用各自基础设施领域的共通技能,并通过承包特定国家的全部基础设施建设项目,在该国产生了巨大影响。

德国的莱茵能源公司(RWE)也是一个综合基础设施建设企业。它是一个涉及电力、燃气、供水、能源交易等多个公用事业领域的多功能基础设施企业。在核心领域电器业务方面,莱茵能源公司全面负责发电、输电、分销、零售等各个环节,确保企业的纵向一体化。

该公司最初是一个拥有广泛领域的大型企业集团,包括化学、废物管理、机械和印刷、建筑、通信等领域。但随着电信市场的自由化,它退出了电信业务市场,紧接着又出售了化学和建筑等方面的业务,与此相对,该公司通过并购扩大了公用事业领域。该战略是通过专注于公用事业公司的电力、燃气和供水建设来加强核心业务。

主要供应商是德国北莱茵-威斯特法伦州和莱茵兰-普法尔茨州的工业中心区域,通过并购,该公司也打算将业务扩展到英国、北美和中欧等市场。其国际扩张的特点是通过收购合作伙伴国的垂直整合业务运营商来确保对市场的影响,例如,负责存储、运输、分销和零售天然气的捷克Transgas公司。

(3) 业务类型:引起关注的棕色地带

我们将新开发的基础设施称为绿地项目,将在现有基础设施中进行额外投资、更新投资和运营管理的项目称为棕地项目。二者都使用了开发高尔夫球场时所用的词汇。前者即绿地项目刚开发高尔夫球场时保养好的绿油油的草地形象,后者即棕地项目草坪破坏后枯萎时的形象。

最近,在海外基础设施经营(商业),尤其是政府和社会资本合作的PPP商业中,棕地项目逐渐成为主流趋势。在棕地项目中,运营管理现有设施时不涉及完工风险,并且由于基础设施建设的广泛需求,项目负责企业可以获得稳定的收入。这种商业模式在基础设施维修较落后的发达国家中很流行,但是近年来,新兴国家和发展中国家的PPP商业也逐渐被大家所关注。

走在基础设施PPP商业前端的是欧洲企业。其中最具代表性的是西班牙公路运营公司(公路运营商)。

与同属欧洲的法国和意大利不同,西班牙早期就已经导入私营活力到公路的维修、运营和管理中。目前,西班牙对全国约20%的公路网进行收费,私营公路运营商在取得国家、自治州、市町村的运营权后均可开展业务。由于西班牙处在弗朗哥独裁统治之下,未能接受战后马歇尔计划的重建援助,所以缺乏用于改善道路的公共资金资源。于是,西班牙政府采用特许权制度,即私营企业用自有资金建设和运营收费公路的同时,政府赋予其收费的权利,把改善道路的工作交给了私营企业。此后,西班牙国内的道路改善工作取得了迅速进展。

在西班牙,主要负责道路养护工作的是建筑公司,与日本的区别在于承建工程的建筑公司另设了公路运营商,让私营企业来运营管理收费公路。西班牙的公路运营管理市场得到很大的扩展,这项业务甚至被称为公路服务行业。近年来,把改建、保养和管理老化公路的工作委托给公路运营商的棕地特许方式也变得流行起来。

西班牙的公路运营商在国内市场积累了丰富的经验和运营技术,在欧盟开放的市场中提高了国际竞争力,现在已经成为进军全球市场的国际化运营商。阿伯蒂斯基建公司(Abertis)就是其中之一。阿伯蒂斯基建公司是西班牙最大的公路运营商,占有西班牙收费公路网约60%的比例。

4) 日本基础设施业务的海外展开战略

到目前为止,日本的基础设施行业的海外发展态势时好时坏。随着国内基础设施市场萎缩、全球化进程加快、亚洲等新兴国家的崛起以及基础设施需求的扩大等周围环境的不断变化,日本不得不制定新的基础设施业务的海外部署战略。

政府也提出"基础设施出口战略"的主张,要求企业积极响应以新兴国家为中心的世界基础设施需求,从而促进日本的经济增长。海外基础设施业务的发展能够充分利用到日本的优秀经验、技术和专业知识,将有助于海外基础设施的建设、运营和管理,同时也能为日本相关产业的可持续发展做出贡献。这将会是一个一石二鸟的政策。

从有效利用本国市场积累的经验的角度,以下将介绍海外开展日本基础设施的两个着眼点。

(1) 制度设计和基础设施利用方法的协作

为了做到海外基础设施经营(商业)的可持续发展,有必要把海外基础设施经营(商业)作为盈利业务不断提高其利润。一般来说,在基础设施业务中,硬件基础设施的设计、采购、施工、运营、维护和管理是核心,但也有围绕着硬件设施的所谓软件工作,如基础设施制度设计和相关业务。将软件工作与硬设施相结合会提高整个基础设施业务的效率和盈利能力,并使业务更具可持续性。

从以上角度来看日本的基础设施经营(商业),会发现日本很早就已经在相关业务的展开和基础设施的有效利用等方面费尽心思,提出了很多想向海外传达的制度设计和商业方案。

以铁路业务为例,在某些情况下,从铁路用户那里获得乘客收入并不

表7-7 与铁路相关的制度设计和基础设施利用方法案例

着 眼 点	制度设计和基础设施利用政策	案例
与铁路一体化的沿线开发,开发利润反哺铁路和土地所有者	• 铁路经营权 • 土地所有者协会的形成方法	东急集团田园都市线
	• 宅铁法 • 由土地整理项目引起的集约换地	筑波快线
	• 铁路和城市开发一体化的计划、维护 • 开发商的负担方法 • P线(私营铁路维护)援助	港未来线 临海线

续上表

着眼点	制度设计和基础设施利用政策	案例
车站周围区域的高强度开发	• 特殊容积率适用区域制度 • 自由通行	保存和恢复东京站丸之内大厦
	• 长途巴士总站 • 车站大楼并建 • 街边停车场	新宿站南口基础设施改善项目
充分利用未使用的铁路用地	• 日本国有铁路清算公司的业务(有效利用货物调车场的旧址) • 土地区划整理项目	汐留地区再开发 高松码头区域再开发
新干线车站的周边开发	• 副中心地区的形成 • 维护吸引客户的国际性设施	东海道新干线新横滨站
	• 请愿车站(地方负担、私人贡献) • 邻站城市设施建设	东海道新干线挂川站
	• 土地整理项目、配备站前广场 • 改善新干线的站连接道路	北陆新干线佐久平站
	• 土地整理项目、配备站前广场 • 改善新干线的站连接道路 • 请愿车站(地方负担、私人贡献)	上越新干线本庄早稻田站
利用新干线振兴产业和观光旅游业	• 总公司搬迁 • 制造业转移搬迁	北陆新干线沿线(富山县、石川县)
	• 国际机场与新干线的合作 • 旅游推广	利用东海道新干制定的黄金旅游线路
	• 品牌建设 • 大力开发九州新干线旅游产业	南九州观光调查开发委员会
	• 大范围先进的医疗基地 • 有效利用新干线吸引广大地区的患者	九州国际重粒子线癌症治疗中心

表格来源:三菱综合研究所

能单独作为一项业务,但通过将铁路业务与房地产业务和分销、零售业务相结合,可以提高铁路用户中的固定客户的满意度,促进整个业务的发展。第6章所介绍的东急集团田园都市线沿线的业务以及JR东日本的西瓜卡业务和车站内商业都是典型案例。

另外,不要忘记制度设计这一关键的业务开展环节。例如,在促进铁路业务与房地产业务相结合方面,日本制定了"关于共同推进城市地区的住宅用地开发和铁路改善的特别措施法(通称《宅铁法》)",促进了和铁路铺设一体的沿线开发。由于该法律制度经过了修改,在铁路新线的沿线区域可以进行土地整理项目中的集约换地,也可以推进铁路业务和住宅用地开发业务的共同发展。宅铁法适用于筑波快线和其沿线区域的建设。

土地整理项目也在高速铁路车站的周边区域开发中得到了有效利用。土地整理项目也被用于新干线车站周边发展的成功案例——北陆新干线佐久平站的周边开发建设中。车站周围汇集了站前广场、文化设施、交流广场、商业商务设施、酒店、住宅区等,形成了一片崭新的区域。上越新干线的本庄早稻田站也实行了土地整理项目中的配备站前广场的方案。土地整理项目在铁路车站周边开发建设中发挥了很大的作用。

另外,表7-7总结了以铁路为例,在制度设计和有效利用基础设施方面煞费苦心的案例。在合作伙伴国帮助其制度设计的时候,日本国际协力机构(JICA)对技术合作计划的有效利用将会起到很大作用,基础设施利用方法可以通过咨询工作等方式传达给伙伴国家的基础设施运营商。将这些基于软件工作取得的经验教训与硬件设施出口相结合,也有望促进硬件设施系统的出口。

(2) 充分利用经验、成就的城市系统输出

从活用日本市场的经验和响应基础设施需求的角度来看,城市系统的全面发展正在成为一个被关注的领域。城市基础设施建设涉及交通、能源、上下水道、环境、信息通信、防灾等多个领域,且各领域之间联系紧密。将这些基础设施作为城市系统进行全面的管理,并提出着眼于项目形成/调查和计划、设计、采购、施工、经营管理等整个价值链的方案,通过这种方式接

受基础设施订单也可以有效地提高与欧美、中国和韩国之间的国际竞争力。

关注城市系统全面发展的理由有以下三点。第一，近年来，特别是在新兴国家和发展中国家，以经济快速增长为背景，对彻底强化城市功能和重建、扩张城市的需求不断增高。尤其是在发展速度较快的中国、东南亚国家联盟、印度等亚洲地区，对城市基础设施的需求明显增大。

例如，在印度，2010年人口达到100万以上的城市有43个，预计到2030年人口达到100万以上的城市将会有68个，其中6个城市的人口将达到1000万以上，即所谓的超级大城市。城市系统包括了公路、铁路、机场、港口等交通方面、发电和输电、智能社区所需的能源方面、上下水道、回收再利用、废弃物、信息通信、防灾等多个领域。该领域是一个充满潜力的市场，预计以新兴国家为中心，需求将迅速增加。

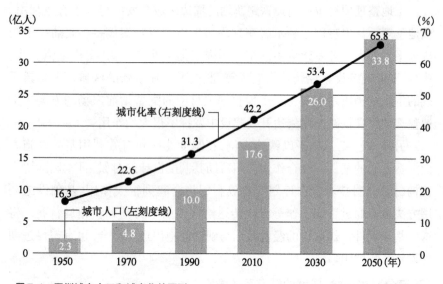

图 7-4 亚洲城市人口和城市化的预测
注：城市化率是城市人口占总人口的比例。
图片来源：基于联合国《World urbanization prospects, the 2009 Revision》制作

第二，拥有众多要素的城市系统，可以说是基础设施的百货商店，同时也和大范围的产业相关联。企业主体的范围更是广泛，包含了建筑顾问、生产厂家、工程公司、综合建筑公司（总承包商）、贸易公司以及经营管理

运营商(运营商)。在城市系统展开的过程中,日本的运营商从上游就开始

表 7-8 日本的城市系统经验案例

领域	项目	日本拥有的技术、系统、制度
交通	城市铁路	直达驾驶、ATC(自动汽轮机控制)、CTC(调度集中控制)、IC卡、车站内商业
	公路	ITS(智能交通系统)、ETC、车辆安全措施、自动刹车系统
	停车	地下停车场、立体停车场、自行车停车塔
能源	电力	EcoCute、联合循环发电、EMS(能源管理系统)
	燃气	ENE-FARM、热电联产、应急气体消散系统
	节能	零排放建筑/大楼、节能型信息设备/系统、能效领跑者制度
水	上下水道	泄漏检测系统、水处理系统、再生水系统、直接供水
信息、通信	信息	云网络、光纤、大数据的有效利用
	通信	地面数字
	大气污染	烟气脱硫措施、烟气脱硝措施、VOC(挥发性有机化合物)处理措施
	噪声和振动	隔音墙、无振动建造法
	热岛效应	透水性路面铺设、屋顶绿化、城市规划
	垃圾处理	废弃物处理、气化熔炉、循环再利用系统
住宅	城市无秩序扩展	立体分区(复合结构)、市中心居住(高层住宅)
	老龄化社会	服务性老年人住宅、现有住宅区的改造
防灾	震灾	避震和防震方法、地震早期预警系统、紧急情况下的安全通信系统、急救体制、防灾据点、BCP(业务连续性计划)
	城市洪水灾害	地下水库、预测分析系统
	火灾	耐火材料、消防系统、城市规划
	雷击	UPS(不间断电源装置)、CVCF(恒压恒频电源)
防盗	城市型犯罪	电视监控系统、生物识别(指纹、虹膜、静脉验证)
	恐怖主义	东京全民反恐(联合培训、反恐信息网络、紧急情况下视频发送系统等)
城市开发	都市中心问题	小型城市、市中心住宅综合设计系统
	城市规划方法	土地整理项目、特殊容积率适用区域制度、民间城市再生项目、链式重建
	地下街道	抗震标准和地震诊断、构筑城市地理空间业务、安心指控地下街道的对策指南

表格来源:基于日立 uVALUE 大会 2010 年特别演讲《社会基础设施的升级和全球化发展》(高岛正文氏)制作

参与策划,与伙伴国家的中央政府、地方政府和当地相关利益者构建关系网,从计划阶段就努力让伙伴国家认可日本的技术和制度设计,并将这些技术和制度设计列入项目设计。这些都是在国际竞争中取得胜利的关键。

第三,可以充分发挥日本的经验和优势。如上述所提到的,在经济高度增长之后,日本经历了公害问题、能源环境问题、交通拥堵问题、高龄化问题等世界各国所共有的课题,因此也拥有为解决这些课题而提高相关技术和制度设计的历史。从郊区小城市的开发、旧市区的再开发到最近的东京丸之内地区和东京中城的开发,吸引海外的城市开发商的案例不在少数。这些经验和成就都是日本的卖点,拥有向海外传达的价值。

5)具体案例

以下将介绍几个响应伙伴国家对基础设施建设的需求、有效利用日本本国的经验和成就来开展海外基础设施经营(商业)的日企案例。

(1)澳大利亚的悉尼港海底隧道

澳大利亚是早期将 PPP 模式导入基础设施建设、运营管理的 PPP 大国。澳大利亚基础设施市场不仅对本国企业,对外国企业也敞开了大门,对日本企业来说,这也是一个强大的商机。

PPP 模式主要用于收费公路的开发和运营,但作为日企典型案例被经常提起的还是悉尼港海底隧道这一工程。悉尼港海底隧道作为横跨悉尼湾的第二大交通手段,其目的是消除连接悉尼北部和悉尼商业区之间的悉尼港海港桥的交通拥堵压力。它采用嵌入方法建造,将 8 箱钢筋混凝土箱连接在一条总长度为 2280m 的 4 车道专用海底隧道中,于 1992 年开放。在融资和建设运营方面,采用了建设-拥有-运营-转让模式(BOOT, Build-Own-Operate-Transfer),日本的熊谷组是该财团的主要投资者,并作为设计师、执行者参与其中。

新南威尔士州政府作为赞助商参与策划了该项目的 PPP 制度,并选定了包括熊谷组在内的财团投资商。熊谷组和当地建筑公司以 50∶50 的比例成立了合资公司(JV,Joint Venture),并与州政府签订了 35 年的合同(工期 5 年、运营 30 年)。根据合同,该公司(JV)将经营悉尼港海底隧道至 2022 年,期满后将无偿移交给政府。

熊谷组的 JV 被选中的其中一个理由是,熊谷组拥有远程海洋拖曳的高端技术。它们凭借这项技术赢得了设计比赛,获得了宝贵的经验。本次的案例是澳大利亚早期的 PPP 项目,由于政府要保证最低收入来抵消需求风险,公共部门就不得不承担很大的风险。JV 方面只需承担工程的完工风险,这对熊谷组来说是一个有利的项目,对积累海外 PPP 商业经验有着重大的意义。

在参与澳大利亚的悉尼港海底隧道业务之前,熊谷组也参与了香港海底隧道的 BOT(Build-Operate-Transfer)业务等,积累了很多海外海底隧道

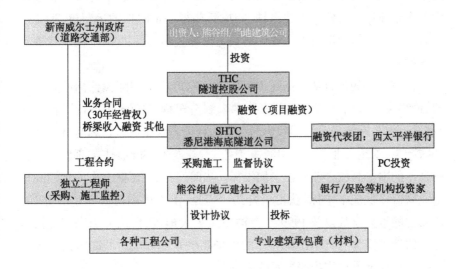

图7-5 悉尼港海底隧道的业务方案
图片来源:熊谷组

建设领域的经验。另外,在经营香港的东部海底隧期满后,熊谷组又重新参与到已经移交给政府的基础设施管理、运营、维修业务中来,开创了棕地领域的新商业模式。

(2) 向中国台湾出口新干线技术

一般情况下,以较先进的国家和地区为对象新建或更新基础设施时,会被要求使用更先进的技术来进行设备维护。作为高质量基础设施国家,日本利用在国内研发的先进技术发展了海外基础设施市场,其中最典型的是输出新干线技术。以下将介绍海外开展日本新干线技术的第一个案例——中国台湾高速铁路(简称台湾高铁)。

台湾高铁连接了台湾北部的台北和南部的高雄,总长为345km,用时90min。台湾人口为2351万人(2016年),人口密度为653人/km^2。并且有约90%的人口集中在台湾高铁沿线的西海岸,对修建高铁来说,这里的天然条件无疑最佳。在台湾高铁项目中,采用了BOT模式,即日本企业作为私人企业用自有资金修建高铁,完成后获得一定时期的运营权,运营期满后无偿移交给台湾方面。台湾高铁是世界上最大的以BOT模式建造和运营的项目。

台湾高铁的项目从投标到中标皆是按照严格的国际投标标准来进行的,最终决定采用日本的新干线技术来制造车辆。1996年举行了台湾高铁投标会,与欧洲国家法国和德国合作的台湾高铁企业联盟和与日本的三井物产、三菱重工业、东芝、川崎重工业、三菱商事、丸红、住友商事7个企业合作的中华高铁企业联盟参加投标。当时,与欧洲团队合作的台湾高铁企业联盟以低成本中标,获得了合约。但是,由于德国高铁ICE发生101人死亡的重大事故以及1999年台湾发生了大地震,台湾方面决定将技术合作伙伴更换为与日本团队合作的中华高铁企业联盟。其缘由是其提出了引进早期地震检测报警装置的方案。

从投标阶段开始,各方就经历了一系列的复杂程序,又加上突如其来的系统变更,不可避免地产生了各种混乱的状况。台湾高铁系统并不是全部引进了日本系统,由于操作方式等遵循欧洲风格,最终,日本制造的车辆沿用了法国的运行系统及德国的转辙器,而成为日欧混合系统。日本企业通过强制整合了不同理念的子系统完成了这次艰难的业务。

台湾高铁系统在响应标准化方面也做了很多努力。即使技术合作伙伴已从欧洲联盟改为日本联盟,台湾高铁依旧是按照欧洲铁路咨询公司提出的欧洲铁路标准为基准来建设的。日本的企业联盟结合欧洲标准不断修改设计,为了得到认可,也不得不请欧洲的顾问公司进行指导。此外,本来很安全的新干线被质疑"为什么敢说它是安全的",于是不得不花费巨大成本拿出大量文件,按照欧洲标准证明其安全性。

台湾高铁虽然是日本基础设施海外开展的成功案例,但是经历了中标风波、系统混合问题、配合欧洲标准等海外基础设施经营(商业)特有的困难。这些宝贵的经验将为下次项目的成功打下良好基础。目前,依据修建台湾高铁所获得的经验,以美国的达拉斯—休斯敦修建多条线路为首,还包括印度的艾哈迈达巴德—孟买线路、连接新加坡和马来西亚首都吉隆坡

照片7-4　台湾高铁

的线路等,很多国家的铁路线路都在讨论引进日本的新干线技术。

(3) 在美国开展维护管理业务

发达国家的基础设施陈旧已经成为社会问题,从日本技术的海外发展这一角度来看,其维护管理市场值得关注。特别是在美国,其基础设施要比日本陈旧得多。在公路方面,因为燃气税的增加,而不得不在确保资金充足的情况下,努力进行道路的维护管理和更新。据美国土木工程学会推算,2013—2020年全美的基础设施市场规模将达到1.6兆美元。

其中,道路桥梁的维护管理是被重视的领域之一。2007年明尼苏达州明尼阿波利斯发生了高速公路的钢筋混凝土版钢桁架桥坍塌事故,公路桥梁的维护管理也因此受到社会的高度重视。下面将介绍西日本高速道路公司(NEXCO西日本)的案例,它利用在本国研发的道路检查技术,在美国巨大的基础设施市场上展开了业务。

NEXCO西日本利用使用高分辨率数字图像的裂缝检测技术、使用红外线漂浮和剥离的检查技术来检查国内公路中的混凝土结构,从而提高检查效率。NEXCO西日本认为拥有众多陈旧公路的美国需要这些技术,因此便积极开展了在美国的检查技术业务。NEXCO西日本首先对佛罗里达州的某个桥做了施工试验,并得到了很高的评价。之后,NEXCO西日本成立了全资子公司,对美国的多个道路管理者、工程公司等开放营业,成功接到了来自佛罗里达州和印第安纳州的业务。

NEXCO西日本开展的美国公路桥梁检测技术,正是基于政策趋势的基础设施业务。美国比日本更早地将道路桥梁陈旧视为一大课题,20世纪70年代,美国制定了国家道路桥梁检查标准(NBIS, National Bridge Inspection Standards),每两年实施一次道路桥梁的检查工作。但是,数据收集基本以目测为主,这就导致了信息的主观性,另外,无法基于桥梁材料的使用现状和性能等详细的定量信息做出劣化预测,也就不能进行相应的维护管理工作。

第 7 章　基础设施工程的海外开展

美国联邦公路局已决定建立一个名为"长期桥梁性能计划"的研究开发项目,旨在构筑基于实际数据的定量性能评估和预测劣化的模型。加入"长期桥梁性能计划",并介绍了在国内为提高道路检查效率所做的努力等之后,NEXCO 西日本公司一边掌握当地的政策动向,一边探索其检查技术在美国展开市场的可能性。

日企进军美国基础设施经营(商业)领域的案例比较少。尽管 NEXCO 西日本有很好的公路桥梁检测技术,但是在开发未知领域方面还存在着各种困难。对此,不仅有必要了解与日本不同的美国商业惯例,通过与利益相关者建立网络来开发销售渠道,毋庸置疑,还需要工程师用当地语言讲述自己公司技术的优越性,并且得到对方的认可。另外,在重视成功经验的美国,日企必须通过免费试点项目积累成绩,取得客户即道路管理者的信任。

照片 7-5　海上连续桥的检查情况
照片来源:NEXCO 西日本公司

通过踏实的努力，日本企业已经在美国获得16项检查工作，取得成果的地区以佛罗里达州、俄亥俄州、宾夕法尼亚州、印第安纳州、马里兰州、弗吉尼亚州、纽约和东海岸为中心扩大开来。

另外，为道路桥梁检查所开发的技术也能运用到其他混凝土结构检查方面，如华盛顿地铁（地铁公司）的桥梁检查、南美洲巴西的伊普泰水电站（用于水力发电）的检查等，其适用范围不断扩大。从日本高速公路管理中培育的维护管理技术已经开始在世界上活跃起来。

第 7 章 参考资料
详见原著,此处略。

编著者简历及撰写分工

中村英夫

东京都市大学名誉校长、东京大学名誉教授、日本建设咨询协会顾问。

1935 年在京都市出生。1958 年从东京大学工学部土木工程系毕业后,入职帝都高速交通营团(现东京地铁)。1966 年起,先后在东京大学生产技术研究所、东京工业大学社会工学系任副教授,1977 年任东京大学工学部教授,1996 年任运输政策研究所所长,2004 年任东京都市大学校长。其间兼任日本土木学会会长、世界交通学会会长等。工学博士(东京大学)、名誉博士(法国里昂第二大学)、名誉工学博士(德国斯图加特大学)。

撰写分工:撰写序言和第 1、2 章,参编第 3、4、5 章,审阅第 6、7 章。

长泽光太郎

株式会社三菱综合研究所专务执行役员、咨询部主任。

1958 年在东京都出生。1983 年从东京大学工学部土木工程系本科毕业后,入职株式会社三菱综合研究所。1990 年获得剑桥大学工学硕士学位(土地经济学)。2021 年任现职。博士(工学)。东京都市大学非常勤讲师。

撰写分工:撰写第 3、6 章,参编第 1、2、4、5、7 章,审阅序言。

平石和昭

株式会社三菱综合研究所未来共创本部未来社会构想网络事务局局长。

1960 年在广岛县出生。1984 年从东京大学工学部土木工程系本科毕业后,入职株式会社三菱综合研究所。曾任职于运输政策研究所,并先后担任三菱综合研究所海外事业中心主任、政策及经济研究中心主任、政策及公共部门副主任、MRI 研究所董事、副社长。2018 年任现职。博士(工学)、技术士(建设部门)。筑波大学客座教授、东京工业大学大学院非常勤讲师、东京都市大学非常勤讲师。

撰写分工：撰写第 6、7 章，参编第 2 章，审阅序言和第 1、3、4、5 章。

长谷川专

株式会社三菱综合研究所经营本部副本部长、主席研究员。

1968 年在石川县出生。1993 年从东京大学大学院土木工程系硕士毕业后，入职株式会社三菱综合研究所。2018 年任现职。2005 年获东京大学大学院社会基盘学博士学位（工学）、技术士（建设部门）。曾任早稻田大学大学院金融学科非常勤讲师。东京工业大学大学院特聘教授、东京都市大学非常勤讲师。

撰写分工：撰写第 4、5 章，参编第 2、6 章，审阅序言和第 1、3、7 章。

译者简历

赵胜川，工学博士、二级教授、博士生导师、大连理工大学交通运输学院名誉院长，日本东京大学工学部荣誉研究员(Fellow)。曾任日本学术振兴会特别研究员(JSPS Research Fellow)、日本计量规划研究所(The Institute of Behavioral Sciences)研究员、得克萨斯大学奥斯汀分校客座研究员、哈佛大学肯尼迪政府学院富布赖特访问学者(Fulbright Visiting Scholar &Asia Programs Fellow)。兼任可持续交通国际期刊(International Journal of Sustainable Transportation)编委、国际交通安全学会(International Association of Traffic and Safety Sciences)海外特邀委员、美国运输研究委员会(TRB)技术委员会(AT015、AT045)委员、世界交通运输大会(WTC)交通工程学部联合主席、教育部交通工程教学指导分委员会委员、中国工程教育专业认证协会交通运输类专业认证委员会认证专家、国家留学基金评审专家、大连理工大学学术委员会委员等。

曾获中国高等教育学会引进国外智力分会卓越贡献奖、日本土木学会2016年度国际活动协力奖、2015年亚洲交通学会最佳论文奖、大连市归国留学人员创业英才称号等。

主要研究方向为交通行为分析、交通规划与管理、交通经济与政策。